Klaus Dewald mit Hauke Burgarth

Ein Mann. Ein Leben. Ein Auftrag.

Mit Gott in die gefährlichsten und ärmsten Länder der Welt

KLAUS DEWALD
MIT HAUKE BURGARTH

EIN MANN. EIN LEBEN. EIN AUFTRAG.

MIT GOTT IN DIE GEFÄHRLICHSTEN UND ÄRMSTEN LÄNDER DER WELT

SCM
Hänssler

SCM

Stiftung Christliche Medien

SCM Hänssler ist ein Imprint der SCM Verlagsgruppe,
die zur Stiftung Christliche Medien gehört, einer gemeinnützigen Stiftung,
die sich für die Förderung und Verbreitung christlicher Bücher,
Zeitschriften, Filme und Musik einsetzt.

In diesem Buch erzähle ich meine Geschichte, so wie sie sich tatsächlich zugetragen hat. Natürlich geschieht das aus meiner persönlichen Perspektive und muss nicht unbedingt die Ansichten, Erinnerungen und Empfindungen Dritter widerspiegeln. Wo es mir angebracht schien, wurden deshalb aus Gründen des Persönlichkeitsschutzes Namen, Orte und Details geändert.

Max-Eyth-Straße 41 · 71088 Holzgerlingen
Internet: www.scm-haenssler.de · E-Mail: info@scm-haenssler.de

Lektorat: Cordula Orth
Umschlaggestaltung: Erik Pabst, www.erikpabst.de
Titelbild: © Dewald - Armenien
Autorenfoto und Fotos im Innenteil: © Claudia Dewald
(sofern nicht anders angegeben)
Satz: typoscript GmbH, Walddorfhäslach
Druck und Bindung: CPI books GmbH, Leck
Gedruckt in Deutschland
ISBN 978-3-7751-6149-7
Bestell-Nr. 396.149

»Ich möchte, dass ihr euer Essen mit den Hungrigen teilt
und heimatlose Menschen gastfreundlich aufnehmt.
Wenn ihr einen Nackten seht, dann kleidet ihn ein.
Verleugnet euer eigenes Fleisch und Blut nicht.
Wenn du so handelst, wird dein Licht aufleuchten
wie die Morgenröte.«

Jesaja 58,7-8

INHALT

VORWORT
VON ANDREAS »BOPPI« BOPPART

»Wer ein einziges Leben rettet, rettet die ganze Welt«, heißt es im Talmud. Diese Rettung der Welt beginnt damit, die einzelnen Menschen überhaupt erst einmal wahrzunehmen. Dem Leid, der Not und der vorherrschenden Ungerechtigkeit zu erlauben, ein Gesicht zu haben.

Meine erste Begegnung mit GAiN – dem Hilfswerk *Global Aid Network* – hatte ich 2008 in den Slums von Addis Abeba. Die äthiopische Hauptstadt hatte damals offiziell an die vier Millionen Einwohner. Nur war sie von weiteren zwei Millionen geradezu überschwemmt worden, die ihr Dasein nun in den Slums fristeten. Wir waren gekommen, um zu helfen, und hatten Material und Geld für zweihundert Schulkinder mitgebracht. Es war verstörend und bewegend, die strahlenden Gesichter dieser Kinder zu sehen, als sie ihre Schulausstattung entgegennahmen. Aber am Ende des Materials waren immer noch viele Kinder übrig. Ihre Mütter hatten gehört, dass hier »Zukunft verschenkt« wird. So fragte uns eine Mutter mit tränenüberströmtem Gesicht und ihrem kleinen Sohn an der Hand, der seine Backe mit seinen kaum fünf Jahren verängstigt an ihren Oberschenkel presste, ob wir auch für sie etwas an Material und Schulgeld dabeihätten. Das hatten wir nicht, denn wir hatten nur mit zweihundert Kindern gerechnet.

In meinem Kopf spulte ich all die Einkäufe ab, die ich im letzten Monat getätigt hatte – neue Kleider, weil eine Hose Anzeichen eines Loches zeigte, ein neuer Beamer, weil der alte langsam in die Jahre gekommen war, und Ähnliches. Natürlich hätte ich problemlos

Geld für diesen einen Jungen zusammenbekommen. Aber ich hatte ihn nicht auf dem Radar. Genauso wenig wie Zehntausende von anderen Kindern in dieser Stadt. Mich überkam ein schreckliches Gefühl der Ohnmacht, denn durch das tränenüberströmte Gesicht, aus dem mich nach unserer ablehnenden Antwort hoffnungslose Augen anblickten, bekam das Leid für mich ein Gesicht. Und es blieb nicht bei diesem einen. Zu erleben, wie Frauen uns ihre kleinen Babys entgegenstreckten und uns baten, sie mit nach Europa zu nehmen, ließ etwas in mir drin fast hörbar zerbrechen. Ich weiß bis heute nicht genau, was es war, dass da zu Bruch gegangen ist, vielleicht so etwas wie eine dünne Schutzhaube rund um meine Seele, die bis dahin verhindert hat, dass die Fratze des Leides, das in unterschiedlichsten Formen auf dieser Welt existiert, tatsächlich bis in mein Innerstes vordringen konnte.

Ich war in diesem Moment mit der offensichtlichen Tatsache konfrontiert, dass wir nicht die ganze Welt retten können. Das mag manchmal lähmend auf unser Engagement wirken, weil es bremst und sich nach so wenig anfühlt. Aber dort, wo wir mit kleinen oder größeren Aktionen für mehr Gerechtigkeit sorgen, wo wir Leid lindern, Hoffnung bringen und eine Zukunft ermöglichen, retten wir zumindest dieses einzelne Leben. Und das ist die Welt wert.

Damals in Äthiopien war Raphael mit dabei, ein Freund, der bei GAiN arbeitete. Die Zeit mit ihm auf dem afrikanischen Kontinent half mir, mein Wohlstandsleben in der Schweiz einmal von außen zu betrachten. Es waren Tage, in denen ich sehr oft weinte – nicht nur über die Zustände, in denen Menschen in den Slums leben mussten. Sondern primär über den Zustand meines eigenen Herzens. Über die Härte, die ich da vorfand, und über die Unfähigkeit, wirklich mit Menschen in Not mitfühlen zu können. Für mich wurden diese Begegnungen zu einem *point of no return* – mein Glaube verschob sich hin zu einer ganzheitlichen Perspektive, wurde gesund, wie ich im Rückblick zu sagen wage. Ich kam nach Hause und startete die *Aktion Gratishilfe* und ähnliche Projekte, bei denen wir versuchten, Not in unserer Nachbarschaft sichtbar zu machen und ihr ganz praktisch zu begegnen. Ich wusste instinktiv, dass wir als Campus für Christus ebenfalls eine GAiN-Arbeit in der Schweiz beginnen müssten – trotzdem dauerte es noch einige Jahre, bis wir GAiN Schweiz aus der Taufe heben konnten, bei dem ich nun seit dem Start Mitglied der Geschäftsleitung bin.

GAiN ist die unmissverständliche Sprache der Liebe Gottes, die sichtbar wird durch konkretes Handeln. Eine Organisation, die sich dem Ausleben von Gottes Liebe verschrieben hat. Die den einzelnen Menschen in Not im Fokus hat, die Ärmel hochkrempelt und hilft. Es ist ein Mitmachhilfswerk, das von der Leidenschaft für Menschen und das Verändern ihrer schwierigen Lebensumstände geradezu überfließt, und das hat damit zu tun, dass es aus dem Herzen eines Mannes geboren wurde, der nicht an Leid vorbeisehen kann: Klaus Dewald. Wenn er über GAiN spricht, dann redet er über konkrete Menschen, Namen, Gesichter, Geschichten.

Klaus ist einer, der das Leben oft nur verschwommen sieht. Und trotzdem klarer als viele anderen. Oder genau deswegen. Denn egal, wie oft ich ihn dabei schon erlebt habe – seine Augen blieben beim Erzählen nie trocken. Und das ist gut so, denn die Ungerechtigkeit auf dieser Welt darf uns nicht unberührt lassen.

Unternehmerisch gesehen müsste man beinahe eifersüchtig auf GAiN blicken. Wir engagieren uns nämlich auf einem der wenigen Arbeitsmärkte, bei denen man sich – leider – keine Sorgen machen muss, dass einem die Arbeit ausgehen könnte. Leid ist auf dem ganzen Planeten vorhanden, es ist vielschichtig in seiner Ausprägung und lässt einen bei näherer Konfrontation damit oft in ungläubiger Fassungslosigkeit erstarren. Ich war mit seiner niederschlagenden Wirkung konfrontiert, als uns äthiopische Mütter ihre Babys mit nach Europa geben wollten; durch Kinder mit Mangelerscheinungen auf den Philippinen, denen wir einmal wöchentlich Essen brachten; oder durch die Begegnung mit einer Familie in einer ärmlichen Gegend im Baltikum, wo ich in ihrer baufälligen Wohnung stundenlang alte Tapeten von der Wand kratzte. Das Leid zeigte sich im Gesicht des Straßenverkäufers im albanischen Hinterland, dem ich die wohl besten Feigen meines Lebens abkaufte, genauso wie bei den Männern im Norden von Uganda, die ihre Not gemeinsam in einem großen Topf Alkohol ertränkten, um den sie saßen. Zweimal habe ich während des Kriegs in der Ukraine die Grenze zwischen Polen und der Ukraine überquert, um Fahrzeuge für Hilfstransporte ins Land zu bringen und dort zu lassen. Dabei begegnete ich unseren eigenen Mitarbeitenden vor Ort, die Unaussprechliches durchmachen mussten. Der Bruder eines Mitarbeiters geriet mit seinem Bus während eines Hilfsgütertransports unter Beschuss. Das Auto wurde zerfetzt, der Bruder verlor sein Leben. Dutzende von Lastwagenladungen an Hilfsgütern hatten wir bereits mit GAiN ins Land und in die umliegenden Länder transportiert, um den Flüchtenden zu helfen. Als wir anschließend zu Fuß gemeinsam mit unzähligen Flüchtenden die Grenze zurück nach Polen überquerten, sprach ich mit einigen Menschen über ihr Schicksal. Eine junge Frau erzählte, sie habe bereits in den ersten Wochen des Krieges so viel unaussprechliches Leid erlebt, dass sie nun für lange Zeit ausgeweint habe.

Leid und Not sind überall anzutreffen, und mit GAiN versuchen wir, Menschen genau in diesen Situationen nahezukommen. Für mich ist der Charakter von GAiN untrennbar verwoben mit der Art, wie sich Gott uns Menschen gezeigt hat. Er war sich nicht zu schade, Mensch zu werden und uns durch Christus nahezukommen. Mitten in unsere persönlichen Lebensgeschichten hinein. Es steht für mich deshalb außer Frage, dass wir uns in diese Welt hineinverschenken sollen, so wie er es selbst getan hat.

Während ich dieses Vorwort abschließe, bin ich auf der Rückreise aus der Ukraine. Begonnen habe ich mit den ersten Zeilen auch nicht ganz unpassend während eines dreiwöchigen Einsatzes mit GAiN im tansanischen Massailand. Die Situation rund ums Thema Wasser ist an vielen Orten prekär, deshalb haben wir uns mit GAiN entschieden, an verschiedenen Orten Brunnen zu bohren und so immer ein paar Hundert Menschen in den umliegenden Dörfern Zugang zu sauberem Wasser zu ermöglichen. Ngito ist nur eines von vielen dieser Dörfer – die Menschen dort waren verzweifelt, weil ihnen während einer Dürre das Vieh wegstarb und die Regierung ihnen geraten hatte fortzuziehen, um zu überleben. Anstatt ihre Heimat zu verlassen, gingen sie auf einen Hügel, um Gott anzuflehen, ihnen Wasser zu schenken. Dann kam unser Team von GAiN, und als rund drei Jahre später tatsächlich Wasser aus ihrem eigenen Brunnen sprudelte, sprachen alle von einem Wunder. Die Menschen im Dorf weinten aus Dankbarkeit, weil Wasser alles verändert. Vorher mussten die Frauen täglich acht Stunden laufen, um Wasser zu holen. Ein Weg, der wegen der wilden Tiere nicht ungefährlich war. Nun haben sie Zugang zu sauberem Wasser bei sich im Dorf. Das bedeutet täglich viele Stunden geschenkte Zeit, während der sie in Kombination mit dem Wasser nun Landwirtschaft betreiben können. Eine Frau dankte uns mit den schlichten Worten, dass sie sich nun endlich waschen könne und nicht mehr jeden Tropfen Wasser abwägen müsse. Hygiene wird möglich, Kinder müssen nicht mehr aufgrund von kontaminiertem Wasser sterben, und Mädchen können nun die Schule besuchen – all das nur wegen des Wassers. Sie hatten die ganze Zeit nur hundert bis zweihundert Meter davon entfernt gelebt, nur lag es leider unerreichbar tief unter ihnen. Dieses Wasser ist jetzt der Ausgangspunkt für Landwirtschaft, Gesundheit, hygienische Verhältnisse und ebenso für Bildung und Würde.

Mich bewegt die Tatsache, dass sich Christus selbst als »lebendiges Wasser« bezeichnet. An Gott zu glauben, erzeugt Verantwortung. Denn christlicher Glaube, der nicht lebt, was er predigt, ist wie ein Brunnen ohne Wasser im Massailand. Man kann ihn schön bemalen, bestaunen und besingen – aber er bringt kein Leben hervor.

Der deutsch-französische Arzt, Theologe und Friedensnobelpreisträger Albert Schweitzer sagte einmal treffend, dass die einzig wahrhaft Glücklichen unter uns die sein werden, die den Weg zum Dienst am anderen gesucht und gefunden haben.

Klaus ist einer dieser Glücklichen. Ich bin ihm unendlich dankbar, dass er seinem inneren Drängen gefolgt ist und sich selbst und seine damalige Logistikfirma in GAiN hineinverschenkte. Ob wir mit GAiN nun nach einem Sturm auf Haiti aufräumen, in Lettland Container-Häuser bauen oder in Griechenland ein Flüchtlingscamp leiten und mit Hilfsgütern bedienen – es geht überall um dasselbe: mitzulieben.

»Nicht mitzuhassen, mitzulieben bin ich da!« So formulierte es der griechische Dichter Sophokles bereits im 5. Jahrhundert vor Christus.

Ich wünsche dir, liebe Leserin und lieber Leser, dass es dir das Buch in deinen Händen ermöglicht, einen Blick durch die Augen von Klaus zu werfen. Damit du die Welt ab und zu verschwommen sehen darfst.

Und deshalb klar.

Andreas »Boppi« Boppart
Leiter Campus für Christus Schweiz
Mitglied der Geschäftsführung GAiN Schweiz

AUF DER SUCHE NACH ABENTEUERN

Nachts rollten unsere Lkw auf ein paar dunkle Gebäude zu. Der Schlagbaum dazwischen zeigte: Dies ist die Grenze. Wir hielten an und warteten, und plötzlich flammte ein Scheinwerfer auf, Türen öffneten sich und Uniformierte in schwarzen Ledermänteln standen neben unseren Wagen.

»Ubiraisja! Sidschas!« – Aussteigen. Sofort.

Ich wurde auf der einen Seite fast aus dem Lkw gezerrt und allein in einen halbdunklen Gang begleitet, der nur von wenigen Glühbirnen erleuchtet wurde. Meinem Beifahrer erging es auf der anderen Seite offensichtlich genauso. Alles war darauf ausgerichtet, um zu zeigen: Wir sind groß und du bist klein. Alles an der Grenze zwischen Polen und Russland sollte Angst machen – und wenn ich daran denke, wie ich mich in dieser Situation gefühlt habe: Es funktionierte gut. Immer wieder stellte ich mir dieselbe Frage: Warum bin ich eigentlich hier? Was treibt mich kurz nach Weihnachten nach Brest an diese Grenze, wo mich offensichtlich niemand haben will?

Während ich ohne Übersetzer auf Russisch verhört wurde und mich fragte, wie es den anderen im Team wohl ging, dachte ich zurück daran, wie die Vorbereitungen für diese verrückte Reise vor einem halben Jahr begonnen hatten.

Für mich ging alles damit los, dass ich meinen Mund ziemlich voll nahm. »Lasst es. Das funktioniert nicht!« Fünfzig Augenpaare drehten sich zu mir um. Hätte ich doch meinen Mund gehalten, aber ich konnte die Studierenden ja schlecht in ihr Unglück laufen lassen.

Claudia und ich bei den Studierenden von Campus für Christus – und ich konnte meinen Mund nicht halten. (Foto: GAiN-Archiv)

Es war 1990, ein Jahr des Aufbruchs. Ganz Deutschland lernte quasi nebenbei Russisch. *Glasnost* und *Perestroika* waren in aller Munde – Offenheit und Umgestaltung. Die innerdeutsche Mauer war bereits gefallen, doch die Sowjetunion gab es noch. Dort kämpfte Michail Gorbatschow als Staatspräsident gegen den Zusammenbruch. Erst gegen den seiner Sowjetunion, dann gegen den seiner eigenen Macht – beides war vergeblich. Jahrzehntelang hatte die Sowjetunion scheinbar alles im Griff. Jetzt nicht mehr. Die Supermacht war wirtschaftlich am Ende, und Gorbatschow machte genau das zum Thema. Immer wieder bat er deswegen international um Hilfe. Über den STERN wandte er sich zusammen mit Helmut Kohl an die Deutschen. »Helft Russland! Millionen Menschen droht ein Hungerwinter« war der Titel der November-Ausgabe, eines ganzen Heftes.

»Helft Russland! Millionen Menschen droht ein Hungerwinter«

Und die Botschaft kam an. In Gießen trafen sich die Studentinnen und Studenten von Campus für Christus und diskutierten darüber. Das US-Missionswerk war schon eine ganze Weile in Deutschland unterwegs – mit dem Schwerpunkt, Studierende für ein Leben mit Jesus zu gewinnen. Die 1980er-Jahre waren eine politisch bewegte Zeit, außerdem waren einige aus der Gruppe ursprünglich Russlanddeutsche, und einer war mit einer Lettin verheiratet. Sie waren nicht nur Christen, sie waren persönlich betroffen.

»Da können wir als Christen doch nicht zusehen.«

»Stimmt, wir müssen etwas machen.«

»Aber was?«

So weit, so gut. Ich hatte zu dieser Zeit nichts, aber auch gar nichts mit Campus für Christus, Russland oder Studierenden zu tun. Ein paar Jahre zuvor hatten Claudia, meine Frau, und ich uns entschieden, als Christen zu leben. Ich verdiente mein Geld als Fuhrparkleiter einer Spedition, hatte dort reichlich zu tun und meine Arbeit gefiel mir gut. Ich war also absolut nicht auf der Suche nach etwas Neuem. Warum auch? Bei Claudia sah das anders aus. Sie arbeitete als medizinisch-technische Assistentin in der Genforschung. Den weißen Kittel und die Laboratmosphäre in der Uniklinik hatte sie nie gemocht. Sehr oft ging es bei ihrer Arbeit um die Diagnose von erblich bedingten Krankheiten und damit verbunden um Stammzellenforschung. Das machte ihr zunehmend Mühe.

Wir hatten es uns angewöhnt, regelmäßig morgens beim Frühstück miteinander zu beten. Dabei sprachen wir mit Gott auch über unsere Herausforderungen, zum Beispiel Claudias Arbeitssituation: »Herr, gib uns Klarheit, wie es damit weitergehen soll.« Um meine Arbeit ging es dabei nicht. Die war okay. Eines Morgens – wir hatten wieder einmal für Claudias Zukunft gebetet – rief sie mich bei der Arbeit an und verkündete mir: »Du, Klaus, mir ist eben gekündigt worden.« Meine erste Reaktion war: »Das war aber eine schnelle Gebetserhörung.«

Damit war meine Frau arbeitslos. Weil ich gut verdiente, konnte sie in aller Ruhe ihre Fühler ausstrecken, wie es für sie weitergehen sollte. Vielleicht wäre es gut, ein Praktikum in einem ganz anderen Bereich zu machen, überlegten wir.

»Gute Idee«, meinte ein Freund von uns dazu. »Ihr wisst doch, dass ich gerade im Medienteam von Campus für Christus mitarbeite. Und ich habe gehört, dass dort jemand für die Rezeption gesucht wird. Willst du dich nicht einmal bewerben?«

Claudia tat es und wurde direkt zu einem Vorstellungsgespräch eingeladen. Als sie anschließend nach Hause kam, konnte sie sich vor Lachen kaum halten. »Die wollten gar nichts Fachliches von mir wissen, sondern eigentlich nur, ob ich gläubig bin und ob ich schwanger wäre. Ich habe den Praktikumsplatz!« So kam Claudia zu Campus für Christus in Gießen. Durch ihre Arbeit als Rezeptionistin lernte sie die Mitarbeiterinnen und Mitarbeiter schnell kennen und bekam vieles mit, was in dem Missionswerk lief. Sie hörte dabei auch die Fragen der Studierenden und bekam ihre ersten Ideen zu einer Hilfsaktion mit. Praktisch, wie sie ist, meinte sie zu mir: »Das wäre doch etwas für uns. Da könnten wir vielleicht mitmachen.« Der Logistiker in mir sagte sofort Ja, aber wie sollte das konkret aussehen? Ich hatte immerhin eine volle Stelle. Bald darauf traf sich die Gießener Studierendengruppe zur ersten Planung der *Aktion Hungerwinter*.

Für mich ergab sich die Chance, einmal in den geschlossenen Ostblock zu kommen – ich war dabei.

Claudia und ich waren dabei.

Gut fünfzig Studentinnen und Studenten diskutierten hin und her und entwickelten ihre Ideen. Sie wollten ein paar Hilfsgüter sammeln und diese mit VW-Bussen in den Osten transportieren. Riga und Leningrad waren als Ziele im Gespräch, weil dorthin bereits Kontakte bestanden.

In dieser Situation konnte ich mich nicht zurückhalten und rief: »Bleibt lieber daheim. So wie ihr das plant, kann es nicht funktionieren. Macht euch nicht unglücklich.« Ich dachte an meine Arbeit und die ganzen Schwierigkeiten, die wir als Profis in der Spedition mit Fahrten hinter den Eisernen Vorhang hatten. Hilfsgüter in Kleinbussen, der Grenzübertritt in den Ostblock, die Zollformalitäten: Wie sollte all das funktionieren? Und auf langen Strecken ins Ausland konnte so einiges passieren.

Ein Student des Leitungskreises sprach mich anschließend direkt an: »Demotiviere uns nicht. Wenn du weißt, wie es geht, dann hilf uns doch.«

»Okay. Ich bin dabei.«

Was war meine Motivation? Mein Glaube? Hilfe für notleidende Menschen? Nein. Es war reine Abenteuerlust. Ich war 25. Für mich ergab sich die Chance, einmal in den geschlossenen Ostblock zu kommen – ich war dabei.

Gleich zu Beginn stellte ich in der Studierendengruppe eines klar: »Ihr stellt den Leiter. Aber wenn ich mich um die Logistik kümmern soll, dann kümmere ich mich auch darum. Dann bin ich in diesem Bereich der Chef und sage, wo es langgeht.«

Sie waren einverstanden, und damit ging es los.

Schließlich war unser Konvoi bereit und die *Aktion Hungerwinter* konnte beginnen.

Mit einem Konvoi aus vielen Kleinbussen wollte ich nichts zu tun haben. Ich erklärte also meinem Chef unser Vorhaben, bat ihn um seine Unterstützung, und er stellte uns tatsächlich einen Vierzigtonner zur Verfügung. Ein befreundeter Spediteur aus Gießen lieh mir einen zweiten Vierzigtonner. Ein weiterer Unternehmer stellte uns den Sprit zur Verfügung, den wir für die gesamte Tour brauchten.

»Wieso tanken wir nicht einfach unterwegs?«, wollte jemand wissen.

»Ganz einfach«, erklärte ich, »wir fahren mitten in den real existierenden Sozialismus hinein. In eine Planwirtschaft. Ohne irgendwelche zugewiesenen Tankgutscheine bekommst du da keinen Diesel. Und niemand hat uns und unseren Verbrauch eingeplant.« Also stellten wir den Diesel für zwei Lkw und zwei Begleitfahrzeuge für eine Fahrt über 5 000 Kilometer in Fässern bereit.

Ich war hochgradig motiviert, weil die Ressourcen zusammenkamen, die wir benötigten. Den einen Lkw wollte ich fahren, für den anderen hatte ich einen guten Freund angefragt. Die Studierenden von Campus für Christus bestimmten einen Konvoileiter, es gab mehrere Dolmetscherinnen und Dolmetscher, die Russisch und Lettisch sprachen, und Hilfsgüter wurden gesammelt – an der Uni, in Kirchen und Gemeinden, aber auch spontan in der Gießener Fußgängerzone. Wir erhielten auch Geldspenden für die Transportkosten. Alles lief. Trotzdem war die Ladefläche des zweiten Lkw kurz vor der geplanten Abfahrt noch leer.

Ein studentischer Leiter meinte: »Wir haben schon mehr Hilfsgüter gesammelt, als wir je gedacht hätten. Lass es gut sein. Gib den Lkw zurück.«

»Die Ressourcen sind doch da, inklusive Lkw und Sprit. Ihr könnt den Lastwagen nicht einfach zurückgeben oder habt ihr Gott als Chef schon dazu befragt?«

Damit hatte ich einen Nerv getroffen. Sofort wurden Gebetsgemeinschaften gestartet. Im ersten Moment dachte ich: »Dafür ist es jetzt zu spät. Das hilft auch nichts mehr.« Doch ich staunte. Direkt nach unserem Gebetstreffen rief ein Schulleiter aus Lünen in Westfalen an und meinte: »Ihr könnt die Hilfsgüter jetzt abholen, die wir gesammelt haben.«

»Wie viel ist es denn?«

»Schwer zu sagen. Vielleicht Material für einen Siebeneinhalbtonner.«

Die meisten Laien können solche Mengen nicht realistisch schätzen und rechnen eher mit zu vielen Hilfsgütern – vor allem, wenn sie sie selbst gesammelt und dann in einer kleinen Garage gestapelt haben. Doch der Schulleiter hatte seine Kisten unter- und nicht überschätzt. Ich fuhr mit dem Vierzigtonner hin, weil wir keinen kleineren Lkw zur Verfügung hatten. Erst ärgerte ich mich über diese Verschwendung von Ressourcen, aber im Nachhinein war ich froh, denn der Laster wurde voll. Auf der Rückfahrt nach Gießen war ich stark motiviert. Ich merkte: Wenn ich mich für meinen obersten Chef in Bewegung setze, dann geschieht etwas.

Trotzdem wollte ich nicht allein auf Gottvertrauen setzen, deshalb hatte ich mir überlegt, was auf einer solchen Fahrt in den Osten alles kaputtgehen könnte, und entsprechend vorgesorgt. Ich hatte ein Begleitfahrzeug organisiert, das praktisch jedes denkbare Ersatzteil geladen hatte. Nie wieder war ich so gut auf alle Eventualitäten vorbereitet, ohne irgendetwas davon zu brauchen. Während überall in Deutschland Gänse auf die Tische kamen und sich die Familien über die Weihnachtsfeiertage gegenseitig besuchten, setzten wir uns am 25. Dezember 1990 in die beiden Lkw, den Transporter voll Ersatzteile und das Wohnmobil, in dem der Rest der Mannschaft mitfuhr. Wir waren unterwegs.

Wenn ich mich für meinen obersten Chef in Bewegung setze, dann geschieht etwas.

Zunächst fuhren wir bei Schneeregen gut fünfhundert Kilometer bis in die Gegend von Frankfurt an der Oder. Dort konnten wir in der Nähe der polnischen Grenze in einer ehemaligen Kaserne übernachten. Ein General außer Dienst versorgte uns freundlicherweise mit Rotkreuztafeln, die uns als humanitären Hilfstransport ausweisen sollten.

Wir schliefen nicht gut. Zu viele Gedanken gingen uns durch den Kopf. Am nächsten Tag sollte es für uns alle auf unbekanntes Terrain gehen.

Nach dem Frühstück näherten wir uns der endlosen Lkw-Schlange am Schlagbaum. Wartezeiten bis zu drei Tagen waren hier normal. Wir waren allerdings mit den Rotkreuztafeln als Hilfstransport gekennzeichnet und fuhren an den kilometerweit wartenden Fahrzeugen einfach vorbei. Polen gehörte zwar noch nicht zur EU, trotzdem wurden wir schnell durchgewunken. Wir waren im Osten.

Nun begann unser Umweg, denn wir durften nicht direkt zu unserem ersten Ziel Richtung Riga fahren. Stattdessen mussten wir über Brest im heutigen Belarus in die Sowjetunion einreisen. Auf dem Weg dorthin konnten wir nicht mehr in einer Kaserne übernachten, sondern wir schliefen in den Fahrzeugen. Die Grenze bei Brest war ein völlig anderes Kaliber als die vorige. Alles an dieser Anlage sollte zeigen: Du bist klein – wir sind groß. Gegen uns hast du keine Chance. Nachts kamen wir dort an. Wir hielten am Schlagbaum, wurden aus den Fahrzeugen geholt und isoliert. Jeder für sich wurden wir in ein Gebäude gebracht und durch lange Gänge in kleine Zimmer mit nackten Glühbirnen an der Decke geführt. Die Beamten, mit denen wir zu tun hatten, sahen in ihren langen schwarzen Mänteln aus wie Beamte der Gestapo, der Geheimen Staatspolizei, die wir nur aus Filmen übers Dritte Reich kannten. Keiner sprach deutsch oder englisch. Alles lief auf Russisch – dabei war es egal, wie viel oder wenig wir verstanden. Unsere Dolmetscher spielten keine Rolle. Sie wurden nicht zu uns gelassen.

Ich war allein, genauso wie die anderen. Ich wusste nicht, wo ich war. Was geschah mit den anderen? Klar: Sie wurden auch befragt. Die Fahrzeuge wurden untersucht. Aber was genau wollten die Grenzer von mir? Was passierte da gerade? War alles in Ordnung oder waren wir gerade auf dem Weg ins Gefängnis? Das wurde nie deutlich. Sollte es wohl auch nicht.

Einer nach dem anderen wurden wir schließlich wieder zu den Fahrzeugen zurückgebracht. Wir fuhren wenige Kilometer weiter, kamen an einen weiteren Kontrollpunkt und wurden erneut gestoppt und verhört. Als wir nach stundenlangem Befragen und ewigen Wartezeiten endlich die Grenze passiert hatten, fuhren wir erleichtert auf den ersten Parkplatz. Das war keine hell erleuchtete Asphaltfläche mit gekennzeichneten Parkplätzen, einem Restaurant und Toiletten. Es war einfach ein Lehmplatz neben der Straße. Dort warteten zwei Männer, ebenfalls in langen, schwarzen Mänteln. Aber diesmal waren es keine Polizisten – die beiden waren geschickt worden, um uns abzuholen und nach Riga zu lotsen. Viktor und sein Kollege lächelten. Sie begrüßten uns freundlich, umarmten uns und holten jeweils eine Flasche Wodka aus ihren Taschen. Kein Zweifel: Wir waren in der Sowjetunion.

Nachdem der Wodka so lange die Runde gemacht hatte, bis alle Mitfahrenden etwas getrunken hatten und die Flaschen leer waren, fuhren wir weiter. Viktor war selbst Lkw-Fahrer. Er setzte sich als Co-Pilot zu mir in den Volvo meiner Firma. Diesen Platz gab er die gesamte Tour über auch nicht mehr her. Der moderne West-Lkw musste auf ihn wirken wie ein Flug mit Raumschiff Enterprise. Seine Lkw hatten nur einen Bruchteil der Leistung und weder eine Schlafkabine noch sonst irgendeinen Luxus. Gangwechsel per Knopfdruck oder eine funktionierende Heizung kannte er bis dahin nur vom Hörensagen. Wir verständigten uns mit Händen und Füßen, denn ich sprach nur deutsch und Viktor nur russisch. Trotzdem konnten wir uns klarmachen, was wir voneinander wollten. Schnell begriff ich seine Richtungsanweisungen: *naprawa, nalewa, prjama* – nach rechts, nach links, geradeaus. Er bot mir seine russische Wurst an und ich ihm meine deutsche. Gut, dass *buttirbrot* fast genauso klang wie auf Deutsch. Doch auch wenn Viktor meinen Lkw bewunderte, gestand er mir später, dass er auf mich herabschaute. Wer so ein »Raumschiff« fuhr, das alles scheinbar allein machte, konnte seiner Meinung nach selbst nicht richtig fahren. Nicht so wie er. Davon war er bis Leningrad überzeugt.

Zusammen mit vielen
einheimischen Helfern konnte ich den ersten Lkw in Riga abladen.

Doch erst einmal kamen wir in die Lettische SSR nach Riga. Dort fuhren wir zu Christen, zu denen wir aus Deutschland bereits Kontakt hatten, und entluden den ersten Lkw. Das Ganze fand etwas außerhalb bei einem ehemaligen Kirchengebäude statt. Einige Einheimische halfen beim Abladen. Im Rückblick finde ich es spannend, was aus einigen von ihnen wurde: Heute sind sie ein Bundesrichter, ein lettischer Minister und ein landesweit bekannter Liedermacher, vergleichbar mit Reinhard Mey. Kaspars Dimiters hatte damals bereits eine Karriere als Musiker hinter sich, doch aus persönlichen Gründen hatte er aufgehört zu singen. Er engagierte sich gerade als Sozialarbeiter. In dieser Funktion hatte er das Kirchengebäude einer Baptistengemeinde restauriert und nutzte es als Begegnungszentrum. Hier trafen sich Christen, und es gab eine Suchtberatungsstelle, wo Menschen Hilfe erhielten – auch wenn das Ganze unter sowjetischer Herrschaft natürlich keine offizielle Gemeinde war. In dieser Zeit fand Dimiters ein Fundament im Glauben, das ihn trug. Später setzte er seine Künstlerkarriere fort, die bis heute andauert.

Warum wir uns etwas außerhalb der Innenstadt bewegten, war mir zuerst nicht bewusst, aber im Rückblick ist mir klar: Dadurch waren wir nicht so streng überwacht. Trotzdem wurde mir bald deutlich, dass mein großes Abenteuer die Menschen um mich herum in akute Gefahr brachte. Unser Konvoi war nicht gerade unauffällig. Wenn wir mit unseren riesigen Lkw durch die Straßen fuhren, fielen wir auf. Natürlich wurden wir beobachtet. Ich würde wieder gehen, aber unsere Kontaktpersonen blieben dort. Und sie mussten irgendwelchen KGB-Agenten erklären, warum sie Ausländer zu Besuch bekommen hatten. Dass wir solch ein Gefahrenpotenzial für die Einheimischen bildeten, hatten wir damals völlig unterschätzt. Aber wir konnten ihnen Hilfsgüter bringen, die sie an Bedürftige in ihrem Umfeld weitergaben. Daraus wuchs eine jahrzehntelange Partnerschaft.

Bald wurde mir deutlich, dass mein großes Abenteuer die Menschen um mich herum in akute Gefahr brachte.

Anschließend fuhren wir weitere sechshundert Kilometer bis nach Leningrad. Dort gab es eine theologische Akademie – also eine geduldete Ausbildungsstätte der orthodoxen Kirche. Daran angegliedert war ein kleines Krankenhaus. Als ich die enge Durchfahrt durch den Gebäudekomplex in den Innenhof sah, musste ich schlucken. Ich fragte nach, ob es drinnen eine Möglichkeit zum Wenden gebe. »Ja, du kannst da drehen.« Aber nur mit einem Kleintransporter, nicht mit einem Vierzigtonner …

Schon beim Reinfahren musste ich die Außenspiegel einklappen. Und der Innenhof war eine Sackgasse. Wir entluden den Lkw, und dann steuerte ich ihn trotz weggeklappter Rückspiegel fast dreihundert Meter weit rückwärts heraus. Ich schwitzte Blut und Wasser, aber danach wusste Viktor, mein Beifahrer, dass dieser Laster nicht alles allein machte und dass ich fahren konnte. Vorher mochten wir uns – jetzt gehörte ich dazu. Die Frage nach meinem fahrerischen Können war beantwortet.

Wir brachten die Hilfsgüter ins Krankenhaus, und die Mitarbeiterinnen und Mitarbeiter dort gaben bedürftigen Menschen im Umfeld Bescheid. Sie wussten, wer Hilfe nötig hatte. Bald kamen die ersten älteren Frauen, um sich jeweils ein Paket abzuholen. Sie schnürten einen Strick darum, schulterten es und schleppten es nach Hause.

Langsam änderte sich meine Motivation. Ich war auf der Suche nach Abenteuern gewesen – und ich hatte sie bekommen. Das begann mit dem filmreifen Grenzübertritt und ging auf den Fahrten durch ein fremdes und viel ärmeres Land weiter. Die Menschen erlebte ich als sehr herzlich, obwohl die Sprachbarriere zwischen uns stand. Doch zwischen uns stand noch mehr – auch das war mir damals nicht bewusst: Ich war ja als Deutscher in Leningrad.

Vorher mochten wir uns – jetzt gehörte ich dazu.

Bereits mehrere ältere Frauen hatten mir über unsere Dolmetscherin erzählt, dass ihre Kinder in Leningrad im Zweiten Weltkrieg verhungert waren. Ich wurde durch sie mit einem Teil der Geschichte konfrontiert, von dem ich praktisch nichts wusste. Die Spuren des Krieges waren hier noch an vielen Häusern sichtbar, und es begann mich zu interessieren, was den Menschen geschehen war. Ein paar ältere Frauen begleiteten mich daraufhin zu einem Platz mit einem schlichten Gedenkstein. Hier lagen 30 000 verhungerte Kinder begraben. Auch ihre Kinder. Dies hier war kein Geschichtsunterricht wie in der Schule. Das war plötzlich sehr greifbar und gegenwärtig, als ich da als Deutscher zwischen russischen Großmüttern stand. Jetzt war ich nicht mehr der Held aus dem Westen, der mit seinem modernen Lastwagen durch die Stadt fuhr, jetzt fühlte ich mich sehr klein und elend – auch wenn mir persönlich niemand etwas vorwarf.

Frauen wie dieser konnten wir mit unseren Paketen helfen und Hoffnung schenken.

Anschließend trafen wir uns mit einem Dutzend dieser Frauen zum Kaffeetrinken. Dabei kam eine der älteren Frauen zu mir und umarmte mich. Sie sagte: »Dein Großvater kam als Feind mit der Waffe in der Hand. Aber du kommst als Freund und Bruder in Liebe und bringst uns Hilfe. Wir vergeben dir und deinem Volk die Schuld.« Ich war völlig perplex und konnte nicht in Worte fassen, was gerade geschah. Aber ich wusste: Das war etwas unglaublich Großes.

Sie vergab mir eine Schuld, für die ich mich bis zu diesem Moment überhaupt nicht schuldig gefühlt hatte. Mir liefen die

Tränen herunter. Mein Kopf begann zu arbeiten: »Diese Frauen vergeben mir, Klaus Dewald, die Schuld. Und sie vergeben meinem Volk.« Musste ich mich jetzt schuldig fühlen? Nein, ich war erleichtert. War ich nicht gekommen, um etwas zu bringen? Jetzt wurde ich beschenkt.

Im Rückblick weiß ich: Damals begann etwas Neues in mir zu wachsen. Auf der Rückfahrt dachte ich oft über die Worte dieser russischen Großmutter nach. Ohne weitere Zwischenfälle fuhren wir die 2 500 Kilometer von Leningrad wieder zurück nach Gießen, wo wir Anfang Januar 1991 im mittelhessischen Schmuddelwetter wieder landeten. Ich hatte mein Abenteuer gehabt, aber es war noch viel mehr geschehen. Ich hatte wirkliche Not gesehen und war Menschen begegnet, die mich bewegten, wie zum Beispiel die russischen Omas.

»Diese Frauen vergeben mir, Klaus Dewald, die Schuld. Und sie vergeben meinem Volk.«

In den nächsten Monaten las ich viel über Deutschland und seine Rolle im Krieg. Und ich suchte das Gespräch mit alten Menschen in meiner Umgebung. Ich traf sowohl Täter als auch Opfer. Zusätzlich zu meinen Fragen beantworteten viele von ihnen mir auch eine, die ich ihnen gar nicht gestellt hatte: »Wenn ich die Chance hätte, mein Leben noch einmal zu beginnen, dann würde ich es anders leben.«

Das machte mich sehr betroffen. Es legte geradezu einen Schalter in meinem Inneren um, und ich beschloss: Das will ich nie sagen müssen. Ich habe bereits jede Menge Fehler gemacht, und es werden noch viele dazukommen, aber wenn Gott mir erlaubt, dass ich alt werde, dann will ich ihm nicht sagen müssen, dass mein Leben komplett in die falsche Richtung verlief und ich eine zweite Chance brauche.

Auf der Fahrt war auch Zeit
für eine Schneeballschlacht mit dem Team, aber insgesamt kam ich sehr nachdenklich nach Hause zurück. (Foto: GAiN-Archiv)

Mit humanitärer Hilfe und Menschen in Not hatten diese Gedanken gar nichts zu tun. Trotzdem halfen sie mir bei den nächsten Schritten. Denn wieder in Gießen kam ein studentischer Leiter auf mich zu und meinte: »Wir haben ein Problem.«

»Was ist los?«

»Es kommen immer noch Sach- und Geldspenden für die *Aktion Hungerwinter* herein. Was sollen wir damit tun?«

»Noch einmal fahren«, sagte ich. »Und ich bin dabei.«

MISSION WOLGA

Natürlich gab es einen zweiten Hilfstransport in Richtung Riga und Leningrad. Auch einen dritten. Aber irgendwann merkten die beteiligten Studentinnen und Studenten, dass sie trotz aller Begeisterung für humanitäre Hilfe ihren Schwerpunkt wieder stärker in Richtung Ernährungswissenschaft, Lehramt oder Medizin legen sollten.

Alltag kehrte ein.

Ich fühlte mich dabei zurückgelassen, denn meine Fragen, die die erste Reise in den Osten aufgeworfen hatte, waren für mich noch nicht beantwortet. Was bedeutete es, dass mir russische Großmütter ihre Vergebung zusprachen? Wie sollte ich es schaffen, mein Leben so zu gestalten, dass ich am Ende keine zweite Chance bräuchte? Ich lebte inzwischen schon eine Weile als Christ, doch diese Gedanken ließen mich nicht mehr los. Ich merkte: Hier ging es um mich als Person. Entscheidend waren nicht irgendwelche Richtigkeiten, sondern das, was mein Leben ausmachte. Welche Werte bestimmten mich tatsächlich? Darüber dachte ich lange nach. Und immer wieder stieß ich darauf, dass ich, wenn ich einfach so weitermachen würde wie bisher, wohl doch eine zweite Chance bräuchte …

Hier ging es um mich als Person.

Ich denke über solche Fragen nach, aber ich bin kein Grübler, also traf ich eine Entscheidung. Ich wusste, dass mein bisheriges Leben nicht grundverkehrt verlief, aber es würde mich nicht in die Richtung führen, in die ich gehen wollte, also kündigte ich meine Arbeitsstelle. Mein Chef schüttelte nur noch den Kopf.

»Herr Dewald, haben Sie sich das auch gut überlegt?«

Das hatte ich.

»Wissen Sie denn schon, was Sie in Zukunft machen möchten?«

Nein, das wusste ich nicht.

»Gefällt es Ihnen nicht mehr hier im Betrieb?«

Doch, sogar sehr gut.

»Könnte Sie eine Gehaltserhöhung überzeugen …?«

Ich musste lächeln. »Nein, aber vielen Dank.«

Ich hatte keine Ahnung, wie es weitergehen würde, aber mir war klar, dass meine Zukunft nicht darin lag, die nächsten Jahre und Jahrzehnte als Fuhrparkleiter die Gewinne meiner Spedition zu optimieren. So war meine Kündigung für mich weder ein »Glaubensschritt« noch eine besondere Tat, sie war einfach konsequent.

Die Reaktionen aus meinem Umfeld waren heftig: Freunde, Kollegen und Eltern waren kurz davor, mich in die Psychiatrie einliefern zu lassen. »Geht's noch?«, war damals einer der freundlicheren Kommentare, die ich erhielt. Irgendwie hatten sie recht, denn ihre Unsicherheit und Sorge spiegelten nur meine eigene Unsicherheit wider: Ich wusste nicht, was ich wollte. Ich wusste erst einmal nur, was ich nicht wollte, und das beendete ich durch meine Kündigung.

Im christlichen Umfeld kann man in solchen Situationen punkten, wenn man sagt, dass man »berufen« wurde. Allein die Vokabel klingt gut – und sie gibt die Verantwortung für alles Folgende an Gott weiter. Doch leider hatte ich keine besondere Berufung. Mir war nur deutlich, dass ich nicht so wie bisher weitermachen wollte. Mal sehen, was jetzt passiert, dachte ich mir. Mitten in meiner unsicheren Situation war mir klar: Menschen in Not zu helfen, kann nicht so verkehrt sein. Also machte ich damit weiter. Und weil ich arbeitslos war, hatte ich auch mehr Zeit für diese Aufgabe.

Menschen in Not zu helfen, kann nicht so verkehrt sein.

MAN

Viktor und ich waren schon damals ein eingespieltes Team.

Ich machte mir damals keine besonderen Gedanken über die Zukunft, denn ich hatte mich ja auf nichts festgelegt. Ich war auf dem Sprung – wusste allerdings noch nicht wohin. Und ich vertraute darauf, dass mir die nächsten Schritte zur richtigen Zeit schon deutlich werden würden. Eines schien mir allerdings schon klar zu sein: Nie würde ich als Missionar zu Campus für Christus gehen.

Ganz praktisch half ich jedoch kurz darauf bei Campus aus. Claudia absolvierte noch ihr Praktikum an der Rezeption, und der damalige Geschäftsführer meinte zu mir, als er mir einmal begegnete: »Du hast doch jetzt Zeit und auch keine zwei linken Hände: Könntest du uns als Hausmeister stundenweise unterstützen, bis du weißt, was du in Zukunft tun möchtest?«

Viktor und sein Freund, die beiden russischen Fahrer, mit denen ich immer noch viel zusammenarbeitete, lachten sich schlapp: »Jetzt bist du der ›Big-Besen-Boss‹.« Das war mein neuer Titel. Ich konnte gut damit leben.

Durchs praktische Mitarbeiten im Missionswerk änderte sich meine Perspektive darauf. Die Mitarbeitenden waren nicht länger halbe Heilige für mich, mit denen ich nicht mithalten konnte. Ich erlebte sie, wie sie sich voll für Jesus einsetzten und im nächsten Augenblick stritten wie die Kesselflicker. Ich war geschockt. Waren das nicht Missionare? Schnell wurde mir klar, dass sie weder besonders gut noch besonders schlimm waren – es waren einfach Menschen, und ich passte gar nicht so schlecht zu ihnen.

Mühsam empfand ich die starke Ausrichtung ausschließlich aufs Evangelium. Über Gott und seine Ideen zu reden und gemeinsam in der Bibel zu lesen, war nicht nur ein wichtiger Teil ihres Lebens – es schien das Einzige zu sein, das sie beschäftigte. Aber was war mit der Praxis? Mit der Tat? Ich war immer noch mit dem Sammeln von Hilfsgütern beschäftigt und fuhr sie in den Osten. Ich erlebte regelmäßig, was das bei den Menschen dort auslöste, und in mir wuchs die Überzeugung: Wort und Tat gehören zusammen. Was sich aus heutiger Perspektive selbstverständlich anhört, war es damals – wir schrieben das Jahr 1991 – bei Campus für Christus nicht. Niemand war dagegen, Menschen in Not zu helfen, aber es tat auch niemand.

»Das ist nicht unser Auftrag.«

»Es geht an erster Stelle darum, dass Menschen Frieden mit Gott bekommen.«

»Wir müssen aufpassen, dass wir das Evangelium nicht verwässern.«

Solche und ähnliche Aussagen hörte ich immer wieder – und je häufiger sie fielen, desto weniger überzeugten sie mich. Bei aller Fokussierung auf den eigentlichen Auftrag erschienen sie mir bald als Schutzbehauptungen. Immer wieder sprach ich mit anderen Mitarbeitern und der Leitung. »Ein Missionswerk, das den konkreten Nöten der Menschen nicht begegnet, hat keine Daseinsberechtigung«, versuchte ich ihnen zu erklären. Das war meine Perspektive, und sie war für viele nachvollziehbar und richtig, für viele aber auch ein Angriff auf ihr bisheriges Denken. Mir wurde schnell deutlich: Dieser Ansatz ist in meinem neuen christlichen Umfeld eher unterbelichtet. Das fand ich allerdings nicht schlimm. Ich profitierte so viel von den Christen um mich herum, dass ich mich freute, dass sie auch etwas von mir lernen konnten.

»Ein Missionswerk, das den konkreten Nöten der Menschen nicht begegnet, hat keine Daseinsberechtigung.«

Ich wunderte mich auch über die Kultur des Delegierens bei den Kirchen. Ihre wertvollsten Ressourcen – Mitarbeitende und Geld – vertrauten sie Missions- und Hilfswerken an. Im Einzelfall ist das sicher sinnvoll, dachte ich mir schon damals, aber wäre es nicht höchste Zeit, dass Gemeinden selbst wieder attraktiver würden?

Während ich als »Big-Besen-Boss« in Gießen mithalf und mir meine Gedanken über Sinn und Unsinn von Missionswerken machte, jobbte ich zwischendurch als Fahrer bei Speditionen, um etwas Geld zu verdienen, und sammelte und fuhr weiterhin Hilfsgüter. Natürlich machte ich mir Gedanken, wie es nach dieser Übergangszeit weitergehen sollte. Wäre es nicht sinnvoll, mich beruflich fortzubilden? In Marburg gab es das BBZ, das Berufsbildungszentrum, dort gab es die Möglichkeit, einen Meisterkurs zu besuchen. Ich nahm Kontakt zum damaligen Leiter auf, erklärte ihm, was ich bisher gearbeitet hatte, und er lächelte mich an. »Herr Dewald, unser nächster Kurs ist bereits ausgebucht, aber ich setze alle Hebel in Bewegung und bekomme Sie da noch hinein.«

An diesem Abend konnte ich Claudia erzählen, wie es für mich beziehungsweise uns weitergehen würde. Ich könnte noch eine Weile bei Campus für Christus aushelfen und Hilfstransporte fahren. Danach würde ich wieder die Schulbank drücken, meine Prüfung zum Kfz-Meister machen und eine neue Stelle suchen.

Ich sollte mich täuschen.

Kurz darauf war ich wieder in der Gießener Zentrale von Campus für Christus. Der damalige Leiter der Studierendenarbeit traf mich im Flur und rief mich zu sich ins Büro. »Nimm Platz!«

So förmlich war er sonst nie, er musste etwas auf dem Herzen haben.

»Klaus, stell dir vor, es gäbe ein Projekt, um Menschen im Ausland ganzheitlich zu helfen. Ein Teil davon wäre Evangelisation, der andere wäre humanitäre Hilfe. Du hättest dafür 500 000 D-Mark zur Verfügung. Wie würdest du sie einsetzen?«

Ich überlegte kurz und spann dann vor mich hin, dass ich zwei Lkw kaufen und weitere dazu leihen würde, dass ich Hilfsgüter in ganz Deutschland sammeln und ehrenamtliche Helferinnen und Helfer gewinnen würde. Ich träumte, aber ich träumte konkret.

Ein Teil des Mission-Wolga-Teams.
(Foto: GAiN-Archiv)

Schließlich schaute er mich an, lächelte und meinte: »Alles klar. Du bist der richtige Mann für diesen Job.«

»Wie bitte?«

»Du kannst genau das machen, was du mir gerade erzählt hast, und kümmerst dich um die Logistik von *Mission Wolga* – das ist ein neues Campus-Projekt in Russland. Es startet noch dieses Jahr und wird mindestens bis Ende 1992 laufen.«

Für März 1992 hatte ich gerade meine Meisterschule unter Dach und Fach. Ich schluckte. »Wie lange kann ich mir das Ganze überlegen?«

»Eigentlich muss ich in den USA heute noch zusagen – aber eins ist klar: Ich bin definitiv nicht der Richtige für diese Aufgabe.«

Claudia war im Gebäude, also ging ich direkt zu ihr. Ich erklärte ihr die neue Situation und fragte sie, was sie dazu meinte. Meine

Frau tat in diesem Moment etwas ganz Besonderes. Sie gab mir keinen Rat, sie gab mir großen Freiraum. »Wenn du die Meisterschule machst, dann ist das sinnvoll und gut. Ich bin überzeugt, dass Gott das unterstützt. Und wenn du dich dagegen entscheidest und nach Russland gehst, dann ist auch das sinnvoll und gut. Ich bin überzeugt, dass Gott ebenfalls dafür ist.«

Ich realisierte: Wenn ich mich für eine »offene Tür« entscheide, ist die andere nicht zwangsläufig verkehrt.

Manche hätte diese Antwort sicher irritiert, für mich war sie sehr befreiend. Und Claudia unterstrich das Ganze noch, indem sie meinte: »Ich bin in jedem Fall dabei.« Ich liebe meine Frau für diese Unterstützung. Nur wenige Minuten später ging ich zurück ins Büro des Leiters und sagte zu – für ein Projekt, dessen Tragweite ich noch nicht überschauen konnte.

Obwohl ich gern die Meisterschule besuchen wollte, hatte ich mich dagegen entschieden. Mein Herz schlug einfach für die geplante Hilfsaktion. Also machte ich einen Termin mit dem Leiter des BBZ, der so vieles für mich ermöglicht hatte, und erklärte ihm meine Situation. Er war keine Spur enttäuscht und seine Reaktion überraschte mich: »Super, das ist eine tolle Aktion. Dann kommen Sie eben nächstes Jahr – ich halte Ihnen gern einen Platz frei.« *Mission Wolga* war auf ein Jahr angesetzt. Für mich war diese Reaktion eine weitere Bestätigung meiner Mitarbeit. Ich realisierte: Wenn ich mich für eine »offene Tür« entscheide, ist die andere nicht zwangsläufig verkehrt. Gleichzeitig war es mir eine große Hilfe, zu hören, dass es eine Alternative gab und mir jemand einen Platz freihielt.

Bald darauf besuchte ich eine EASC, eine *European All Staff Conference* von Campus für Christus in Österreich. Ich war immer noch kein regulärer Mitarbeiter, aber ich plante ja, mich bei *Mission Wolga* zu engagieren. Dort lernte ich viele Mitarbeiterinnen und Mitarbeiter aus ganz Europa kennen, den österreichischen Nationalleiter Peter Heinz und auch die Verantwortlichen für die europäische Arbeit und den geplanten Einsatz im Osten wie die Finnen Markku Happonen und Kalevi Lehtinen. Bei dieser Konferenz wurde *Mission Wolga* und die Idee dahinter vorgestellt.

Die Grenzen nach Russland in die ehemalige Sowjetunion waren so offen wie nie zuvor. Deshalb entwickelten einige bei Campus für Christus International Pläne, um mit dem Evangelium ins Land zu gehen. Sie stellten fest, dass an der Wolga ein Dutzend Groß- und Millionenstädte liegen: Nischni Nowgorod, Kasan, Uljanowsk, Samara, Saratow, Wolgograd und einige andere. Auf diesem Gebiet sollte der Fokus des Einsatzes liegen. Das Ziel von *Mission Wolga* waren evangelistische Veranstaltungen in diesen Städten, gemeinsam vorbereitet mit Kirchen und Gemeinden vor Ort. Die Initiatoren mieteten dafür ein Flusskreuzfahrtschiff als Hauptquartier und zur Unterbringung der Teams. Damit fuhren sie von Stadt zu Stadt die Wolga hinab und stoppten jeweils für eine Woche, um Veranstaltungen durchzuführen und Menschen zu Jesus einzuladen. Parallel dazu sollten Hilfsgüter an die notleidende Bevölkerung verteilt werden. Das war mein Part. Ich sollte dafür sorgen, dass mehrere Lkw mit Hilfsgütern das Schiff auf de
Landweg begleiten würden, um humanitäre Hilfe in die Millio
städte zu bringen. Die weltweite Arbeit von Campus für C
sollte Geld und Mitarbeitende dafür bereitstellen.

Sicher war manches an diesem Konzept nicht zu Er
doch je mehr ich davon erfuhr, desto begeisterter w

Mein Kollege hatte mir bei unserem ersten C
dass nach der Startfinanzierung von 500 000
rere Millionen folgen könnten. Sprich: Das
Beginn einer längeren und wesentlich u
Trotzdem begann ich meinen Beitrag

te zwei ältere Lkw, um eigene Fahrzeuge zu haben, auf die ich jederzeit zurückgreifen konnte. Wenn sie nicht mehr nötig wären, könnte ich sie ja jederzeit wieder verkaufen. Gleichzeitig wollte ich mich nicht auf irgendwelche Gelder verlassen, die vielleicht irgendwann kommen würden. Das stellte sich als sehr gut heraus, denn die finanziellen Mittel kamen tatsächlich nicht. Stattdessen tat ich etwas, das mich bis heute begleitet: Ich involvierte Menschen. Das waren Seniorinnen, die Socken strickten, Hausfrauen, die Pakete packten, oder Leute aus dem Kirchenvorstand, die die Aktion in ihrer Kirche vorstellten. Es waren aber auch Unternehmer, die ich zum Mitfahren einlud, damit sie etwas von der Aktion mitbekamen. Typisch war hier ein Spediteur, der seinen neuesten Lkw für eine Tour an die Wolga verlieh. Er war begeistert von der Idee und ließ einen 65-jährigen Mitarbeiter auf Firmenkosten die Strecke fahren – als Geschenk zu dessen bevorstehender Pensionierung.

Mein Vorteil bei dieser Aktion war, dass ich zwar Rückhalt und Unterstützung bei Campus für Christus hatte, aber gleichzeitig unterhalb ihres Radars unterwegs war. Ich war weder normaler Missionsangestellter, noch hatte ich einen direkten Vorgesetzten. Ich trug etwas Wichtiges zur Gesamtaktion bei, stand aber nicht als Verkündiger im Rampenlicht. So knüpfte ich fröhlich Kontakte zu orthodoxen Kirchen und zu Baptistengemeinden. Nebenbei half ich einer anderen Organisation, die Menschen in Rumänien versorgte, und unterstützte Christen in Belarus, die sich um verstrahlte Kinder aus Tschernobyl kümmerten. Die Reaktorkatastrophe dort ar damals noch keine zehn Jahre her, doch internationale Hilfe rde seltener, und die Menschen vor Ort litten immer noch stark r den Auswirkungen.

gendwann war *Mission Wolga* tatsächlich an den Start gegan-

Für mich beziehungsweise für alle, die sich dabei für humanitäre Hilfe engagierten, verlief dieser Start mehr als holprig. Bei der ersten Tour saß einer meiner russischen Fahrer in einem unserer eigenen Lkw, der für den Fahrer neu war. Natürlich gab ich ihm eine kurze Einweisung, aber das war sehr naiv von mir. Der Fahrer hatte zwar jahrelange Erfahrung, aber die hatte er auf uralten Lastwagen russischer Bauart gesammelt. Deren Motor hätte er wahrscheinlich mit verbundenen Augen und einer auf dem Rücken angebundenen Hand reparieren können, doch jetzt bekam er es mit einem fast neuen Mercedes zu tun.

Verhandlungen und Gespräche auf Russisch und Englisch gehörten überall dazu, so wie hier in Tscherepowitz.

Er fuhr los. Am Hattenbacher Dreieck ging es steil abwärts. Beim Wechsel von der A5 auf die A7 ließ er deshalb den Wagen rollen und nahm den Gang heraus. Der voll beladene Vierzigtonner wurde immer schneller. Der Russe versuchte zu bremsen, doch das reichte nicht. Er drückte den Knopf für die Motorbremse, die aber ohne Gang nicht funktionierte. Im Gegenteil: Er schaltete damit den Motor ganz aus. Als er wieder starten wollte und den Zündschlüssel im Schloss drehte, rastete stattdessen das Lenkradschloss ein.

Bis dahin war der Fahrer zwar leicht überfordert gewesen, aber er hatte seine Ruhe bewahrt. Jetzt geriet er in Panik. Ungebremst und ohne Motor fuhr er mit seinem beladenen Lkw steil bergab auf der Autobahn, und das Lenkradschloss war eingerastet.

Er rammte einen Reisebus, der erst auf zwei Rädern weiterfuhr und dann wieder sicher auf allen Vieren landete. Sein Lkw kollidierte noch mit einem Pkw und schob sich dann in die Mittelleitplanke. Schließlich kamen alle beteiligten Fahrzeuge zum Stehen – das Wunder war, dass es keinen einzigen Verletzten gab.

In Russland berührte mich immer wieder die Gastfreundschaft der Menschen, denen ich begegnete.

Das war die erste Fahrt. Sie hatte nur eine gute Stunde gedauert und endete nach siebzig Kilometern. Dabei sollten zig weitere Fahrten mit vielen Lkw und Hunderttausenden von Kilometern erst noch folgen.

Bei der zweiten Tour fuhr ich selbst mit dem anderen Lkw, einem MAN. Nachdem ich bei Frankfurt an der Oder in den Osten gefahren war, verlor ich während der Fahrt ein Rad. Ich musste zusehen, wie es sich selbstständig machte, in den Gegenverkehr geriet und einen Pkw rammte. Auch hierbei blieb es bei einem Blechschaden. Solche Situationen hatte ich weder als Fuhrparkleiter noch als Fahrer bisher erlebt. Ich fragte mich: Was ist hier los? Und mir war klar, dass ich eine andauernde Unfallserie in dieser Art nicht verkraften würde und meine Fahrer auch nicht. Doch von diesem Moment an fuhren wir erstaunlicherweise beinahe unfallfrei. Waren wir vorsichtiger geworden? Lag es am Gebet von vielen Christen? Ich weiß es nicht, aber von jetzt an machten wir Kilometer.

In Russland berührte mich immer wieder die Gastfreundschaft der Menschen, denen ich begegnete. Tage- und wochenlang waren wir damals mit Lkw im tiefsten Russland unterwegs, mittendrin in einem System, wo nur wenig funktionierte. Jedes Tanken war ein kleines Wunder, denn Diesel war Mangelware. Außerdem hatten wir immer wieder kleinere und große Pannen. Ständig waren Einheimische da und halfen uns unkompliziert weiter. So wurde uns als »Reichen« immer und überall geholfen. Das hat mich begeistert, berührt und beschämt.

Eines der Wunder, die ich während dieser Zeit erlebte, geschah direkt an der Wolga. Unsere Tour war bereits pannenreich gewesen. Einer der Lkw hatte schon das Wohnmobil im Schlepp, das uns begleitete. Unterwegs konnten wir es nicht reparieren. Bei einem Blick in den Rückspiegel blickte ich erstaunt auf die leere Landstraße hinter mir. Ich war allein. Der Lkw hinter mir war weg. Sobald ich eine Wendemöglichkeit hatte, drehte ich um und machte mich auf die Suche. Zwei Kilometer weiter fand ich ihn am Straßenrand. Wegen der katastrophalen Straßensituation waren die Räder an seiner Hinterachse geplatzt. Alle vier auf einmal.

Natürlich waren wir auf Pannen eingestellt, aber das war keine Panne, das war ein Totalausfall. Wir waren viertausend Kilometer von zu Hause entfernt und vier Räder waren völlig zerstört.

Das war das kleine Problem.

Das große Problem war, dass russische Lkw mit anderen Reifengrößen fahren und wir unmöglich Ersatz finden konnten. So standen wir irgendwo im russischen Winter auf einer verschneiten Straße an der Wolga und wussten nicht weiter. Die Stimmung im Team war auf dem absoluten Tiefpunkt angekommen. Ich schaute in die versteinerten Gesichter und wusste: Gleich explodiert es. Die

Leute waren alle hoch motiviert aufgebrochen, aber inzwischen waren sie mit ihren Nerven und Kräften am Ende, sie waren frustriert und erschöpft. Also ließ ich sie erst einmal arbeiten, damit sie sich nicht in Schuldzuweisungen zerfleischten, die doch nichts bringen konnten.

»Los. Sattelt den Lkw ab, bockt ihn auf und montiert die kaputten Räder ab. Ladet sie auf meine Zugmaschine.«

Das war eine konkrete Aufgabe, aber dahinter steckte leider kein Plan. So machte ich mich kurz darauf ohne Idee, wie es genau weitergehen sollte, mit den zerfetzten Rädern auf den Weg in die nächste Stadt. Jaroslawl war damals ungefähr so groß wie Frankfurt.

Irgendetwas musste geschehen, aber was?

Auf dem Weg in die Stadt hielt ich immer wieder an, zeigte auf die kaputten Reifen und fragte die Passanten, wo ich Hilfe finden könnte. Eine erste Antwort war: »Fahr doch mal zum Buskombinat.« Ich fragte mich durch und erreichte die Zentrale aller Busse der Region. Auf dem Hof standen mindestens tausend Busse – und sicher waren noch viel mehr in der Stadt unterwegs. Ein Mitarbeiter führte mich zum Direktor des Kombinats. Der war sehr entspannt und lud mich erst einmal zu Kaffee und Kuchen ein. Außerdem war es warm in seinem Büro. Ich erklärte ihm mein Problem.

»Mhm«, meinte er, »ein MAN mit dieser Reifengröße? Da müssen wir mal sehen.« Er lud mich ein mitzukommen und wir gingen über den gesamten Werkhof. Das war kein Vergleich mit einem deutschen Busbahnhof, wo ein paar Autobusse stehen – wir passierten tatsächlich viele Hunderte von Bussen. In der letzten Ecke des Geländes in einer heruntergekommenen Halle stand ein alter MAN. Offensichtlich war er noch in Betrieb. Der Direktor meinte: »Passen diese Reifen?«

**Hier bin ich richtig.
Und Gott ist mitten dabei.**

Es waren genau die richtigen.

»Wunderbar«, freute er sich, »ihr helft dem russischen Volk – wir helfen euch.«

Seine Leute bockten den Bus auf, zogen die Räder ab, gaben sie uns mit und ließen den Bus aufgebockt und fahrunfähig zurück. Muss ich noch sagen, dass der Direktor keine einzige Kopeke dafür wollte?

Ereignisse wie dieses ließen mich immer wieder beschämt und dankbar zurück. Gleichzeitig wusste ich: Hier bin ich richtig. Und Gott ist mitten dabei.

Eher skurril war ein Erlebnis in Nischni Nowgorod. Wir hatten die Hilfsgüter aus unseren Lkw wie geplant abgeladen. Eine Baptistenkirche vor Ort wollte sich um die Verteilung in der Region kümmern. Also fragte ich einen Einheimischen, der ein paar Brocken Englisch sprach, ob er mir helfen könnte, etwas Bier und Wodka zu kaufen. Ich wollte mit den Fahrern feiern, dass die Fahrt zu einem guten Ende gekommen war.

Am nächsten Morgen stand eine Pressekonferenz auf dem Programm, um die Übergabe der Hilfsgüter zu würdigen. Ich wurde auf die Bühne geholt und hatte ein Paket dabei, das für die vielen stand, die gerade verteilt wurden. Der verantwortliche Pastor vor Ort hielt eine Rede und ich verstand immerhin so viel, dass er sich herzlich bei uns für die Lieferung bedankte. Dann kam er auf mich zu. Die Kameras klickten, er breitete die Arme aus, lächelte sein freundlichstes Lächeln und gab mir einen dicken Kuss auf den Mund. Vor Schreck ließ ich das Paket fallen. Ich hatte mit allem gerechnet, aber nicht damit.

Inzwischen weiß ich, wie normal der russische Bruderkuss in dieser Kultur ist, doch damals erwischte mich der Pastor auf dem linken Fuß. Gut, dass mein Erschrecken kein echter Affront für die Russen in der fünftgrößten Stadt der Republik war.

Central Trailer Rentco

Fast 3000 Kilometer von zu Hause entfernt luden wir Hilfsgüter in Nischni Nowgorod ab.

Aber es ging noch weiter. Derselbe Pastor kam anschließend zu mir, schüttelte seinen Kopf, packte mich leicht an der Nase und am Ohr und meinte tadelnd: »Christen trinken keinen Alkohol.« Ich fühlte mich ertappt. Offensichtlich war der Informationsfluss hier wesentlich besser, als ich gedacht hatte. Unser harmloses Bierchen nahm er lächelnd, aber gleichzeitig sehr ernst zur Kenntnis. Erst später realisierte ich, wie groß die russischen Probleme mit Alkoholismus waren. Da konnte ich ihn besser verstehen.

Nicht immer war ich bei offiziellen
Begegnungen akkurat gekleidet, aber die Hilfe von Herzen kam immer an.

Noch 1992 endete *Mission Wolga*. Wir hatten mit zig Lkw-Touren und zahlreichen Helferinnen und Helfern Zehntausenden von Menschen helfen können. Die ganze Zeit über hatte ich entweder nebenbei gejobbt oder von Campus für Christus ein kleines Gehalt bekommen. Jetzt wurde ich gefragt: Möchtest du nicht Mitarbeiter werden? Ich arbeitete bereits seit fast drei Jahren für das Missionswerk. Trotzdem überraschte mich die Anfrage. Es überraschte mich auch, dass ich als Mitarbeiter dazu einen Spenderkreis aufbauen sollte, von dem meine gesamten Lohnkosten bestritten würden, aber ich wusste ziemlich deutlich: Gott möchte, dass ich hier weiter aktiv bin.

WAR'S DAS?

Sein Bedauern war echt, doch die Nachricht, die mein Chef für mich hatte, klang in meinen Ohren falsch. »Ich weiß, dass deine Hilfstransporte an die Wolga ein echter Segen waren – für die Menschen dort genauso wie für uns, aber die Entscheidung aus den USA ist eindeutig: Humanitäre Hilfe passt nicht zu Campus für Christus. Wenn du nicht in einem anderen Bereich mitarbeiten möchtest, musst du gehen. Die Lkw werden wir abschaffen und die *Aktion Hungerwinter* beenden.«

So hatte ich mir das Gespräch mit unserem Missionsleiter nicht vorgestellt. Nachdem *Mission Wolga* auch ohne die erwarteten Millionenspenden einigermaßen erfolgreich abgeschlossen wurde, blieb ich bei Campus für Christus. Die Meisterschule sagte ich ab. Stattdessen fuhr ich weiter mit Hilfstransporten nach Lettland und darüber hinaus. Und jetzt – zwei Jahre später – sollte das alles zu Ende gehen?

Ich war sehr sicher, dass Gott da ganz meiner Meinung war.

Das konnte und durfte nicht sein! Und ich war sehr sicher, dass Gott da ganz meiner Meinung war. Nur wie sollte ich das meinem Vorgesetzten erklären, der selbst Druck von seinen europäischen und amerikanischen Chefs bekam?

Die nächsten Tage und Wochen waren ein Wechselbad der Gefühle für mich. Etliche Freunde und Bekannte meinten nur: »Endlich!«, als sie davon erfuhren. Gleichzeitig bekam ich ein Stellenangebot nach dem anderen. Eine Spedition suchte einen Fuhrparkleiter, eine andere einen Logistik-Manager, außerdem boten mir Bekannte bei anderen Hilfswerken an: »Du kannst samt Lkw direkt bei uns anfangen …«

Claudia, Viktor, ein weiterer Fahrer und ich wussten nicht, wie es weitergehen sollte.

Sollte ich wirklich wechseln? In den Beruf zurückgehen oder für ein anderes Hilfswerk arbeiten? Ich sprach viel mit Claudia darüber, die zwar keine Antwort parat hatte, mich aber ermutigte, auf Gottes Reden zu warten. Genau das geschah dann auf eine für mich sehr unerwartete Weise. Eines Nachts schreckte ich auf und war sofort vollständig wach. Ich wusste, dass Gott mir jetzt etwas sagen wollte, also griff ich zu der Bibel, die auf meinem Nachttisch lag – ausnahmsweise, normalerweise liegt sie dort nie. Ich schlug sie an einer beliebigen Stelle auf und las: »Es ist wie bei einem Mann, der vorhatte, in ein anderes Land zu reisen. Er rief seine Diener zu sich und vertraute ihnen sein Vermögen an. Einem gab er fünf Talente, einem anderen zwei und wieder einem anderen eines – jedem seinen Fähigkeiten entsprechend. Dann reiste er ab« (Matthäus 25,14-15; HfA).

Ich kannte das Gleichnis von den anvertrauten Talenten, das ich gerade aufgeschlagen hatte. Ich wusste, dass zwei der Männer diese Talente einsetzten, während der dritte seines vergrub. Ich wusste auch, dass die darin beschriebenen Talente eine große Menge an

Geld meinten, aber mir war, als würde Gott deutlich sagen: »Ich habe dir Talente anvertraut. Vergrab sie nicht, ich möchte, dass du sie für mich einsetzt.« Tatsächlich nennen wir unsere Begabungen nur deshalb Talente, weil in diesem Gleichnis offensichtlich von mehr die Rede ist als von Geld.

An der strategischen Entscheidung von Campus für Christus konnte ich wahrscheinlich nichts ändern. Aber ich war in erster Linie für mich selbst verantwortlich. Was waren eigentlich meine Talente? Und wo lagen meine Schwachpunkte? Ich stand auf und holte mir ein Blatt Papier aus dem Schreibtisch. Dann notierte ich alle meine Vorzüge und Stärken. Ich begann mit einer guten Schulbildung und einer intakten Familie – auch wenn sie mich früher manches Mal eingeengt hatte, war sie nämlich genau das. Ich konnte analytisch denken, praktisch arbeiten und auch durchaus zwei Dinge gleichzeitig machen. Meine Nachteile und Schwächen schrieb ich gleich daneben. Ich regte mich schnell einmal auf – früher oft bis zum Jähzorn. Ich war jemand, der immer wieder Veränderung brauchte; ein gleichförmiger Arbeitsalltag würde mich umbringen.

Die Liste wurde immer länger. Und ich schrieb auch dazu, was ich konnte und wollte beziehungsweise was ich nicht wollte. Natürlich stand am Ende nicht in großen Buchstaben: Das ist deine BERUFUNG! Aber je länger ich nachdachte, schrieb und auf Gott hörte, desto klarer kristallisierte sich eine Idee heraus: Wie wäre es, eine eigene Firma zu gründen, ein Logistikunternehmen, das Claudia und mich finanzieren würde? Die Lkw stünden im üblichen Wettbewerb mit anderen Speditionen und müssten schneller, besser oder günstiger fahren als diese, um am Markt eine Chance zu haben. Gleichzeitig könnte ich Leertouren mit humanitärer Hilfe verbinden. Im optimalen Fall würden die Autos also sich selbst, die Fahrer und unseren Dienst voll finanzieren. Damit wäre die strategische Entscheidung gegen humanitäre Hilfe bei Campus zwar nicht vom Tisch, aber die Kosten wären erst einmal kein Thema mehr.

Genau diesen Weg gingen wir in den nächsten Monaten, und Gott stellte sich zu meinem neu gegründeten Unternehmen *KD Transport*: Ein Lkw nach dem anderen kam dazu und entsprechend auch Fahrer. Die Atmosphäre im Unternehmen war freundlich und familiär. Wir verdienten, was wir zum Leben brauchten, und hatten noch genug übrig, um deutlich mehr Hilfstransporte fahren zu können als vorher.

Nach meinem Geschmack hätte es so weitergehen können.

Ging es aber nicht.

Der Februar 1995 änderte alles.

Nachdem wir am Vortag noch mit einigen Fahrern zusammen bei uns zu Hause gegrillt hatten, fuhren am nächsten Morgen zwei Lkw Richtung Lettland. Zwei der Fahrer waren alte Hasen, zwei waren noch nicht lange mit dabei. Eigentlich sollte jeweils ein Erfahrener neben einem Neuen sitzen, doch das ging beim Aufbruch unter. So saßen im Endeffekt zwei Russen in einem Lkw, der so neu war, dass sie mit der Technik darin nicht ausreichend vertraut waren.

Der Februar 1995 änderte alles.

Bei typischem Winterwetter fuhren sie durch Deutschland und dann auf die damals schlechten Straßen in Polen und Litauen. Streckenweise war es spiegelglatt. Und weil die Bremse in ihrem Lkw etwas anders funktionierte, als sie das gewohnt waren, verloren sie die Kontrolle über das Fahrzeug. Mit »an die Verkehrsverhältnisse nicht angepasster Geschwindigkeit« – so stand es später im Polizeibericht – kamen sie von der Straße ab und schleuderten in die Alleebäume daneben.

Beide starben noch am Unfallort.

Dieser tödliche Unfall stellte alles infrage.

Als mein Telefon an diesem Abend klingelte, hatte ich noch nichts davon gehört, aber ich hatte bereits beim Läuten ein ganz ungutes Gefühl. Am anderen Ende der Leitung war Viktor, der im zweiten Lkw gefahren war.

»Klaus«, weinte er ins Telefon. »Klaus, sie sind tot.«

Viktor weinte nie, aber jetzt konnte er die Tränen nicht zurückhalten. Mir ging es genauso. Und während wir gemeinsam am Telefon weinten, erzählte Viktor mir, was passiert war. Ich dachte an die beiden lebenslustigen Männer, mit denen wir gerade noch echtes russisches Schaschlik gegessen hatten. Sie waren beide verheiratet und hatten jeweils zwei Kinder.

Am nächsten Morgen setzte ich mich ins Auto und fuhr so schnell es ging die tausendfünfhundert Kilometer nach Litauen. Ich musste dort zur Polizei. Ich musste mich um die Toten kümmern. Ich wollte selbst ihre Witwen besuchen. Und mit dem völlig zerstörten Lkw musste ich mich auch irgendwann beschäftigen.

Es waren schwere Tage für uns alle. Vieles war im Osten noch nicht gut organisiert, also überführte ich die beiden Toten selbst in ihre Heimat nach Lettland. Als der Zollbeamte an der lettischen Grenze fragte, was ich geladen hätte, meinte ich nur: »Ich habe zwei Särge dabei mit meinen toten Fahrern.« Er wollte wohl erst eine Bemerkung dazu machen, doch mein Gesicht zeigte ihm schnell, dass das kein dummer Witz war. Ich konnte passieren.

Während dieser ganzen Zeit war ich unbeschreiblich wütend auf Gott. Hätte er das nicht verhindern können? Warum hatte es diese beiden getroffen? »Ich habe dir mein Geld gegeben, meine Zeit, mein Leben. Und was machst du?«, klagte ich ihn an. Bald stand mein Entschluss fest: Ich wollte aufhören. Zwei Menschenleben waren zu viel. Dieser Preis war mir zu hoch. Lieber wäre ich selbst verunglückt, als nun die Witwen meiner Fahrer besuchen zu müssen und mit dieser Situation zurechtzukommen.

Dazu kamen die hilflosen und ungeschickten Reaktionen mancher meiner christlichen Freunde. Einige meldeten sich plötzlich nicht mehr – sie fühlten sich wohl unsicher. Andere wussten scheinbar, dass das jetzt Gottes Strafe für mein eigenmächtiges Handeln wäre. In jedem Fußballspiel bekommt man für dieses Nachtreten, wenn der andere bereits am Boden liegt, die Rote Karte gezeigt. Nicht alle Christen aus meinem Bekanntenkreis benahmen sich so seltsam, aber es waren schon eine ganze Reihe.

»Klaus«, meinte er, »wir können jetzt nicht aufhören.«

Viktor war mir in dieser Zeit eine riesige Stütze, und er forderte mich gleichzeitig heraus: »Ich denke, du glaubst an Gott!?«

»Das tue ich auch, aber ich weiß nicht, ob er noch an mich glaubt. Ich höre auf.«

»Klaus«, meinte er, »wir können jetzt nicht aufhören.«

»Und warum nicht?«

»Bis jetzt lief alles leicht, es war wie ein Spiel für uns. Jetzt wird es ernst. Wir müssen weiterarbeiten, schon um die beiden Familien zu unterstützen.«

Natürlich wusste ich, dass die beiden Witwen praktisch unversorgt waren. Das Sozialversicherungssystem in Lettland war so schlecht, dass es praktisch nicht existent war.

»Wenn du tatsächlich aufhörst, dann bitte ich dich um einen Gefallen: Gib mir einen Lkw, damit ich mich um die Familien kümmern kann. Das, was ich verdienen kann, muss dann für uns alle reichen.«

Viktor hat ein Herz aus Gold. Ich wusste, dass er es genauso meinte, wie er es gesagt hatte.

Ein anderer Freund in Gießen – einer der Christen, die nicht untergetaucht waren – stieß ins gleiche Horn. Er erklärte mir: »Ich hätte dich für geistlicher gehalten. Du hast in der unsichtbaren Welt einen Krieg angezettelt, und jeder Hilfstransport war eine gewonnene Schlacht. Fünfzigmal hast du gewonnen, und nun hast du einmal verloren. Wenn du jetzt aufhörst, hast du allerdings nicht nur diese Schlacht verloren, sondern den gesamten Krieg.«

Mein Freund hatte recht, genauso wie Viktor, aber ich war immer noch wütend. Und so zornig, wie ich war, forderte ich Gott heraus. Bisher hatte er mir seinen Weg für mich relativ unpräzise gezeigt – da gab es jedes Mal einen großen Interpretationsspielraum. »Das läuft so nicht«, erklärte ich ihm nun. »Dieses Mal will ich ein Fax vom Himmel. Ich brauche eine klare Antwort, ob ich mit der humanitären Hilfe weitermachen soll, ob das noch mein Auftrag ist.«

Aber wie sollte ich das erfahren?

Ich stellte Gott drei Bedingungen, die er innerhalb von sieben Tagen erfüllen sollte. Und eigentlich war mir jetzt schon klar, dass das nicht geschehen würde.

»Erstens will ich, dass die Hinterbliebenen der Fahrer versorgt werden. Vielleicht heiraten sie ja wieder, aber für mindestens zwei Jahre möchte ich ihnen eine Rente in Höhe des Verdienstes ihrer Männer zahlen und ihnen darüber hinaus noch eine Ausbildung finanzieren.« Ich rechnete nach und kam auf eine sechsstellige Summe, die ich dafür benötigen würde. »Für dieses Geld musst du sorgen, ich möchte weder, dass Viktor dafür fährt, noch dass es der Firma hinterher fehlt.«

Zweitens erklärte ich Gott: »Wenn ich weitermachen soll, will ich mich nicht verkleinern. Ich brauche ein neues Fahrzeug – kein Geld, sondern einen neuen Lkw.« Mit der Versicherung konnte ich an dieser Stelle nicht rechnen, denn Touren in Osteuropa waren aus gutem Grund durch keine Vollkaskoversicherung abgedeckt; hier war man auf eigenes Risiko unterwegs.

Als Letztes hielt ich Gott vor: »Wenn ich wieder an den Start gehen soll, dann brauche ich einen freien Rücken. Ich habe ein Minus von 60 000 D-Mark auf meinem Firmenkonto. Das ist zwar fast nichts, aber es soll getilgt werden – wie alles andere innerhalb von sieben Tagen.«

Als ich das mit Gott geklärt hatte, ging es mir besser.

Wie sollte es weitergehen? Ich hatte keine Ahnung.

Mir war sonnenklar, dass nichts davon geschehen würde, und ich hätte anschließend immer sagen können: »Gott hatte eine faire Chance – er hat nicht gewollt …«

Bereits am nächsten Tag lag auf meinem Schreibtisch in der Campus-für-Christus-Zentrale ein großer und dicker weißer Umschlag mit meinem Namen darauf. Ich öffnete ihn und musste mich erst einmal setzen. So viel Bargeld auf einmal hatte ich noch nie gesehen. In dem Umschlag war genau die sechsstellige Summe, die ich Gott am Abend vorher genannt hatte. Niemand, wirklich niemand wusste davon – außer Gott. Ich hatte keine Ahnung, wer den Umschlag auf meinen Schreibtisch gelegt hatte. Letztlich war das auch unwichtig, denn mir war klar, dass Gott die erste meiner unverschämten Forderungen erfüllt hatte.

Einen Tag später bekam ich einen Anruf meiner Versicherung. Aufgrund der Schwere des Unfalls hätten sie sich dazu entschieden, einen Sonderfonds anzuzapfen, den sie für Härtefälle haben. Ob ich einverstanden wäre, wenn sie mir davon einen Sattelauflieger kaufen und zur Verfügung stellen würden. Natürlich war ich einverstanden! Gleichzeitig kam ich ins Grübeln: Welche Versicherung meldet sich freiwillig und fragt nach, ob sie etwas bezahlen darf, was sie nicht müsste?

Am dritten Tag bekam ich einen Anruf aus der Schweiz. Ein wildfremder Mann begrüßte mich mit seinem freundlichen »Grüezi!« Etwas umständlich erklärte er mir, dass Gott ihm gesagt habe, er solle mir eine neue Zugmaschine kaufen.

Ich will dich. Nach wie vor und immer noch. Ich habe eine Aufgabe für dich.

»Sie überlegen allen Ernstes, ob Sie mir einen Lkw kaufen sollen?«

»Nein«, meinte er nur. »Das ist schon klar. Ich rufe nur an, um zu fragen, welche Marke Sie haben wollen.«

Eigentlich hätte ich jetzt wohl den ganzen Tag lang jubeln sollen, aber mir ging es so schlecht, dass es kaum zu beschreiben ist. Ich befand mich in einem absoluten Schockzustand, denn mir war ja klar gewesen, dass Gott nicht eingreifen würde, nicht nach diesem Unfall und meiner Unverschämtheit. Doch jetzt griff er jeweils im Takt von wenigen Stunden in mein Leben ein und unterstrich mir gegenüber: Ich will dich. Nach wie vor und immer noch. Ich habe eine Aufgabe für dich.

An diesem Mittag besuchte ich einen Freund bei Campus für Christus in seinem Büro. Er war der Erste, der die ganze Geschichte von meinen Forderungen an Gott hörte – und von Gottes Antworten darauf. Denn dass all diese Anrufe und Finanzen nicht zufällig kamen, sondern Gottes freundliche Reaktion auf meine wütenden Forderungen waren, stand für mich außer Zweifel. Ich erzählte ihm, dass ich meine Lektion gelernt und meine Meinung geändert hätte. In der Bibel spricht man da wohl von »Buße tun« – aber es fühlte sich nicht nach Sack und Asche an, sondern einfach wunderbar.

»Halt«, sagte mein Freund. »Nicht so schnell.«

»Was ist denn?«

»Deine dritte Bedingung ist noch offen.«

»Geschenkt«, lachte ich. »Gott hat so deutlich geredet, darauf kommt es mir nicht mehr an.«

Doch er meinte nur: »Lass jetzt keine Tür offen, durch die später Zweifel hereinkommen können. Ich bin überzeugt, dass Gott liefert. Lass uns mal zur Bank gehen.«

Wir machten uns direkt auf den Weg und riefen die aktuellen Kontoauszüge ab. Was soll ich sagen? Das Konto war im Plus. Es war kein großes Vermögen darauf, aber es war mehr als ausgeglichen. Damit war mir absolut und ohne jeden Zweifel klar, dass ich da nicht mehr herauskäme – ich wollte es auch gar nicht.

Der tödliche Unfall meiner beiden Fahrer ist mir bis heute unerklärlich. Ich weigere mich, ihn mir einfach »zurechtzuerklären« nach dem Motto: Das musste passieren, damit Gott handeln konnte. Nein, der Unfall musste nicht geschehen, aber er ist passiert. Und auch nach vielen Jahren treibt mir der Gedanke daran noch die Tränen in die Augen. Gleichzeitig bin ich dankbar, dass Gott selbst sich um die beiden Witwen mit ihren Kindern gekümmert hat. Sie konnten tatsächlich eine Ausbildung abschließen, heirateten wieder, und es geht ihnen gut.

Mich selbst beschämte Gott mit seinen Antworten auf meine dreisten Forderungen. Sieben Tage Zeit hatte ich ihm dafür gegeben. Drei Tage hatte er dafür gebraucht, und ich habe den Eindruck, er hat sich nur so viel Zeit gelassen, damit mir das Ganze nicht zu schnell ging. Nach all diesen Ereignissen suchte ich das Gespräch mit Gott. »Danke!«, sagte ich, »Ich hab's verstanden. Ich werde meine Berufung nie mehr insgesamt infrage stellen, es sei denn, du schickst mir noch ein Fax vom Himmel, das genauso deutlich ist wie das letzte.«

In der Folge entwickelte sich die Arbeit in großen Schritten weiter. Innerhalb von wenigen Monaten fuhren nicht mehr zehn Lkw für *KD Transport* und in Sachen humanitäre Hilfe, sondern zwanzig.

Auch die Sichtweise von Campus für Christus International geriet in Bewegung. Bei einer Tagung in Tarragona in Spanien kam ich mit dem Kanadier Norm Shultz ins Gespräch. Er fragte mich nach meiner Arbeit und ich erzählte ihm von der *Aktion Hungerwinter*. Seine Augen leuchteten. »Das brauchen wir in Kanada auch.« Wir träumten eine Weile gemeinsam, bis er irgendwann sagte: »Die Arbeit ist wunderbar, aber der Name dafür geht gar nicht. Auf Englisch kommuniziert das nichts.«

Ich werde meine Berufung nie mehr insgesamt infrage stellen, es sei denn, du schickst mir noch ein Fax vom Himmel.

»Auf Deutsch eigentlich auch nicht«, gab ich zu. »Ich bin schon länger unzufrieden mit dem Begriff *Aktion Hungerwinter*. Er hat nur damals zu Gorbatschows Hilferuf gepasst. Inzwischen stimmt daran nichts mehr: Es ist längst mehr als eine einmalige Aktion. Wir bringen nicht nur Lebensmittel gegen den Hunger, und natürlich fahren wir auch im Sommer.«

Während wir auf ein paar Felsen am Ufer des Mittelmeers saßen, eine Tasse Cappuccino tranken und gemeinsam in die Abendsonne schauten, spannen wir Ideen, wie eine zukünftige Zusammenarbeit aussehen könnte und was ein geeigneter Name dafür wäre. Die Verbindung von Wort und Tat war uns beiden wichtig. Wir wollten keine Fundraisingorganisation gründen, sondern zu den Menschen hingehen, und wir hatten ein weltweites Netzwerk mit einem vielfältigen Hilfsangebot im Sinn.

An diesem Abend entstand GAiN. Plötzlich war der Begriff da. Er klingt im Englischen nach »gewinnen« und lässt sich international verwenden. Er steht für *Global Aid Network*, also für ein weltweites Hilfsnetzwerk – damit war dieser Name Programm. Es dauerte noch eine Weile, bis der Name offiziell eingeführt wurde, bis auf jedem unserer Lkw ein GAiN-Logo war und es GAiN-Büros in vielen Ländern der Erde gab, aber an diesem Abend in Tarragona wurde die Idee dazu geboren.

In Tarragona entstand eine Idee,
doch bald darauf war GAiN ein internationales Netzwerk.

In der nächsten Zeit hatte ich den Eindruck, dass mir Inhalte und Arbeitsweisen, die das Hilfswerk in Zukunft haben sollte, Schritt für Schritt klarer wurden. Doch dabei ging es um mehr als die Organisation: Diese Gedanken galten in erster Linie für mich persönlich. Das war meine Berufung: Es ging mir darum, Menschen in Not zu helfen, andere dabei zu involvieren und ein Versorgungsnetzwerk aufzubauen, auf das Christen in Notzeiten zurückgreifen konnten.

All das geschah 1995.

Zu Jahresbeginn hatte es noch so ausgesehen, als ob die Arbeit am Ende angekommen wäre – am Schluss war klar: Sie geht gerade erst richtig los.

IM WILDEN OSTEN

Weites Land, unbegrenzte Möglichkeiten, Abenteuer, aber auch ein fast rechtsfreier Raum: So erlebten die ersten weißen Amerikaner vor 150 Jahren das, was als »Wilder Westen« in die Geschichte einging.

Als ich kurz nach dem Fall des Eisernen Vorhangs die Spedition *KD Transport* gründete, um die Hilfstransporte weiterhin zu ermöglichen, war mir schnell klar, dass der Firmensitz dafür im Osten liegen müsste – in Lettland. Ich dachte an weites Land, unbegrenzte Möglichkeiten, Abenteuer, aber auch einen fast rechtsfreien Raum: den Wilden Osten.

Es war mehr als Abenteuerlust, immerhin war ich mit dem Firmensitz in Riga nah bei denen, die ich mit Hilfsgütern unterstützen wollte. Dazu kam eine ungeheure Aufbruchsstimmung im Baltikum in den Ländern, die inzwischen nicht nur Teil der EU, sondern auch der Eurozone sind. Segen und gleichzeitig Fluch dieser Region war, dass sie noch nicht so stark reglementiert war wie Westeuropa. In Deutschland musste man für alles und jedes einen Antrag ausfüllen; immerhin gab es diese Möglichkeit: Man konnte für alles und jedes einen Antrag ausfüllen. Mir war noch nicht klar, ob meine Firmengründung in Lettland Bestand haben würde. Ehrlicherweise konnte das niemand sagen, der damals im Baltikum aktiv war.

Damals war das europäische Lettland noch Zukunftsmusik. Klar war nur, dass das alte Sowjetsystem am Ende war – ein neues gab es noch nicht. Was aber unverändert überlebt hatte, waren die Strukturen der Mafia. Wer seinen Kopf aus der Deckung hob und sogar noch eine Firma gründete, bekam danach unweigerlich Besuch von seinem zuständigen Gebietschef, der einem ein Angebot machte, das man nicht ablehnen konnte.

Immer sind es die Kleinen, die am meisten
leiden. Das akzeptiere ich nicht und will ihnen Hoffnung und Zukunft vermitteln.

Was tun?

Ich hatte Gott zu Beginn meiner Arbeit in der humanitären Hilfe eine Art Versprechen gegeben: »Ich werde keine Bestechungsgelder zahlen.« Natürlich bekam auch ich Geschenke und machte anderen welche. Natürlich wollte ich gut mit anderen zusammenarbeiten. Aber sollte ich hier bezahlen? Ging es dabei um erpresstes Schutzgeld oder kaufte ich tatsächlich eine Dienstleistung ein? Ich wusste es nicht.

Was ich wusste, war, dass ich nicht warten wollte, bis ich eines Tages Besuch bekäme. Ich wollte selbst aktiv werden, bevor es andere taten. Da die Zuständigkeitsbereiche der Mafia so sauber voneinander getrennt sind wie Regierungsbezirke im Schwäbischen, fand ich schnell heraus, an wen ich mich wenden musste. Viktor war inzwischen mehr als Fahrer und Freund für mich; er war mein Geschäftsführer. Er kündigte dem Mafioso an, dass ich ihn besuchen wollte.

»Was will dein Chef?«

»Reden.«

»Und worüber?«

»Das sagt er dir selbst.«

»Charascho.« – Okay.

Kurz darauf saßen wir ihm in seinem Büro gegenüber. Die obligatorischen Bodyguards standen hinter dem Mafiachef. Er hätte sie wohl kaum gebraucht, denn seine Figur zeigte, dass er selbst viele Jahre lang mit vollem Körpereinsatz gearbeitet hatte und sich offensichtlich immer noch fit hielt. Er lehnte sich nach vorne, stützte seine Ellenbogen auf den Schreibtisch und legte entspannt die Hände zusammen. Dann fixierte er mich.

Ich hatte Gott zu Beginn meiner Arbeit in der humanitären Hilfe eine Art Versprechen gegeben: »Ich werde keine Bestechungsgelder zahlen.«

»Was willst du?«

Nun, eigentlich wollte ich meine Arbeit tun und ihm nichts für irgendwelche dubiosen Schutzangebote bezahlen, aber damit konnte ich schlecht anfangen. Also erzählte ich ihm von dem, was ich tat, und wofür mein Herz schlug. Ich begann gerade, ihm davon zu berichten, dass ich meine Firma eigentlich nur bräuchte, um Hilfstransporte zu finanzieren, da unterbrach er mich mit einer Handbewegung.

»Das kannst du dir sparen«, meinte er mit undurchdringlichem Gesicht. »Du brauchst nicht so viel zu erklären, ich kenne dich längst.«

»Aha.« Mein erstauntes Gesicht muss Bände gesprochen haben.

Jetzt lachte er. »Du glaubst doch nicht, dass du in meinem Land und meinem Bezirk etwas anstellen kannst, ohne dass ich es mitbekomme?«

Offensichtlich nicht.

»Seit du mit dem ersten Lkw Hilfsgüter ins Land gebracht hast, habe ich dich im Blick. Ich wusste von jedem einzelnen Laster. Ich könnte dir sagen, was du jeweils geladen hattest. Und eigentlich«, er machte eine Kunstpause, »eigentlich finde ich es gut, was du machst. Solange du lettischen Kindern hilfst, beschütze ich dich. Du zahlst nichts.«

»Solange du lettischen Kindern hilfst, beschütze ich dich. Du zahlst nichts.«

Das Gespräch war völlig anders verlaufen, als ich es mir vorgestellt hatte, aber ich war sehr zufrieden damit. Unsere Begegnung war der Beginn einer Beziehung, die ich mir viel schwieriger vorgestellt hätte. »Mein« Mafioso gehörte definitiv zu der Sorte Mensch, der ich nicht im Dunklen begegnen wollte, aber auch er hatte ein Herz. Und das zeigte er bei unserem Gespräch. Ich bin ganz sicher, dass mein oberster Chef auf seine besondere Art vorher mit ihm gesprochen hatte.

Im Laufe der kommenden Monate und Jahre wurde mir immer wieder bewusst, dass sein Reden von Schutz nicht nur hypothetisch gemeint war. Sondern konkret und vorausschauend. Nie erlebten wir seltsame Unfälle. Ab und zu begleitete plötzlich ein Jeep mit mehreren Männern darin einen unserer Lkw – und erst im Nachhinein bekamen wir mit, dass es da hätte brenzlig werden können.

Wenn ein Fahrer zu seinem geparkten Lkw zurückkam, dann stand daneben manchmal ein finster aussehender Typ, legte nur kurz grüßend den Finger an seine Kappe und stieg ins Auto, während der Fahrer mit dem unbeschädigten Lkw weiterfahren konnte.

In der Bibel heißt es einmal in den Psalmen: »Denn er befiehlt seinen Engeln, dich zu beschützen, wo immer du gehst« (Psalm 91,11). Ich kann nur sagen: Das stimmt. Und es steht nicht dabei, ob diese Engel Flügel und weiße Gewänder haben müssen oder ob sie auch russisch sprechen und dunkle SUVs fahren können.

Als neuer Unternehmer in Riga war ich außerdem für Gruppen interessant geworden, die für mich nur schwer einzuschätzen waren. Es waren einheimische Spediteure, die ebenfalls hier ihren Firmensitz hatten. Es war die Mafia, die Speditionen für ihre eigenen Transporte, aber auch zur Geldwäsche nutzte. Es waren Unternehmer, die von rechtlichen Grauzonen und Korruption profitieren wollten. Und es waren Fahrer, die möglichst gut leben oder einfach nur überleben wollten. Dummerweise waren die Grenzen zwischen diesen Gruppen fließend.

Als »der Deutsche« war ich ein Exot in Lettland. Als jemand, der seine Firma nach christlichen Werten führen wollte, war ich für die meisten wie ein Wesen von einem anderen Stern. Also luden sie mich ein. Regelmäßig gab es irgendwelche Treffen, Veranstaltungen oder Feiern, bei denen das bunte Völkchen der Spediteure zusammenkam.

Wenn wir wieder einmal eine Einladung zu solch einem Treffen bekamen, meinte Viktor in der Regel: »Klaus, du weißt, dass du da nicht hingehen musst.«

»Ja«, sagte ich. »Und du weißt, dass ich zwar jetzt nicht hingehen muss, aber irgendwann schon.«

Viktor nickte nur. Wir hatten uns verstanden. Längere Zeit ging ich zu keiner der Partys, auch wenn sie immer an besonders ausgesuchten Orten stattfanden, doch irgendwann hatte ich den Eindruck, dass es so weit wäre. Ich beantwortete die aktuelle Einladung mit einem freundlichen »Danke, mein Geschäftsführer und ich kommen sehr gerne!« So gingen Viktor und ich eines Abends in einen der angesagten Rigaer Klubs und trafen uns mit den alteingesessenen Unternehmern. Wir unterhielten uns – Viktor übersetzte –, aßen fantastisch und stießen mit einem guten Wodka an. In kleinerer Runde an unserem Tisch kam das Gespräch darauf, wie man seine Spedition am Finanzamt vorbei möglichst profitabel führen konnte.

Während die Inhaber um mich herum von ihren Tricks erzählten und auch den einen oder anderen Namen von bestechlichen Beamten fallen ließen, hielt ich mich zurück.

»Wie machst du das?«, fragte mich einer aus der Runde direkt.

Ich erklärte: »Natürlich habe ich auch nichts zu verschenken, aber ich zahle meine Steuern, und meine Fahrer sind alle sozialversichert.«

Dröhnendes Gelächter erklang um mich herum. Die meisten lächelten und dachten sich dabei wohl: »Wie dumm kann man denn noch sein?« Doch einer reagierte ganz anders. Er schlug mit der Faust auf den Tisch und rief: »Ich glaub dir kein Wort!«

Ich kannte Aleksandr nicht persönlich, aber er hatte keinen guten Ruf. Er war niemand, mit dem man in Streit geraten wollte. Viktor schaute mich nur kurz an und flüsterte: »Klaus, der ist gefährlich.«

Es wurde still am Tisch.

Mein Gegenüber wiederholte seine Aussage: »Du bist ein Lügner und Betrüger und ich glaub dir kein Wort.«

Ich wollte kurz erklären, was ich meinte, aber Aleksandr schnitt mir das Wort mit einer Handbewegung ab.

»Das lässt sich nicht mit Reden klären. Wir machen das ganz einfach: Ich prüfe dich.«

Ich schaute ihn verwundert an.

»Morgen bekommst du von mir einen Lkw mit Fahrer. Ich stelle ihn dir für ein Jahr zur Verfügung, damit er einfach in deiner Flotte mitfährt wie alle anderen, und am Ende des Jahres schaue ich dann in deine Bücher, ob du mit ihm tatsächlich noch Gewinn erwirtschaftet hast, wenn du alle Sozialabgaben und Steuern gezahlt hast. Ich wette, du zahlst dabei drauf.« Jetzt grinste er plötzlich: »Du brauchst übrigens keine Bedenken zu haben. Ich schicke dir meinen besten Fahrer.«

»Das lässt sich nicht mit Reden klären. Wir machen das ganz einfach: Ich prüfe dich.«

Genauso geschah es. Am nächsten Morgen stand Andrej samt seinem Lkw auf dem Betriebshof. Und er fuhr ein ganzes Jahr lang mit: Speditionsaufträge genauso wie humanitäre Transporte.

Kurz bevor das Jahr herum war, nahm ich Viktor beiseite: »Demnächst müssen wir den Lkw wieder abgeben. Meine Idee wäre, dass unser spezieller Freund ihn in besserem Zustand zurückbekommt, als wir ihn erhalten haben.«

»Muss das sein?« Viktor schaute mich gequält an.

»Ja, das muss sein.«

So besserte er ein paar kleine Schäden aus, verpasste ihm eine gründliche Wäsche und zog vor allem einen nagelneuen Satz Räder auf. Die alten konnten wir auch noch auf unseren anderen Lkw nutzen.

Meine Hauptarbeit in Lettland ist nicht das Wetten, sondern das Helfen – ob mit Lebensmitteln oder einem Bauprojekt.

Wenige Tage später bekam ich einen Anruf, und dann fuhr mein Wettgegner mit seinem dicken Auto bei mir in den Hof. Zuerst stiegen seine Bodyguards aus, dann kam Aleksandr selbst aus dem Fond des Wagens und ihm folgte eine hübsche junge Frau – seine Buchhalterin –, denn er selbst konnte keine Bilanzen lesen. Wir begrüßten uns kurz, und sie ging direkt an die Arbeit. Sie prüfte die Bücher sehr ausführlich, und es war schnell klar, dass er sie nicht nur wegen ihres guten Aussehens eingestellt hatte. Sie verstand etwas von ihrem Job. Als sie am Schluss nickte, meinte Aleksandr nur: »Okay. Jetzt glaube ich dir. Du hast die Wette gewonnen.«

Er suchte Orientierung und war durchaus bereit, sich auf neue Wege einzulassen, selbst wenn sie ihn etwas kosteten.

Dann verdrehte er kurz die Augen und ergänzte: »Und wegen des Lkw brauchen wir gar nicht zu reden – ich habe schon gesehen, dass er besser dasteht als vor einem Jahr.«

»Wenn das so ist, dann freut es mich«, meinte ich, »aber jetzt habe ich noch ein Anliegen: Nimm den Lkw gern wieder mit, aber lass den Fahrer bei mir. Andrej soll hierbleiben, denn er ist wirklich gut, und er hat sich verändert.«

»Das war nicht abgesprochen!«, empörte sich mein Gegenüber. »Du weißt genau, wenn ich wollte, dann könnte ich dich …«

Wir diskutierten eine ganze Weile hin und her. Schließlich hatte Aleksandr eine Idee: »Du hast gesagt, der Fahrer hat sich verändert. Wir werden ja sehen, ob das so ist. Ich rufe ihn jetzt her – und du sagst nichts. Dann frage ich ihn, ob er bei dir bleiben oder zu mir zurückkommen möchte. Wenn er mutig genug ist, mir ins Gesicht zu sagen, dass er hierbleiben will, dann darf er das.«

Also riefen wir den Fahrer: »Andrej, komm doch mal her.«

Er kam.

Aleksandr baute alles Drohpotenzial auf, das er zu bieten hatte. Er verlor nicht gern, weder eine Wette noch einen guten Fahrer. Polternd fragte er ihn: »Deine Zeit hier ist jetzt um. Du möchtest doch wieder zurückkommen? Oder willst du etwa bleiben?«

Andrej schaute seinen alten Chef an und meinte freiheraus: »Wenn ich darf, dann würde ich gern bei Klaus bleiben.«

Er blieb.

Die Pointe kam für mich ein paar Wochen später. Ich traf Aleksandr und wir kamen ins Gespräch. Ich war schon erleichtert, dass er mir offenbar nichts nachtrug, aber es kam noch besser. »Weißt du, Klaus«, begann er, »ich denke noch oft an unseren Deal zurück.«

»O ja, ich auch.«

»Und ich habe mir etwas überlegt. Ich werde meine Firma umstellen und in Zukunft sauber arbeiten, Steuern zahlen und Sozialabgaben. Bei dir habe ich gesehen, dass es funktioniert. Natürlich will ich damit nicht den Staat unterstützen« – er zwinkerte mir zu –, »aber ich glaube, dass ich dann nachts besser schlafen kann.«

Aleksandr hatte mich wirklich überrascht. Er sah aus wie ein Krimineller, wie ein Mafioso, und er trat auch so auf. Gleichzeitig suchte auch er Orientierung und war durchaus bereit, sich auf neue Wege einzulassen, selbst wenn sie ihn etwas kosteten.

Natürlich freute ich mich darüber, dass meine Begegnungen mit der lettischen Halbwelt so positiv verliefen, doch ich kam ja nicht ins Land, um diesen Menschen zu begegnen. Im Laufe der Jahre bauten wir mit *Tuvu* eine Partnerorganisation auf, die unser Lager mit Hilfsgütern verwaltete, Kontakte zu offiziellen Stellen und Sozialarbeiterinnen pflegte und die vor allem bedürftige Familien betreute. Lāsma Cimermane ist hier seit vielen Jahren aktiv.

Jedes Mal, wenn ich mit einem Lkw voll Hilfsgüter oder mit einem Aktenkoffer voll Unterlagen bei ihr vorbeikomme, freue ich mich auf eine gute Tasse Kaffee – und noch viel mehr über ermutigende Berichte aus unserer gemeinsamen Arbeit.

Vor Kurzem kurvte ich mit einem Vierzigtonner voll Baumaterial auf den Hof, als ich aus den Augenwinkeln zwei junge Leute beim Arbeiten an einem unserer Container sah. Sie sollten zu Wohncontainern umgebaut werden. Ich schaute der jungen Frau, die dort werkelte, ins Gesicht und dachte nur: »Dieses Gesicht kenne ich – aber woher nur?«

Zunächst einmal führte mich mein Weg ins Büro zu Lāsma, aber anschließend ging ich noch einmal auf den Hof. Als Mann eine junge Frau mit dem typischen Anmachspruch »Wir kennen uns doch auch irgendwoher?« anzusprechen, erschien mir unpassend, aber ich war neugierig. Also sagte ich einfach Hallo und fragte, welche Sprache sie spreche: Lettisch, Russisch, Englisch oder vielleicht sogar Deutsch?

»Englisch passt gut«, meinte sie mit lettischem Akzent.

Und schließlich fragte ich sie doch: »Kennst du mich irgendwoher?«

Nun muss man wissen, dass Letten keine Franzosen sind. Diese rücken sich schon als Fremde ganz nah auf die Pelle und geben sich auch als entfernte Bekannte ein Küsschen. Letten sind da deutlich distanzierter. Für sie darf der Wohlfühlabstand zu einem Fremden gerne mehr als zwei Meter betragen, sodass man sich nicht einmal die Hand schütteln kann (oder muss). Doch diese junge Frau strahlte mich nach meiner Frage an, sprang auf mich zu, fiel mir um den Hals und meinte nur: »Wie könnte ich meinen Lebensretter vergessen?«

Das kam sehr überraschend für mich, und peinlicherweise hatte ich keine Ahnung, wovon sie sprach. Wo und wie sollte ich ihr das Leben gerettet haben? »Hilf mir bitte auf die Sprünge«, meinte ich deshalb zu ihr.

Jetzt erzählte sie: »Ich wollte meinem Leben ein Ende setzen, hatte keine Hoffnung mehr und sah kein Licht am Horizont. Ich hatte sogar schon geplant, wie ich mir das Leben nehmen würde, doch da kamst du mit einer ganzen Gruppe von Helfern zum Haus meiner Eltern. Ihr habt begonnen, es zu renovieren und in kurzer Zeit aus einer schrecklichen Ruine ein schönes Zuhause gemacht. Damit habt ihr unser Leben total umgekrempelt.«

Ich schaute sie unverwandt an – noch war der Groschen bei mir nicht gefallen.

»Als ihr fertig wart, hast du mit meiner Mutter gesprochen, und ich erinnere mich noch an jedes Wort, das du gesagt hast. Du hast gemeint, dass wir jetzt von der Dunkelheit ans Licht kommen könnten – und ich sah, wie die Sonne durch die neuen Fenster fiel. Du hast von Hoffnung gesprochen und davon, dass Jesus auch heute noch Wunder tun würde. Wir sollten uns bei ihm bedanken und nicht bei euch. Das wollte ich gern tun, aber als ich mich später nach Jesus erkundigte, stellte ich fest, dass er schon vor langer Zeit gelebt hatte. Ich dachte erst, er würde irgendwo in der Nachbarschaft leben. Doch dann bekam ich Kontakt zu *Tuvu* und besuchte eine christliche Jugendgruppe in der Nähe. Dort lernte ich dann Jesus kennen.« Sie strahlte mich noch einmal an. »Fünf Jahre ist das jetzt her.«

»Du hast gemeint, dass wir jetzt von der Dunkelheit ans Licht kommen könnten – und ich sah, wie die Sonne durch die neuen Fenster fiel.«

Langsam erinnerte ich mich. Vor fünf Jahren war sie elf gewesen – kein Wunder, dass ich sie als sechzehnjährige junge Frau nicht direkt erkannt hatte. Sie schwärmte mir noch eine ganze Weile vor, wie der Baueinsatz vor ein paar Jahren ihrer Familie Hoffnung gebracht und ihr Leben verändert hatte. Längst gab sie in einem christlichen Jugendcafé diese Hoffnung an andere junge Leute weiter.

Immer wieder zeigen Menschen mit ihrem Dank, dass die Hilfe tatsächlich ankommt. Das freut mich besonders.

Danke
Gain

Als wir uns schließlich verabschiedeten, konnte ich ihr nur sagen: »You made my trip.« – Du hast meine Reise gerettet. Ich hatte noch einige interessante Begegnungen in Lettland vor mir, doch ich wusste jetzt schon: Schöner wird's nicht mehr.

DRACHEN IN AFGHANISTAN

Am 11. September 2001 saßen alle Deutschen, die es möglich machen konnten, vor ihren Fernsehern und schauten auf die unfassbaren Bilder, die aus New York kamen. Neunzehn Kämpfer des Terrornetzwerks Al-Qaida hatten mehrere Verkehrsflugzeuge entführt und sie unter anderem in die *Twin Towers* des World Trade Centers in Manhattan gelenkt. Die Türme standen eine gute Stunde lang in Flammen, dann stürzte erst der eine und dann der andere in sich zusammen. Knapp dreitausend Menschen kamen dabei ums Leben.

> **Hier öffnete sich die Tür in ein Land, das vorher nicht für Hilfe zugänglich war.**

Nine Eleven war der folgenschwerste Zwischenfall der zivilen Luftfahrt. Es war und ist ein traumatisches Ereignis für die US-amerikanische Bevölkerung. Es war eine Zäsur in der Beziehung zwischen der westlichen und der arabischen Welt. Und es war der Beginn der US-Intervention in Afghanistan.

Als ich die Berichte damals so wie alle anderen am Bildschirm verfolgte, war ich genauso schockiert. Ich dachte an Freunde, die gerade mit einer Studierendengruppe in New York waren. Natürlich gehörte das World Trade Center zu den Punkten, die sie besichtigen wollten! Aber ich fragte mich auch, was diese Katastrophe für unser wachsendes Hilfswerk bedeuten würde. Bot sich hier eine Gelegenheit zu helfen? Oder würde das unsere Arbeit einschränken?

Afghanistan kann fröhlich, bunt und laut sein.

GAiN Kanada arbeitete bereits seit 1996, und auch wir waren nach wie vor aktiv. Bislang waren wir hauptsächlich in Osteuropa unterwegs, aber vielleicht sollten wir jetzt den Schritt aus Europa hinaustun.

Nachdem die NATO unter Federführung der USA Truppen nach Afghanistan geschickt und die regierenden Taliban vertrieben hatte, öffnete sich hier die Tür in ein Land, das vorher nicht für Hilfe zugänglich war. Innerhalb von kürzester Zeit bekam ich einige Anfragen nach Hilfe – Mitarbeitende bei Campus für Christus in den USA hatten bereits Kontakte ins Land, auch Kees Klaassen meldete sich bei mir. Der holländische Inhaber von *Mission & Relief* – ein lieber Freund von mir – bot mir an, Hilfsgüter über seine Beziehungen nach Afghanistan hineinzubringen.

An den Sammelstellen von GAiN in Deutschland stapelten sich bald die Sachspenden: Rollstühle, Babynahrung, Kleiderspenden, Hygieneartikel und vieles mehr. In kürzester Zeit waren fünf Überseecontainer damit gefüllt. Doch wie sollte unsere Hilfe konkret aussehen? Wie kam sie ins Land und zu den Menschen, die sie brauchten? Mein Kollege aus den USA kümmerte sich nicht darum. Mein Kollege aus Kanada war krank geworden. Also musste ich entscheiden, denn der Eindruck, den alle Beteiligten hatten, war: jetzt oder nie. Wir durften nicht zu lange warten.

In Zusammenarbeit mit *Mission & Relief* wollte ich die fünf Container nach Pakistan schicken. Von dort sollten sie über die Grenze nach Afghanistan weitergeleitet werden. Viele schüttelten den Kopf, hatten Bedenken oder rieten mir ganz klar davon ab: »Das funktioniert so nicht.«

Aber ich hatte die Gewissheit, dass es richtig war und ich genau das tun sollte. War das eine Eingebung Gottes oder Überheblichkeit? Ich hielt es für Gottes Reden und schickte die Container los.

Tatsächlich verschwanden sie dann beim pakistanischen Zoll. Nachdem sie eine Weile unauffindbar waren, meldete sich ein Zollbeamter bei unserem Agenten vor Ort. Der rief meinen holländischen Freund Kees an und meinte: »Es ist wie zu erwarten. Sie verlangen 5 000 Dollar *education fee* pro Container als Sonderzahlung.«

Kees telefonierte mit mir und meinte: »In den sauren Apfel müssen wir wohl beißen. In dieser Region funktioniert einfach nichts ohne Bestechung.«

Ich überlegte kurz. Die anderen Beteiligten hatten wesentlich mehr Erfahrung im Mittleren Osten, aber es widerstrebte mir, Spendengelder auf diese Art und Weise zu verschwenden. »Kees«, sagte ich, »wir zahlen nicht. Gott hat mir klar gezeigt, dass er ein Wunder tun wird. Das ist seine Sache – nicht unsere.« Weil ich meinen Freund ein bisschen genauer kannte, schob ich noch hinterher: »… und ich verbiete dir, das Ganze aus deiner eigenen Tasche zu bezahlen.«

Ich hörte sein Achselzucken fast am Telefon. »Dann wird die Mission wohl scheitern«, meinte er. »Ich habe es noch nie erlebt, dass in Pakistan etwas vorangeht, wenn man nicht ordentlich Schmierstoff dazugibt. Was soll ich meinem Agenten denn sagen?«

»Ganz einfach: Wir bezahlen kein Bestechungsgeld! Wir warten.«

»Ernsthaft?«

»Ja. Wenn du willst, dann sag ihm, dass in Deutschland ein paar wilde Christen dafür beten, dass die Container trotzdem ausgeliefert werden.« Damit das auch geschah, rief ich einige Christen aus meinem Bekanntenkreis an, von denen ich wusste, dass sie beten würden, und genau das taten sie in den nächsten Stunden.

Vierundzwanzig Stunden später rief mich Kees wieder an. Er stotterte vor Aufregung und rief in den Hörer: »Klaus, es ist unfassbar. Das Wunder ist passiert. Die Container sind aus dem Zoll heraus und bereits auf dem Weg in Richtung afghanischer Grenze.«

Natürlich freute ich mich riesig, aber irgendwie war ich nicht überrascht. Es hätte mich eher verwundert, wenn die Sache anders ausgegangen wäre.

Später erzählte mir Kees Klaassen in einer ruhigen Minute: »Du kannst dir nicht vorstellen, wie wichtig dieses Erlebnis für mich und meine Beziehung zu Gott war. Natürlich war mir klar, dass es Gott gab und ich glaubte auch irgendwie an ihn. Deswegen bin ich schließlich für viele Nichtregierungsorganisationen weltweit unterwegs und helfe ihnen beim Helfen. Aber so einfach darauf zu vertrauen, dass Gott in meinen Kompetenzbereich eingreift und mal eben ein Wunder tut, war mir neu. Bisher hieß es in solchen Situationen für mich: Okay, jetzt muss ich selbst aktiv werden. Und da kommt so ein Greenhorn aus Deutschland daher und behauptet, dass sein Gott die Sache schon regeln würde – und das passiert auch noch!«

Die Spuren der Verwüstung im Land waren allgegenwärtig: Hier lebten einmal Menschen.

Für den Holländer war dieses Erlebnis der Grund, Gott noch einmal ganz neu sein Vertrauen auszusprechen. Allein dafür hätte sich unsere Afghanistan-Hilfe schon gelohnt.

Ein halbes Jahr später erfuhr ich, dass der muslimische Agent in Pakistan, der das Ganze vor Ort mitbekommen hatte, bei Kees anfragte, ob der ihm bei der nächsten Lieferung ein paar Bibeln mitschicken könnte. Wieder etwas später vertraute er ihm an: »Ich bin Christ geworden.« Wahrscheinlich war dieses Wunder für ihn, der seine Kultur kannte, noch viel größer als für uns.

Warum die Container plötzlich freigegeben wurden, habe ich nie erfahren. Aber sie verließen den Zoll, ohne dass wir einen Dollar Schmiergeld dafür bezahlten – und dadurch wurden Menschenleben verändert.

Die fünf Container waren der Anlass für mich, mit ein paar Begleitern nach Afghanistan zu reisen. Ich wollte mir vor Ort einen Eindruck von der Lage, aber auch von unseren Hilfsmöglichkeiten verschaffen. Vom ersten Moment an war diese Reise etwas Besonderes. Im Normalfall bin ich immer gemeinsam mit Claudia, meiner Frau, unterwegs. Irgendwann trafen wir miteinander eine Übereinkunft, dass wir auch bereit sind, an die gefährlicheren Plätze der Welt zu gehen. Und wir gingen praktisch immer zusammen, damit wir im Fall der Fälle auch zusammen sterben würden. Dieses Mal wusste ich instinktiv: Das passt nicht. Wenn Claudia dabei ist, habe ich den Rücken nicht frei, um handeln zu können. Also lud ich sie aus. Das gab enorme Diskussionen, aber an dieser Stelle ließ ich nicht mit mir reden. Ich flog, und sie blieb daheim.

»Und da kommt so ein Greenhorn aus Deutschland daher und behauptet, dass sein Gott die Sache schon regeln würde – und das passiert auch noch!«

In Kabul angekommen staunte ich über eine der ältesten Städte der Welt, eine Millionenstadt, aber mit verheerenden Wunden. Zerstörung und Spuren des Krieges waren allgegenwärtig, genauso wie lautes und quirliges orientalisches Treiben. Als kleines Hilfswerk mit sehr begrenzten Mitteln konnten wir nichts an der Gesamtsituation des Landes ändern. Das konnten noch nicht einmal die großen Mitspieler wie die UN oder das Rote Kreuz. Also konzentrierten wir uns auf ein Projekt: In einem Vorort von Kabul halfen wir Einheimischen, eine gemeinsame Schule für Jungen und Mädchen zu gründen. Was vorher unter den Taliban unmöglich war, wurde damals Wirklichkeit. Ziemlich sicher existiert die Schule heute nicht mehr in dieser Form, aber 2001 konnten wir ihren Start ermöglichen, und einige Jahre lang konnten Jungen und Mädchen gemeinsam lernen und sich für eine andere, eine bessere Zukunft ausrüsten lassen.

So arbeitet GAiN bis heute: Wir finden eine Nische, in der wir uns für ein einzelnes Projekt einsetzen können – gerne auch langfristig.

Wir finden eine Nische, in der wir uns für ein einzelnes Projekt einsetzen können – gerne auch langfristig.

Der Schulstart war ein schöner Erfolg, und die anderen Teilnehmer unserer kleinen Gruppe waren damit sehr zufrieden. »Wunderbar. Das können wir unseren Spendern zu Hause erzählen. Dann machen wir uns mal wieder auf den Rückweg.«

»Halt!«, sagte ich. »Ich habe hier noch eine Rechnung offen.«

»Wieso das denn, ich denke, du bist das erste Mal hier?«

»Natürlich. Aber wir haben so viel für unsere fünf Container gebetet und mit ihnen erlebt – ich würde sie gern an der Grenze in Empfang nehmen.«

Tatsächlich waren die Container zwar inzwischen aus dem Zoll freigekommen und an die Grenze transportiert worden, aber dort standen sie – immer noch auf pakistanischem Boden – und kamen nicht ins Land.

Besonders unsere einheimischen Übersetzer rieten uns dringend von dieser Fahrt ab. Sie warnten uns vor War Lords und kriegerischen Auseinandersetzungen, aber wir fuhren trotzdem. Es waren keine dreihundert Kilometer bis ins pakistanische Peschawar, aber die Autopiste dorthin war alles andere als in gutem Zustand. Immer wieder sahen wir die Spuren des Krieges, und es gab nicht viele Menschen, die im Land unterwegs und dabei unbewaffnet waren. So brauchten wir mit unseren Autos und den Begleitfahrzeugen zu unserem Schutz viele Stunden, um bis zur Grenze zu gelangen.

Im Endeffekt erreichten wir sie und konnten über den Grenzzaun hinweg sogar einen Blick auf die Lastwagen mit unseren Containern werfen. Da wir allerdings kein Visum für Pakistan hatten, durften wir nicht hinüber, auch wenn wir auf genau diese Lkw warteten. Das erklärten unsere beiden Scouts gerade der restlichen Mannschaft, als ich eine Idee hatte: Die Nachmittagssonne brannte heiß und flirrte über den Bergen an der Grenze. Sand und Steine beherrschten die Gegend, so weit das Auge reichte. Alles war ruhig – auf pakistanischer Seite sah es nach einer ausgiebigen Siesta aus. Weil kein Grenzer in Sicht war, machte ich mich zu Fuß auf den Weg, ohne meinem Team Bescheid zu geben.

Plötzlich war Pakistan erwacht! Eine Sirene heulte und Motoren starteten. Mehrere Soldaten fuhren in Geländewagen auf mich zu, riefen dabei laut, hielten ihre Maschinenpistolen im Anschlag und begleiteten mich sehr unfreundlich wieder zurück. Natürlich war es mir klar gewesen, dass ich nicht einfach über die Grenze marschieren konnte, doch mein eigentliches Ziel hatte ich erreicht: Unsere Fahrer hatten gesehen, dass wir da waren, um sie abzuholen. Und die pakistanischen Grenzbeamten hatten mitbekommen, dass auf afghanischer Seite eine westliche Delegation stand. Wie wichtig oder unwichtig wir waren, sahen sie uns nicht an. Jetzt ging es sehr schnell. Drüben auf pakistanischer Seite gab es Bewegung, und Soldaten gingen auf die Lkw-Kolonne zu. Die Fahrer begaben sich in ihre Fahrzeuge und starteten ihre Motoren. Es dauerte nur wenige Minuten und unsere fünf Lkw standen mit ihren Containern am Schlagbaum, dieser hob sich und sie konnten nach Afghanistan hineinfahren.

Einer unserer afghanischen Helfer schaute mich streng an und meinte: »Mach so etwas nie wieder! Sie hätten auch schießen können.« Ich dachte jedoch an meinen Ausländerbonus und dass ich als einzelner und offensichtlich unbewaffneter Mann sicher nicht bedrohlich ausgesehen hatte. Außerdem sah ich mit einem breiten Lächeln, dass meine Aktion geholfen hatte, die Grenze zu öffnen. Was wollte ich mehr?

Es war ein Wunder,
dass unsere Hilfscontainer ins Land kamen.

Nun war unser Mini-Konvoi vereint, und wir konnten uns zusammen auf den Rückweg machen. Schon auf der Strecke zur Grenze hin hatte man uns immer wieder eingeschärft, dass wir auf jeden Fall vor Einbruch der Dunkelheit wieder zurück in Kabul sein müssten – aber wie sollte das funktionieren? Längst war es später Nachmittag, und die Sonne ging schnell unter in Afghanistan. An der Grenze zu übernachten, erschien uns keine gute Alternative zu sein, deshalb fuhren wir trotz der Warnungen los. Wir hatten schon etliche Kilometer hinter uns gebracht, als wir eine Straßensperre vor uns erkannten. Ausweichen war nicht möglich, also fuhren wir weiter und kamen langsam näher.

Ein Dutzend Männer hatte sich quer über die Straße verteilt. Sie trugen Helme und Uniformen und sahen aus wie offizielle Soldaten, doch das taten in Afghanistan fast alle, auch wenn sie irgendeine Fantasiekleidung kombinierten. Schließlich hatte hier jeder Stammesfürst oder War Lord seine eigene Armee – und viele lebten wie die alten Raubritter von vorbeifahrenden Leuten und raubten sie aus. Alle hatten Maschinenpistolen im Anschlag, nur einer der Soldaten trug eine Panzerfaust. Das waren überzeugende Argumente, also hielten wir an. Weil auch wir Bewaffnete dabeihatten, wollte ich vermeiden, dass die Soldaten nervös wurden, deshalb stieg ich langsam aus dem Geländewagen aus, mit dem wir die Kolonne anführten. Allerdings lief ich selbst wie auf glühenden Kohlen.

Ich ging langsam auf die Männer zu und rief dabei laut: »Wir kommen in friedlicher Absicht. Wir tun euch nichts. Ihr könnt mich zwar erschießen, aber ihr könnt mir das Leben nicht nehmen.« Weil ich unter Stress stand, machte ich mir keinerlei Gedanken darüber, in welcher Sprache ich redete. Ich sprach deutsch.

Und einer der afghanischen Soldaten nickte mir zu und meinte: »Ist gut.« Er hatte mich verstanden und auf Deutsch geantwortet. Gleichzeitig kapierten die anderen Männer, dass wir keine Amerikaner waren. Damit war das Eis gebrochen. Sie lachten und jubelten, und der Mann mit der Panzerfaust legte sie an und feuerte sie nur so zum Spaß ab. Unter allgemeinem Jubel seiner Kollegen detonierte die Granate im nahegelegenen Fluss. Schnell sprangen ein paar Soldaten hinterher und holten die Fische aus dem Wasser, die bei der Explosion gestorben waren, um sie anschließend zu grillen.

Während der Schütze seine Panzerfaust seelenruhig nachlud, dachte ich mir nur: Das ist Afghanistan. Hier hat jeder eine Panzerfaust, aber nichts zu essen. So teuer solch eine Granate ist, sie hat letztlich keinen Wert – jedenfalls nicht so viel wie ein Dutzend Fische.

Endlich konnten wir weiterfahren und kamen auch irgendwann in der Randzone von Kabul an. Mit den Pkw fuhren wir voraus und rechneten damit, dass die Lkw uns hier schnell folgen könnten. Falsch gedacht! Fünfzig Kilometer vor der Stadt brauchten alle Lkw eine besondere schriftliche Erlaubnis, um weiterfahren zu dürfen. Also fuhr ich wieder zurück, um die Hilfsgüter für den nächsten Tag in die Stadt zu holen. »Das schaffst du nie«, meinte ein einheimischer Helfer noch, als wir starteten. Sehr ermutigend!

Tatsächlich standen unsere Lkw in einer Schlange vor einem kleinen Beamten, der grundsätzlich nur auf Anweisung handelte. Auf seine Weise war dieser Beamte integer, denn er befolgte seine Befehle und wartete nicht auf Schmiergeld. Es war klar: An diesem Mann und seiner personifizierten Wichtigkeit kamen wir nicht vorbei.

So schaute ich meinen Übersetzer an und meinte: »Wenn dieser Mann auf Anweisungen wartet, dann suchen wir jetzt den Anweiser.« Wir fragten uns durch. Und eine Weile später saßen wir in einem Büro mit Eichenholzschreibtisch und Plastikstühlen davor. Dahinter saß – ebenfalls in Uniform – der oberste regionale Chef. War es ein Bürgermeister? Der Polizeichef? Ein Militär? Das war mir letztlich egal. Er war zuständig und ich verhandelte mit ihm und betonte immer wieder, dass wir den weiten Weg aus Deutschland gekommen waren, um ihm und seinem Volk zu helfen. Und dass seine Unterstützung das Ganze ermöglichen würde.

Es dauerte eine Weile, doch schließlich lächelte er, zog ein Formular aus seiner Schublade, stempelte es ab, unterschrieb es schwungvoll und überreichte es uns: Wir hatten die Anweisung des Anweisers in Händen.

Die nächsten Schlagbäume waren keine Hindernisse mehr. Es reichte, kurz die *permission* vorzuzeigen, da flogen die Finger an die Uniformmützen, die Schranken öffneten sich und wir wurden durchgewunken. So kamen wir viele Kilometer voran, doch als wir an die eigentliche Stadtgrenze kamen, funktionierte es nicht mehr. Hier galt der erste Stempel nicht mehr. Also machten wir uns auf den Weg zum nächsten Regionalverantwortlichen, erhielten seine Genehmigung und den nächsten Stempel und kamen weiterhin gut vorwärts in die Millionenstadt.

An einem Checkpoint in der Innenstadt stand jemand vor uns, der gut als Taliban durchgegangen wäre: Er trug einen Bart, seinen Turban und ein orientalisches Gewand. Nach einem kurzen Blick auf unsere Papiere schaute er mir freundlich ins Gesicht und meinte in fließendem Deutsch: »Willkommen in Kabul.« Damit war der weitere Verlauf des Abends geklärt. Natürlich »durften« wir nicht weiterfahren – wir hielten erst einmal an, um mit unserem Kontrolleur, seiner Familie und den Nachbarn und Freunden zu essen. Gleichzeitig war von keinerlei *permission* mehr die Rede. »Du kannst bei mir im Jeep mitfahren, Klaus, ich ebne uns den Weg und begleite euren Transport gern ans Ziel.«

Amin hatte jahrelang bei Ford in Köln am Band gearbeitet. Er war glücklich, seine Deutschkenntnisse wieder einmal anzuwenden. Natürlich kannte er auch den aktuellen Tabellenstand der Bundesliga – nur der 1. FC Köln stand nicht so gut da, wie er es sich gewünscht hätte.

Amin freute sich darüber, dass ausgerechnet Deutsche hier waren, um seinem Volk zu helfen. Ihn mussten wir nicht von unseren guten Absichten überzeugen – er war voll und ganz auf unserer Seite. Wir redeten und aßen, genossen die Gastfreundschaft seiner Familie und machten uns erst spät auf den Weg. Amin geleitete uns tatsächlich ohne weiteren Stopp bis zum Krankenhaus von Kabul, wo wir die Lkw parkten. Dort verabschiedeten wir uns von unserem neuen Freund.

Wahrscheinlich war ich dadurch noch so beschwingt, dass ich meine Gedanken nicht beieinanderhatte. In Sichtweite unserer Lkw saßen einige arme Frauen mit ihren Babys. Spontan dachte ich: Denen kann ich gerade etwas von unseren Hilfsgütern geben. Also öffnete ich die Tür eines Containers.

Drachen steigen lassen ist ein alter Volkssport in Afghanistan. Unter den Taliban war es verboten.

Wenn ich heute ehrenamtliche Katastrophenhelfer ausbilde, sage ich ihnen immer: Tut das nie! Ohne einen sicheren Rahmen ist solch eine Verteilung höchst gefährlich. Damals war ich noch nicht so schlau. In dem Moment, als das metallische Quietschen anzeigte, dass hier ein Container geöffnet wurde, kam Bewegung in die nächtliche Stille um uns herum. Innerhalb von Sekunden drängten sich über fünfhundert aufgeregte Menschen um den Lkw und wollten ihn stürmen. Zu oft hatten sie bereits erlebt, dass sie leer ausgegangen waren – das sollte ihnen hier nicht passieren.

Solche Szenen gibt es übrigens nicht nur in Afghanistan, das kann überall geschehen, wo Hilfsgüter an die Ärmsten verteilt werden. Ich hatte es gut gemeint, aber völlig verkehrt angefangen. Fast wären wir geplündert, überrannt oder umgebracht worden. Im Endeffekt retteten uns ein paar amerikanische Soldaten, die das Krankenhaus bewachten, indem sie in die Luft schossen und die Menschen vertrieben.

Ich lernte unendlich viel in Afghanistan. Und ich wollte lernen, wollte die Menschen verstehen und kennenlernen, deshalb hielt ich meine Augen offen. So entdeckte ich auf einer unserer Fahrten eine freie Fläche, auf der Kinder Drachen steigen ließen. Kinder? Nein, ein zweiter Blick zeigte mir, dass zwar ein paar Kinder dabei waren, aber es waren hauptsächlich Erwachsene, die hier Drachen steigen ließen, nicht wenige von ihnen bestimmt fünfundsiebzig oder älter.

»Warum lassen eure alten Männer noch Drachen steigen?«, fragte ich unseren einheimischen Begleiter.

»Ganz einfach«, meinte der. »Drachen steigen lassen ist ein alter Volkssport in Afghanistan. Unter den Taliban war es verboten – es galt als unwürdige Beschäftigung. Wer jetzt einen Drachen baut und steigen lässt, feiert damit unsere Freiheit, und er zeigt den Taliban, dass sie ihre Macht verloren haben.«

Es waren viele, die auf diese Weise ihre neue Freiheit feierten. Nachdem ich sie einmal gesehen hatte, entdeckte ich plötzlich überall ältere Menschen, deren Drachen allen zeigten: Schaut her, wir sind frei!

Bei unseren Fahrten durch Kabul fiel mir auch auf, dass es in der Millionenstadt keine Straßenlaternen mehr gab. Sie waren alle in einer Höhe von ungefähr zwei Metern abgeschnitten worden. Die Taliban hatten einfach beschlossen, dass ihr Licht nicht nötig war. Es war nicht das einzige Mal, dass ich realisierte, wie finster die Knechtschaft unter ihnen gewesen sein musste.

Beim Verteilen von Hilfsgütern kam es allerdings auch zu vielen schönen Begegnungen.

Ebenfalls in Kabul fielen mir die vielen Container auf, die auf Freiflächen in der Stadt standen. Viele waren rauchgeschwärzt, als ob sie gebrannt hätten, andere waren durchlöchert wie ein großes Sieb. Tatsächlich brauchte ich mehrere Anläufe, um herauszufinden, was es damit auf sich hatte. Als ich das erste Mal einen unserer Übersetzer danach fragte, hatte er plötzlich etwas anderes zu tun und verschwand. Beim zweiten Mal erhielt ich einfach keine Antwort, aber der Blick des Befragten zeigte mir, dass es keine schöne Geschichte war, die dahintersteckte. Ich wurde vorsichtiger, aber ich wollte es wissen, und schließlich erklärte es mir ein Afghane.

Kriegsverletzungen waren allgegenwärtig – es würde lange dauern, bis diese Wunden heilten.

»Das sind keine Container, das sind Gräber.«

»Wie bitte?«

»Sie stehen überall im Land und sie zeigen die Grausamkeit der Taliban. Hier weiß jeder, was dort passiert ist, aber niemand redet darüber.«

»Ich teile euren Schmerz über das, was geschehen ist, aber ich möchte gerne verstehen.«

Er nickte.

»Wenn die Kämpfer der Taliban Menschen herausgesucht hatten, die gegen sie waren, Frauen, die sich nicht verschleiern wollten, oder einfach nur Intellektuelle, dann trieben sie sie in diese Container. Manchmal schossen sie dann von allen Seiten darauf. Manchmal setzten sie sie in Brand und ließen die darin Eingesperrten verbrennen oder ersticken. Und manchmal schlossen sie die Container einfach ab und ließen sie voller Menschen in der glühenden Sonne stehen – tagelang.«

Unser afghanischer Begleiter schluckte. Auch mir war zum Weinen zumute. Wie viele dieser Container hatte ich bereits an den Straßenrändern gesehen? Es waren viele. Viel zu viele. Und ich begriff, dass es sehr lange dauern würde, bis die Narben dieses Landes heilen würden.

Er schwieg und auch ich sagte nichts mehr.

Viele Besonderheiten in Afghanistan entdeckte ich erst dadurch, dass ich etwas falsch machte. Bei einem Besuch in einer Schule verteilten wir Hilfsgüter an die anwesenden Schüler und hatten anschließend noch die Gelegenheit, etwas mit ihnen gemeinsam zu tun. Aber was? Der Schulleiter hatte das Ganze an mich übergeben und ich sah in die erwartungsvollen Augen von bestimmt vier- bis fünfhundert Schülern, die eng an eng auf dem Boden saßen. Ich konnte in dieser Situation kaum ein Bewegungsspiel anbieten, aber mir kam der Gedanke: »Wir können doch zusammen etwas singen, die Nationalhymne oder ein Kinderlied. Welches Lied kennt ihr?«

Ich sah in Hunderte von entsetzt aufgerissenen Augenpaaren.

Auch das war ein Teil der vergangenen Finsternis: Singen war damals bei Todesstrafe verboten.

Es ist kein Wunder, dass die afghanischen Frauen für mich kein Gesicht bekamen.

Tod und Verletzungen gehörten hier auf eine gruselige Art zum Alltag dazu. Gerade auf dem Land mussten Familien ihr Wasser meist am Brunnen oder an einer Wasserstelle holen. Um sie zu quälen, hatten die Taliban-Kämpfer vor ihrer Flucht oft den Weg dorthin vermint. Wie sollten die Familien jetzt ans lebensnotwendige Wasser kommen? Sie schickten ihre Kinder zum Wasserholen. Diese waren normalerweise zu leicht, um die Minen zum Detonieren zu bringen – jedenfalls auf dem Hinweg. Wenn sie mit Wasser beladen auf dem Rückweg waren, sah das wieder anders aus. Immer wieder musste ich daran denken, wenn ich Kinder sah, denen ein Bein fehlte.

Ich ging mit vielen eindrücklichen Begegnungen nach Hause und sah die Gesichter dieser Menschen immer wieder vor mir. Erst daheim wurde mir allerdings bewusst, dass Afghanistan für mich männlich war. Ich war zwar auch in Familien zu Besuch und hatte etliche Schülerinnen getroffen, doch in der Regel hatte ich mit Männern zu tun, während die Frauen nicht anwesend waren. Waren sie dabei oder kamen sogar nur Frauen mit ihren Kindern zu Hilfsgüterverteilungen, trugen sie oft eine Burka oder einen Niqab. Damit waren sie voll verschleiert und hatten für mich kein Gesicht.

Als wir uns damals auf den Heimweg machten, bekamen wir noch einen letzten besonderen Einblick in Afghanistan. Neben dem löchrigen Rollfeld des Flugplatzes standen hauptsächlich zerstörte Flugzeuge herum. Dafür war die Klimaanlage in der Abfertigungshalle optimal: Durch das fehlende Dach gab es ausreichend frische Luft. Gefühlt waren wir die Einzigen, die keine Maschinenpistolen dabeihatten. Kein Wunder, dass es praktisch keine Sicherheitskontrolle gab. Wir unkten schon: »Wer durch die Schleuse gehen will und sie piept nicht bei ihm, der wird direkt verhaftet.«

Schließlich hatten wir unsere Koffer aufgegeben und warteten auf das Flugzeug. Sehr vertrauenerweckend sah die alte russische Verkehrsmaschine nicht aus. Das änderte sich auch nicht, als mehrere Afghanen einen Kleinlaster in ihre Nähe schoben, der offensichtlich nicht mehr fahrfähig war. Er hatte Sitze geladen, die noch schnell eingebaut wurden. Danach kam ein Technikerteam und schraubte etwas an einem Triebwerk herum. Ich schaute lieber nicht zu genau hin. Irgendwie hatte ich den Verdacht, dass hinterher auf dem Boden noch einzelne Teile herumliegen müssten, die sie nicht wieder eingebaut hatten. Doch schließlich konnten wir an Bord gehen.

Der Pilot startete das Flugzeug und der Motor sprang tatsächlich an. Er gab Gas und es holperte über die Startbahn. Trotz der Schlaglöcher gewann es an Tempo und hob ab. Direkt nach dem Abheben ging es in einen engen Kreisflug. Höher und höher schraubte sich die Maschine, es war wie Karussellfahren. Etliche der Passagiere waren schon ganz blass um die Nase. Ich fragte den Steward: »Was bezwecken Sie denn mit diesem Manöver?«

»Überleben!«, war seine Antwort.

»Das verstehe ich nicht.«

»Wir schrauben uns erst auf unsere endgültige Flughöhe hinauf, damit wir aus den Bergen nicht mehr abgeschossen werden können.«

Ein Blick aus dem Fenster zeigte mir, dass er recht hatte. Von den benachbarten Höhenzügen waren die Leuchtspuren von Artilleriefeuer in unsere Richtung zu sehen.

»Okay!«, meinte ich. Damit war ich voll und ganz einverstanden! Überleben wollte ich auch.

Ein Hilfseinsatz wie der in Afghanistan ist für mich immer ein Wechselbad der Gefühle. Ich freue mich, wenn ich einzelnen Menschen weiterhelfen kann und sich ihr Leben zum Besseren verändert, aber gleichzeitig sehe ich so viele Nöte, denen weder ich noch andere begegnen können. Und vollmundige Absichtserklärungen täuschen nicht darüber hinweg, dass sie nur selten ihr Ziel erreichen. Das gilt für politische Vorhaben. Die USA bezeichnete ihren Afghanistankrieg als *Operation Enduring Freedom* – Operation andauernde Freiheit. Wie schnell diese andauernde Freiheit wieder vorbei sein kann, sieht man momentan, wo die Taliban wieder die Macht ergriffen haben. Und das gilt genauso für humanitäre Entwicklungsprogramme.

Damals wehte der Flügelschlag der Freiheit über Afghanistan.

Damals wehte der Flügelschlag der Freiheit über Afghanistan. Jetzt ist das Fenster dorthin definitiv geschlossen. Das Land ist praktisch wieder in derselben Situation wie vor der US-Intervention und zahlreichen Hilfsangeboten aus der gesamten Welt. Doch hätten wir deshalb nicht helfen sollen?

Trotz der frustrierenden Entwicklung im Land denke ich gern an ein ermutigendes Treffen kurz vor unserem Abflug zurück. Der *Minister of Planning* des neu gebildeten Kabinetts lud mich zu einem Gespräch in den Regierungspalast ein. Nachdem wir uns eine Weile über Belanglosigkeiten unterhalten hatten, musste ich eine Frage loswerden: »Darf ich wissen, wieso Sie mich eingeladen haben?«

»Natürlich. Wissen Sie, wie viele Hilfswerke und Nichtregierungsorganisationen es in Kabul gibt?«

»Keine Ahnung, aber es sind viele.«

»Wir haben weit über vierhundert registrierte NGOs in der Stadt. Vielleicht gibt es hier gerade einmal so viele unbeschädigte Gebäude – in denen residieren jetzt die Hilfswerke. Viele fahren mit den neuesten Toyota Landcruisern herum, aber bei vielen sehe ich nicht, was sie machen. Bei euch sehe ich, was ihr tut – mit einfachen Autos und auch noch zusammen mit Einheimischen.«

Das war das schönste Lob für unseren Einsatz in Afghanistan.

ALS MANN IM FRAUEN-GEFÄNGNIS

Es soll jetzt nicht der Eindruck entstehen, dass ich neben dem Telefon saß und auf irgendwelche Hilferufe wartete, aber sie kamen trotzdem. Die Arbeit bei GAiN ging ganz normal weiter. Wir fuhren Hilfsgüter nach Osteuropa, arbeiteten möglichst eng mit unseren Partnern in den jeweiligen Ländern zusammen und halfen Familien, sich aus der Armut herauszuarbeiten. Der weitere Aufbau unseres Werks kostete viel Zeit und Energie. Wir kauften Lkw, stellten Fahrer ein, kümmerten uns um normale Fracht, die Geld einbrachte, und finanzierten damit nach wie vor unsere humanitäre Hilfe.

Irgendwann klingelte mein Telefon. Am anderen Ende war ein Campus-Mitarbeiter aus den USA. Er fragte mich, ob ich die Stan-Länder kennen würde, besonders eines davon. In Afghanistan war ich bereits gewesen – der Rest der auf -stan endenden Staaten war mir völlig unbekannt. So musste ich passen. Ich hatte den Namen zwar bereits gehört, wusste ansonsten aber nichts von der Region, die er im Blick hatte.

»Wir haben da eine Arbeit von Campus für Christus – natürlich nicht unter diesem Namen. So offensichtlich christlich dürften wir dort nicht auftreten.«

»Und was habe ich damit zu tun?«

»Um in diesem Land arbeiten zu können, mussten wir uns mit verschiedenen Firmen und Organisationen registrieren, die nicht ausdrücklich christlich sind, und eine davon ist ein Hilfswerk. Nun brauchen wir einen Partner, der uns mit Hilfsgütern versorgt.«

Die Infrastruktur des Landes war nicht nur problematisch – manchmal war sie schlicht nicht vorhanden.

»Wenn das nur ein Alibi sein soll für Leute, die eigentlich etwas ganz anderes im Land tun, dann kann ich dir leider nicht helfen.«

»Nein. So ist es nicht gedacht. Die Not ist schon groß, und unsere Mitarbeitenden tun, was sie können, um anderen zu helfen.«

Er lud mich ein, mir das Land und die Arbeit einmal anzuschauen. Während ein Lkw auf dem Landweg unterwegs war, um Lebensmittel und Baumaterial dorthin zu bringen, flog ich mit dem Flugzeug. Ein Campus-Mitarbeiter holte mich vom Flughafen ab und brachte mich ins Hotel. »Das ist übrigens auch eine unserer Firmen«, lächelte er mich an, als er meinen Koffer ins Hotel schob. »Hier können wir unsere Gäste gut und sicher unterbringen.«

Am nächsten Morgen sollte ich mich mit dem Gemeindeleiter einer kleinen Untergrundkirche treffen. Dabei kam ich mir fast wie in einem James-Bond-Film vor. Dreimal musste ich unterwegs schnell aussteigen und mich in einen anderen Wagen begeben, der jeweils mit laufendem Motor bereits in einer Nebenstraße wartete. Immer wieder warfen meine verschiedenen Fahrer nervöse Blicke in den Rückspiegel. Wurden wir verfolgt?

Schnell wurde mir klar, dass dies kein Spaß war. Ich war der Grund für ihr Verhalten. Allein meine Anwesenheit und die Begegnung mit mir konnte Menschen bereits gefährden. Ich selbst befand mich in relativer Sicherheit – wenn ich die politischen Machthaber oder die religiösen Führer störte, dann würden sie mich höchstwahrscheinlich zum Flughafen bringen und ausweisen lassen. Für die einheimischen Christen sah das anders aus. Sie mussten im Alltag bereits mit vielen Repressalien durch die islamischen Führer leben; wenn sie auch noch als Christen sichtbar wurden und aktiv handelten, dann wurde es richtig gefährlich für sie.

Manchmal nehme ich bei Christen in Deutschland eine ähnliche Angst wahr, die allerdings im Vergleich dazu ziemlich grundlos ist. Das Schlimmste, was einem hierzulande passiert, ist, dass jemand eine andere Meinung hat als man selbst und das auch noch unterstreicht. Dies war in diesem Stan-Land anders. Wenn der Nationalleiter der Campus-für-Christus-Arbeit im Untergrund morgens aus dem Haus ging und sich von seiner Frau verabschiedete, tat er das so, als ob er nie wieder zurückkehren würde. Denn genau das war eine realistische Möglichkeit.

Der Nationalleiter war ein Einheimischer. Ein großer und freundlicher Mann. Ich hatte den Eindruck, dass er alle kannte, die wir irgendwo trafen – und alle kannten ihn. Er fuhr mit mir im Jeep herum und zeigte mir Land und Leute. Dabei waren wir manchmal in der Stadt unterwegs, aber meistens fuhren wir über die Dörfer. Die faszinierende Schönheit einsamer Steppen, karger Wüsten oder gewaltiger Bergmassive voller Schneefelder konnten nicht darüber hinwegtäuschen, dass die meisten Menschen, die hier lebten, bitterarm waren und kaum das Nötigste zum Leben hatten. Weil unser Lkw bereits angekommen war, hatten wir immer etwas zum Verteilen auf der Ladefläche unseres Pick-ups liegen. So konnten wir etlichen älteren Bauern etwas Saatgut bringen und warme Decken, denn noch war es schrecklich kalt und der Schnee lag hoch. Ich lernte auch einige Mitglieder der Untergrundkirche kennen, die ebenfalls Hilfsgüter erhielten. Manche wurden nämlich von ihren Familien nicht mehr versorgt, weil sie Christen geworden waren.

> **Das Schlimmste, was einem hierzulande passiert, ist, dass jemand eine andere Meinung hat als man selbst.**

Die Hauptlektion, die ich für mich aus diesem »verschlossenen« Land mitnahm, war eine strategische: In solch einer Umgebung erreicht man am meisten, wenn man zu denjenigen hingeht, die es praktisch nicht gibt, die weggesperrt oder marginalisiert werden, die in der Gesellschaft nicht vorkommen.

Zum ersten Mal wurde mir das deutlich, als wir ein Lepradorf besuchten. Als mein Begleiter mir davon erzählte, musste ich an die Aussätzigen im Film *Ben Hur* denken, die zur Zeit von Jesus außerhalb der Stadt in Höhlen und Löchern lebten und jeden Fremden mit »Unrein!«-Rufen warnen mussten. So konnte dieses Dorf sicher nicht aussehen. Wir lebten immerhin im einundzwanzigsten Jahrhundert.

Ich sollte mich täuschen.

Der Ort, den wir besuchten, sah dem biblischen Klischee erschreckend ähnlich.

Ein leprakranker Mann – allein die Begegnung mit uns brachte ihm Hoffnung.

Wir fuhren auf einer Piste ins Dorf, die fast nicht mehr existent war. Man sah direkt, dass hier nicht viele Autos unterwegs waren. Das Dorf selbst lag irgendwo am Rande der Welt und war von seinen vorigen Bewohnern offensichtlich verlassen worden. Die Häuser waren vorher schon einfach gewesen; jetzt verfielen sie. Doch in diesem Dorf herrschte Leben. Hier wohnten einige Hundert Menschen – und alle waren Christen.

Wer Lepra bekam, wurde aus seiner Familie und Umgebung verstoßen und musste in solch ein Aussätzigendorf ziehen. Manchmal kamen gesunde Familienangehörige mit. Manche heirateten und bekamen gesunde Kinder. So war auf den Straßen eine interessante Mischung an Menschen unterwegs. Einige waren offensichtlich leprakrank – ihnen fehlten Finger oder die Nase. Die meisten waren jedoch gesund, durften das Dorf aber genauso wenig verlassen wie ihre kranken Angehörigen. Sie waren geächtet und isoliert. Weil sich niemand zu ihnen traute, konnten sie in ihrer kleinen Gemeinschaft tun und lassen, was sie wollten. Es interessierte niemanden.

Einige Jahre zuvor war eine Familie zum Glauben an Jesus Christus gekommen und die Hoffnung, die sie von diesem Moment an erfüllte, hatte sich ausgebreitet. Inzwischen waren praktisch alle Dorfbewohner Christen, und sie trafen sich regelmäßig und öffentlich zu ihren Gottesdiensten. Es gab ja keinen Imam, den das hätte stören können. Es gab auch keinen muslimischen Bürgermeister, der sie dafür zur Rechenschaft ziehen könnte. Sie waren unter sich und lebten ihren Glauben. So herrschte im Ort keine bedrückte Krankenhausstimmung, sondern eher eine ansteckende Freude.

Als wir in den Ort kamen, dachte ich an Jesus und seinen Umgang mit Aussätzigen. Er war ihnen nicht ausgewichen, stattdessen hatte er sie berührt. Dasselbe tat ich auch. Ich gab den Menschen die Hand, ich nahm sie in den Arm, ich hörte ihre Geschichten, und ich verbrachte Zeit mit ihnen. Erst später hörte ich, dass Lepra nur sehr schwach ansteckend ist – Angst davor hatte ich in dieser Situation ohnehin nicht gehabt. Auf dem Pick-up hatten wir Baumaterial für die Dorfbewohner, damit sie einige Häuser renovieren und winterfest machen konnten. Weil ich mit unseren Hilfsgütern bei Menschen unterwegs war, die für die offiziellen Stellen praktisch nicht existierten, bekam ich auch keinerlei Probleme.

Ähnliches erlebte ich bei meinen Fahrten in das einzige Frauengefängnis des Landes. Männer, die im Gefängnis sitzen, zählen schon wenig, aber in einem islamischen Land als Frau eingesperrt zu werden, bedeutet, völlig von der Bildfläche zu verschwinden. Das äußerte sich hier auch räumlich. Auf dem Weg zum Gefängnis fuhren wir weit in die Steppe hinein und waren eine gute halbe Stunde von der letzten kleinen Ansiedlung entfernt, als das Frauengefängnis vor uns auftauchte: ein schmuckloser graubrauner Betonkasten mit Wachtürmen, Zäunen und viel Stacheldraht.

Das Land war wunderschön – seine Straßen weniger.

Meine einheimischen Kollegen hatten vor einer Weile schon einmal dort angefragt, ob sie den Insassen etwas bringen könnten, was ihnen weiterhelfen würde. Der ehemalige Gefängnisleiter hätte das sicher abgelehnt: Das hätte ja Mehrarbeit für ihn bedeutet. Aber gerade hatte ein jüngerer Mann seinen Posten übernommen. Wollte er sich beweisen oder profilieren? Wollte er seinen Vorgesetzten zeigen, dass er Dinge in Bewegung bringen konnte? Wir wussten es nicht, aber tatsächlich hatte er der Lieferung von Wandfarbe zugestimmt, damit die Frauen ihre triste Umgebung etwas aufhübschen konnten.

Auf dem Weg zum Gefängnis erzählte mein Begleiter mir, was er wusste: »Dass wir eine Besuchsgenehmigung erhalten haben, ist ein kleines Wunder. Denn natürlich möchte niemand, dass wir hier hinter die Kulissen schauen können.«

»Was erwartet mich denn da drin?«

»Nun, das Gefängnis wurde für dreihundertfünfzig Insassinnen gebaut– jetzt sitzen dort tausendachthundert Frauen ein. Mal gibt es Strom, mal gibt es keinen. Sauberes Wasser und Hygiene stellen echte Probleme dar. Und im Gefängnis ist es so drangvoll eng, dass es regelmäßig knallt. Im Schnitt wird jeden Tag eine Frau umgebracht.«

Na, das waren ja herrliche Aussichten.

Wir parkten unseren Pick-up und gingen begleitet von einem Angestellten und unter den Blicken schwer bewaffneter Wächter durchs Gefängnistor. Als es zufiel, standen wir im tristen grauen Eingangsbereich, doch: halt. Er war gar nicht grau. Eine der Wände war in einem freundlichen Hellblau gestrichen und in den Ecken leuchteten gemalte Schmetterlinge und Blumen.

Das Frauengefängnis war immer noch ein schrecklicher Ort, aber irgendetwas war dort spürbar in Bewegung gekommen.

Mein Begleiter lachte.

»Unsere Farbe ist jedenfalls schon angekommen«, stellte er fest.

Das Frauengefängnis war immer noch ein schrecklicher Ort, aber irgendetwas war dort spürbar in Bewegung gekommen. Es gab dort einen neuen Sinn für Schönheit, Bilder an den Wänden, eine friedlichere Atmosphäre.

Wahrscheinlich erlaubte uns die Gefängnisleitung deshalb, das Haus zu besichtigen und mit den Frauen zu reden. Natürlich waren auch schwere Kriminelle unter ihnen, aber viele hatten nur Dinge verbrochen, die gar kein Verbrechen waren: Sie hatten sich einer Zwangsehe widersetzt oder waren ihrem gewalttätigen Mann davongelaufen, sie hatten die falschen Bücher gelesen oder sich irgendwie ihrer Religion gegenüber »unwürdig« verhalten. Man kam hier schnell ins Gefängnis.

Ich freute mich, dass wir wenigstens mit Farbe und unserer Gegenwart etwas Hoffnung weitergeben konnten.

Monate später bei einem zweiten Aufenthalt im Land war ich wieder im Frauengefängnis. Beim ersten Besuch war für mich bereits zu spüren, dass hier etwas geschah, jetzt war das Gefängnis nicht mehr wiederzuerkennen. Natürlich standen die Wächter wie immer außen auf ihren Türmen und die Tore waren verschlossen, doch die einzelnen Zellentüren standen offen. Alle. So konnten sich die Frauen innerhalb des Gefängnisses frei bewegen. Das hatten sie dazu genutzt, die Räumlichkeiten mit unserem gespendeten Material weiter zu verschönern.

Eine Frau lud mich ein, mit ihr in der Küche das Essen vorzubereiten, also half ich ihr beim Kartoffelschälen. Sie erzählte mir dabei, dass sie wirklich etwas angestellt hatte: »Ich habe drei Männer umgebracht – mit dem Messer.« Dann lächelte sie und holte eine neue Kartoffel, um sie mit ihrem Messer zu schälen.

Wir aßen schließlich zusammen, und es war erstaunlich, wie positiv die Atmosphäre war. Nachdem das Geschirr abgeräumt war, hieß es: »Nun feiern wir Gottesdienst.« Von den tausendachthundert Frauen im Gefängnis waren inzwischen die Hälfte Christinnen. Viele hatten sowieso stark unter dem Islam gelitten, und etliche kamen ins Nachdenken, als ausgerechnet Christen ihnen Bilder und

Farbe ins Gefängnis brachten und sie besuchten. Hier empfanden sie Liebe und keine Ablehnung. Manche ließen sich in der Folge Bibeln mitbringen und lasen darin, und dann kam eine nach der anderen zum Glauben.

Die Gefängnisleitung hätte das unterbinden können, doch warum sollte sie? Aus ihren aufsässigen Gefangenen, die sich gegenseitig umbrachten, waren umgängliche Personen geworden.

Es war wie im Dorf der Aussätzigen: Niemand interessierte sich für diese Frauen. Kein Imam wäre hierhergekommen, um einen islamischen Gottesdienst oder eine Gebetszeit abzuhalten. Aber es hinderte sie auch niemand, sich mit dem christlichen Glauben zu beschäftigen. Also organisierten die Frauen ihre Gottesdienste selbst – und diejenigen, die noch keine Christinnen waren, waren damit einverstanden. Wir sangen und beteten, jemand las aus der Bibel vor und eine Frau bat mich, nach vorne zu gehen und zu predigen. Ich hatte keine Predigt vorbereitet, aber ich konnte die über tausend anwesenden Frauen ja nicht enttäuschen, also erzählte ich meine Geschichte mit Gott und wie er mir begegnet war.

Frauen, Alte, Gefangene, Leprakranke – all das waren Menschen, für die sich niemand interessierte. Wir konnten ihnen einfach Liebe zeigen.

Während meine Augen durch die Reihen glitten, fiel mir plötzlich ein, dass diese Kirche, die keine war, in diesem Land, das den christlichen Glauben verbot, in Deutschland zu den größten Gemeinden des Landes gehören würde. Fast hätte ich losgelacht: eine *Megachurch* im asiatischen Nirgendwo. Gott hat Humor.

Zum Schluss empfing uns noch der Gefängnisdirektor. Er saß in seiner Ausgehuniform im Direktionsbüro – hinter sich die Landesfahne und ein Foto des Präsidenten, neben sich ein Fenster, aus dem er das wohl merkwürdigste Gefängnis des ganzen Landes übersehen konnte. Er bot uns einen Tee an, und wir kamen zögerlich ins Gespräch. Ich hatte den Eindruck, dass er ein Anliegen hatte, aber er kam nicht damit heraus.

> **»Ich lebe inzwischen auch mit Jesus. Aber das darf niemand wissen.«**

Nachdem wir über die letzten Hilfslieferungen ins Gefängnis gesprochen und weitere geplant hatten, fragte ich ihn ziemlich direkt: »Was hat Sie eigentlich dazu motiviert, uns und die Hilfsgüter ins Gefängnis hineinzulassen?«

»Ich habe gesehen, dass Sie es ehrlich meinten, dass Sie für diese Frauen so etwas wie Liebe empfanden – das wollte ich nicht aufhalten.«

»Und warum dürfen hier jetzt die Zellentüren offen stehen?«

»Die Hilfslieferungen haben etwas im Gefängnis verändert. Plötzlich herrscht hier ein anderer Geist. Ich habe den Frieden bei den Frauen gespürt – auch mir selbst geht es besser.«

»Hat das also auch Auswirkungen auf Sie gehabt?«

Jetzt wurde er nervös. Er unterbrach das Gespräch, schickte einen anwesenden Mitarbeiter mit einem kurzen Befehl fort und setzte sich wieder hin. Dann sah er mir in die Augen und meinte: »Was ich Ihnen jetzt sage, muss hier in diesem Raum bleiben.«

»Einverstanden.«

»Ich lebe inzwischen auch mit Jesus. Aber das darf niemand wissen, sonst werde ich sofort abgesetzt oder es passiert noch Schlimmeres.«

Mit dieser Offenheit war er ein großes Risiko eingegangen, und natürlich sagten wir niemandem im Land etwas davon. Inzwischen ist er sicher im Ruhestand, aber ich würde mich freuen, ihn einmal wiederzutreffen und zu fragen, wie es ihm weiter erging.

Für ein Foto haben meine Kollegen und ich uns die traditionelle Landeskleidung angezogen. Wir waren allerdings eher in Zivil unterwegs.

In diesem Stan-Land konnten wir leider nicht besonders lange arbeiten – es war aus organisatorischen Gründen nicht möglich. Doch ich denke gern an das Lepradorf und das Frauengefängnis zurück – und an das, was ich dadurch lernte: Wer in einem verschlossenen Land etwas erreichen will, setzt sich am besten für diejenigen ein, die niemand wahrnimmt.

Es war nicht das letzte Mal, dass ich gemerkt habe: Es funktioniert.

MITMACHEN IST DER SCHLÜSSEL

»Oh«, schaute mich der Geschäftsmann bewundernd an, als ich ihm die Geschichte des Frauengefängnisses erzählt hatte, »so etwas würde ich auch gern erleben. Aber um das zu schaffen, braucht man eine klare Berufung Gottes.«

Er machte eine Kunstpause – sie wirkte irgendwie eingeübt.

»… und die habe ich nicht.«

Teilweise gebe ich diesem Mann recht. Um meinen Dienst langfristig zu tun, brauche ich Gottes Berufung. Doch wie sieht die aus? Bei mir begann es eben nicht so, wie viele es sich vorstellen, mit einer Art geistlichem Schiffe-Versenken. Ich saß nicht im Gottesdienst, wo ein feuriger Prediger den Missionsbefehl zitierte: »Deshalb geht hinaus in die ganze Welt …«, mich diese Worte ins Herz trafen und Gott von hinten rief: »Treffer versenkt!«

Ich hatte mich einfach auf den Weg gemacht und mir überlegt, dass es sicher nicht das Verkehrteste wäre, so lange Menschen zu helfen, bis mir klar würde, was ich bis zur Rente tun wollte.

Das hieß nicht, dass ich mir keine Gedanken machte über den Dienst, den ich bereits eine ganze Weile tat. Im Gegenteil: Ich wollte schon immer sehr genau wissen, was ich tat und warum. Drei Stichworte, die mich dabei seit Jahren begleiten, sind die folgenden:

Wort und Tat. In der Praxis kümmern sich Kirchen und Missionswerke oft um das Wort. Sie lehren und verkündigen, was das Zeug hält. Praktische Hilfe gilt bei ihnen meiner Erfahrung nach oft eher als nebensächlich: »Wer will jemandem etwas zum Anziehen geben, wenn er stattdessen seine Seele retten kann?« Diakonie und Sozialarbeit kümmern sich ausschließlich um praktische Hilfe, denn: »Wir reden nicht, wir handeln!«

Und was würde Jesus tun? Ich denke, genau das, was er früher getan hat: beides gemeinsam. »Jesus zog durch die Städte und Dörfer der Umgebung. Er lehrte in den Synagogen und verkündete die Botschaft vom Reich Gottes. Und überall, wo er hinkam, heilte er die Menschen von ihren Krankheiten und Leiden« (Matthäus 9,35). Wahrscheinlich gehört GAiN gerade deshalb als Hilfsorganisation zu einem Missionswerk dazu, weil Wort und Tat unbedingt zusammengehören.

Delegieren ist ein weiteres Stichwort. Ich frage mich manchmal, warum Kirchen und Gemeinden so leichtfertig das hergeben, was für ihre eigene Arbeit unabdingbar nötig ist: Mitarbeitende und Finanzen. Mein Ziel ist es nicht, ein immer weiter wachsendes Hilfswerk aufzubauen, sondern Gemeinde dabei zu unterstützen, dass sie die Arbeit irgendwann allein erledigen kann. Für mich wäre es ein Traum, wenn wir überflüssig wären.

Mitmachen ist das praktischste Stichwort. Inzwischen bezeichnen wir uns bei GAiN als »Mitmachhilfswerk«. Nicht das Projekt ist das Ziel, sondern die Menschen. Als wir in Haiti ein Schulgebäude bauten, wäre es das Einfachste gewesen, einer Baufirma den Auftrag zu erteilen und zur Einweihungsfeier wiederzukommen. Aber das tun wir nicht. Stattdessen kommen wir mit einem Team an ehrenamtlichen Helferinnen und Helfern aus Deutschland und unterstützen die Freiwilligen aus unserem Umfeld in Haiti beim Bauen. Geld sparen wir dabei nur unwesentlich, aber wir beteiligen Menschen, und diese Menschen werden dadurch verändert.

Nicht das Projekt ist das Ziel, sondern die Menschen.

Dieses Prinzip gilt weltweit, und es funktioniert überall. Wenn wir in einem Flüchtlingslager im Irak Hygienepakete an alle

150 000 Geflüchteten verteilen wollen, dann könnten wir das selbst machen. Stattdessen versuchen wir, unsere Empfänger zu aktivieren. Sie können bei der konkreten Verteilung mitarbeiten und erfahren gleichzeitig, dass sie nicht nur empfangen können, sondern auch geben.

Humanitäre Hilfe ist dann »angekommen«, wenn sie Menschen verändert – und das funktioniert nur darüber, dass sie beteiligt werden. Ein typisches Beispiel dafür ist die Schulranzenaktion von GAiN. Claudia und ich saßen einmal nachmittags bei uns auf der Terrasse zusammen und überlegten, wie wir die Menschen in unserer Nachbarschaft, mit denen wir tagtäglich zu tun hatten, zum Mitmachen gewinnen könnten.

»Wir brauchen ein niederschwelliges Angebot«, überlegte ich.

»Etwas, das Spaß macht, wenn man sich einbringt«, ergänzte Claudia.

In diesem Moment unterbrach uns eine Nachbarin. Sie hatte gesehen, dass wir daheim waren, und kam auf einen Sprung vorbei. Dabei stellte sie einen Schulranzen auf den Tisch.

Was hier ein überflüssig gewordener Schulranzen ist, ist in Armenien die Chance auf Bildung.

»Könnt ihr den eigentlich bei GAiN gebrauchen? Er sieht noch gut aus, aber für die dritte Klasse braucht meine Tochter einen größeren Ranzen, und es würde mir unendlich leidtun, ihn wegzuwerfen.«

Claudia und ich sahen uns an: »Bingo!«

Die Nachbarin schaute etwas erstaunt, aber wir versicherten ihr schnell, dass wir ihren Ranzen natürlich gebrauchen könnten – und noch Tausende weitere.

»Ich habe aber nur einen«, meinte sie leicht irritiert.

»Dafür hast du uns auf eine Idee gebracht, deshalb reagieren wir gerade so seltsam.«

Damit war sie versöhnt. Nachdem sie sich wieder verabschiedet hatte, wurde es sehr bald konkret bei Familie Dewald. Mir war klar: »Egal wo Menschen in Not sind, nachdem sie etwas zu essen und zu trinken haben, ein Dach über dem Kopf und Kleidung, geht es ihnen als Nächstes um Bildung. Da passen doch Schulranzen optimal.«

Humanitäre Hilfe ist dann »angekommen«, wenn sie Menschen verändert – und das funktioniert nur darüber, dass sie beteiligt werden.

»Genau«, ergänzte Claudia, »sie dürfen nur nicht leer sein. Wie wäre es, wenn wir eine Art Erstausstattung für die Schule sammeln würden, Ranzen mit Heften, Stiften und vielleicht sogar einem kleinen Kuscheltier?«

»Der Vorteil ist, dass wir keine Kisten zum Verpacken brauchen. Der Ranzen genügt.«

Mit diesen Ideen war die Schulranzenaktion so gut wie geboren. Ein Hindernis gab es allerdings noch. Claudia schaute mich an und meinte: »Also ich kann mich nicht nebenbei darum kümmern.«

»Ich auch nicht«, ergänzte ich gleich. »Wir brauchen also Mitarbeiter.«

Tatsächlich wurde die Schulranzenaktion schnell zu einer Erfolgsgeschichte. Wir fanden eine Mitarbeiterin, wir bewarben die Aktion, und wir erhielten Hunderte von gepackten Ranzen. Inzwischen gibt es deutschlandweit hundertsechzig Sammelstellen für Schulranzen, im Gießener Lager finden regelmäßige

Packaktionen statt, um die Inhalte der abgegebenen Ranzen etwas anzugleichen – und Menschen werden involviert. Wenn ein zehnjähriges Mädchen sein Lieblingsstofftier *Mister Bär* weitergibt und in den Ranzen steckt, der es durch die Grundschulzeit begleitet hat, dann ist das ein besonderes Zeichen der Liebe für ein Schulkind in Uganda. Und gleichzeitig ist es seine Eintrittskarte ins Bildungssystem, ein Hoffnungszeichen, das sagt: Es muss nicht so bleiben, wie es jetzt ist.

Längst gibt es bundesweit Sammelstellen für Hilfsgüter, aber auch speziell für Schulranzen.

Bei der Weiterentwicklung der Schulranzenaktion haben wir alle möglichen Dinge infrage gestellt und schließlich auch geändert, aber nie die Idee zum Mitmachen. Ab und zu erhalte ich dazu Kommentare von Menschen, die mir verkünden: »Ein Ranzen rettet kein Leben.«

Das stimmt.

Und gleichzeitig stimmt es nicht.

Ich habe schon Kinder gesehen, die ihren leuchtend pinken Delfin-Schulranzen aufgesetzt haben und ihn nicht wieder abziehen wollten. Sie haben sich abends damit ins Bett gelegt. So groß war ihre Freude – und so viel Hoffnung hat ihnen das vermittelt.

Beteiligung hat viele Gesichter – und nicht jedes Mitmachen haben wir strategisch geplant. Manches erwächst daraus, dass man Fragen nicht mehr hören kann oder Antworten nicht mehr geben will.

Zu Beginn hatte GAiN als Slogan: »Hilfe, die ankommt«. Und völlig zu Recht ist das immer noch eine der häufigsten Fragen, die uns gestellt wird: »Kommt das, was ich gespendet habe, auch wirklich da an, wofür ich es gegeben habe?«

Beteiligung hat viele Gesichter.

Ich habe einfach »Ja!« dazu gesagt. Ich habe es detailliert erklärt. Und irgendwann habe ich die Fragenden eingeladen: »Komm doch mit und schau es dir an.« So entstanden unsere Projektreisen. Zu Beginn verliefen sie sehr »handgestrickt«. Wenn Claudia und ich mit dem Auto (!) nach Lettland zu einem Einsatz fuhren, nahmen wir einfach sieben oder neunzehn oder zweiundvierzig Interessierte mit.

GAiN war nie ein Reisebüro und wird auch keines werden, trotzdem mussten wir uns Gedanken darüber machen, wie wir solche Gruppen unterbringen und was wir mit ihnen unternehmen konnten. Unsere »Reisen mit Herz« sind bis heute keine touristischen Highlights, aber sie geben einen ehrlichen und guten Einblick in unsere Arbeit, und man lernt Land und Leute auf eine unvergleichliche Art kennen, wie es durch einen normalen Urlaub nicht möglich ist. Das häufigste Feedback, das ich nach Reisen erhalten habe, ist: »Ich komme anders nach Hause zurück, als ich gegangen bin.« Genau das passiert in einem Mitmachhilfswerk, wenn Menschen ihre Komfortzone verlassen.

Wer mit anpackt, bekommt ein neues Bild von sich selbst und anderen Menschen.

Einmal kam ein befreundeter Geschäftsmann mit mir über meine Arbeit ins Gespräch. Schnell erklärte er mir, was ich alles falsch machen würde, was ich optimieren könnte und wie humanitäre Hilfe wesentlich besser funktionieren sollte.

Zuerst war ich ärgerlich darüber. Wieso erklären mir immer diejenigen meine Arbeit, die nicht bereit sind, sie zu tun, dachte ich mir. Doch dann drehte ich den Spieß um: Ich forderte ihn heraus. »Du bist offensichtlich wunderbar organisiert. Da sollte es dir doch ein Leichtes sein, die Firma spontan für ein paar Tage allein zu lassen. Ich fliege übermorgen nach Haiti und besuche dort unsere Arbeit – komm doch einfach mit. Dann kannst du mir vor Ort zeigen, was du meinst.«

Mein Gegenüber schluckte. So hatte er sich unser Gespräch nicht vorgestellt, deshalb meinte er zunächst ausweichend: »Das muss ich noch abklären.«

Am nächsten Tag folgte für mich die große Überraschung. Er rief mich an und wollte tatsächlich mitreisen. Kurzfristig buchte er seinen Flug und einen Tag später flogen wir mitten hinein in das vor Kurzem vom Erdbeben verwüstete Haiti.

Der Geschäftsmann war sehr wohlhabend. Er hatte bereits Karibikerfahrung und hatte bei seinem Urlaub einfach die Platin-Kreditkarte auf den Tisch gelegt und sein Fünfsternehotel bezahlt. Doch unsere Reisesituation war eine völlig andere. Nach der Landung in Port-au-Prince wurden wir abgeholt und fuhren mit einem Geländewagen über desolate Straßen an völlig zerstörten Gebäuden vorbei. Angekommen in Ça-Ira, wo GAiN ein Kinderheim mit Schule betreibt, legten wir direkt los: Wir trafen uns mit Gemeindeleitern aus der Umgebung, planten den Selbstbau einer Brücke fürs Dorf, weil das Land dafür noch ewig brauchen würde, und waren im Prinzip den ganzen Tag unterwegs. Von meinem Freund war nichts zu hören. Von seinem selbstbewussten und starken Auftreten war nichts übrig geblieben. Nach drei Tagen fragte ich nach: »Was ist los mit dir? Muss ich mir Sorgen machen?«

Er nahm mich beiseite und wollte unter vier Augen mit mir reden. Dann schaute er mich streng an. »Mach das nie wieder!«

»Was meinst du denn?«

»Das ist unverantwortlich. Du kannst doch niemanden in solch eine Situation mitnehmen, ohne ihm zu sagen, was auf ihn zukommt!«

Ich lächelte unschuldig: »Was habe ich dir denn verschwiegen?«

»Fast alles!« Er begann aufzuzählen, was sich in den drei Tagen in ihm angestaut hatte: »Das ganze Land ist eine einzige Katastrophe. Da brauchen so viele Menschen Hilfe, dass fast keine mehr da sind, die sie ihnen geben können. Du hast mit tausend Leuten zu tun, bei denen du nie weißt, ob sie dich belügen oder bestehlen wollen, ob sie mitarbeiten können oder selbst Hilfe brauchen. An manche wichtigen Hilfsgüter kommt man nicht heran, andere wieder sind in Massen vorhanden, aber man kann sie nicht zu den Menschen bringen, weil entweder die Straße kaputt ist oder das Auto oder weil der Fahrer weggelaufen ist. Es ist zum Verrücktwerden!«

Mitmachen ist ein Herzstück unserer Arbeit.

Er hatte völlig recht. »Aber wenn ich dir all das gesagt hätte, dann hättest du hunderttausend Gründe gehabt, nicht mitzukommen.«

»Stimmt!«, gab er zu.

Von diesem Moment an nahm er Anteil an allem, was wir taten, und brachte sich ein. Jetzt merkte man ihm wieder an, dass er Unternehmer war und etwas unternehmen wollte.

Kurz nachdem wir wieder zurück in Deutschland waren, rief er mich an. »Ich muss mich heute Mittag mit dir treffen und lade dich zum Essen ein.«

Ich grinste. Er war wieder ganz der Alte und verschwendete keinen Gedanken daran, dass andere vielleicht auch etwas vorhaben könnten, aber ich richtete das Treffen gern ein. Am Mittagstisch fiel der Geschäftsmann direkt mit der Tür ins Haus. »Danke! Du hast mein Leben resettet.«

»Was meinst du denn damit? Du bist doch kein Computer.«

»Aber genau das habe ich erlebt. Ich bin einmal komplett heruntergefahren und konnte dann wieder neu starten.«

»Erklär mal!«

»Du hast ja mitbekommen, dass ich die ersten Tage in Haiti sehr ruhig war. Ich war völlig fertig. Ich konnte es nicht ertragen, dir und den Haitianern zu hundert Prozent ausgeliefert zu sein. Normalerweise zücke ich im Ausland meine Kreditkarte und die Sache läuft, aber wo hätte ich denn mit meiner Karte bezahlen sollen? Ich kam nicht allein an etwas zum Essen heran und konnte auch nirgendwo ohne euch hinkommen. Selbst die Sprache war ein Riesenproblem! Meine ganzen Sicherheiten waren weg – und ich war dir völlig ausgeliefert. Plötzlich war mir klar: Ich bin ein Niemand und muss dir hinterherlaufen.«

Während der Zeit in Haiti planten wir nebenbei den improvisierten Bau einer Brücke. Wir baggerten den Bachlauf vor unserem Kinderheim etwas auf und versenkten einen Überseecontainer darin. Vorder- und Rückseite hatten wir fürs Wasser geöffnet und über dem Dach eine Straße betoniert. Die Konstruktion trug sogar Lkw, die darüberfuhren. Es sollte nur eine Übergangslösung sein, bis das Land eine echte Brücke bauen würde. Die Behelfsbrücke steht heute noch – wahrscheinlich ist sie noch in fünfzig Jahren in Betrieb. Aber viel wertvoller als dieser Bau, der den Zugang zu unserem Kinderheim ermöglicht, ist es, dass mein Freund in Haiti dabei war, dass er involviert wurde und sein Herz ein *Reset* erfuhr.

Mitmachen ist ein Herzstück unserer Arbeit.

Das Gute ist, dass dies für jede und jeden möglich ist. Trotzdem spielen Unternehmer für mich eine besondere Rolle dabei – und dabei geht es mir nicht ums Geld.

Längst war unsere Arbeit bei GAiN so weit gewachsen, dass eine ganze Reihe von Mitarbeiterinnen und Mitarbeitern für die verschiedenen Aufgaben zuständig waren – von der Schulranzenaktion über die Lagerverwaltung bis hin zur Öffentlichkeitsarbeit. Zu meinen Aufgaben als Leiter gehört es unter anderem, Freunde, Spender und potenzielle Interessierte zu besuchen. In diesem Zusammenhang kam ich in Kontakt mit einem sehr wohlhabenden Schweizer, der sich für GAiN interessierte. Ich rief in seiner Firma an, um mich zu einem ersten Kennenlernen mit ihm zu verabreden, und seine Privatsekretärin bestätigte meinen Besuchstermin: »Sie können gern am Donnerstag zwischen 10.30 Uhr und 10.45 Uhr kommen und Ihre Präsentation mitbringen, aber Sie haben nur diese Viertelstunde – Sie müssen verstehen: Der Chef ist sehr beschäftigt.«

»Was ich eigentlich will, ist deine Mitarbeit, deine Firma und dein Leben.«

Als ich am Donnerstag pünktlich sein Büro betrat, war er erst etwas irritiert, dass ich nicht sofort begann, meinen Laptop zu öffnen oder ihm eine Mappe zu überreichen. Stattdessen kamen wir schnell und gut ins Gespräch. Ich fragte ihn nach seinen Erfahrungen, was Menschen und Umstände wirklich verändern könnte. Er fragte zurück.

Nach der vereinbarten Viertelstunde kam die Sekretärin kurz herein und bot uns einen Kaffee an. Es war wohl das Signal, dass meine Zeit um war, doch mein Gegenüber reagierte nicht darauf. Dasselbe tat sie auch nach vier Stunden noch einmal, denn wir redeten immer noch. Wir lachten und wir weinten zusammen, und wir gingen als Freunde auseinander. Natürlich hatten wir ein Folgetreffen abgesprochen – und diesmal war keine Rede mehr von einer Viertelstunde. Bei unserem dritten Treffen betrat ich sein großes Büro und er wartete kaum, bis ich mich hingesetzt hatte.

»So, Klaus« – wir waren längst per Du – »jetzt treffen wir uns schon das dritte Mal und du hast mich noch nie um Geld gebeten. Brauchst du keins?«

Oft sind es Unternehmerinnen und Unternehmer, die einen wichtigen Beitrag mit ihren Waren leisten (wie zum Beispiel hier mit »Corona-Masken«).

Juyie
CE FDA
FACEMASK
DISPOSABLE MASKS

Ich schaute ihn an. »Das ist doch gar nicht deine eigentliche Frage. Wenn du mich so fragst, dann muss ich mit Ja antworten. Natürlich brauche ich Geld.«

So weit konnte er mitgehen – das war er gewohnt.

»Aber die Frage geht ja weiter«, meinte ich. »Sie lautet eigentlich: Brauche ich *dein* Geld? Und da ist die Antwort Nein.«

Er schaute erstaunt.

»Ich weiß, ich sitze hier vor jemandem, der ein bisschen Kleingeld auf dem Konto hat, aber mein Interesse gilt dir und nicht deinem Portemonnaie.«

»Das höre ich zum ersten Mal«, meinte er nur. »Wenn Kollegen von dir kommen, dann zücken sie ein hervorragend vorbereitetes Proposal und gehen zehn Minuten später mit 150 000 Franken in der Tasche wieder aus der Tür.«

Ich wusste längst, dass er in der Lebensmittelbranche aktiv war und über tausend Lkw für ihn fuhren. Deshalb antwortete ich ihm: »Okay, aber ich interessiere mich für dich – und was ich eigentlich will, ist deine Mitarbeit, deine Firma und dein Leben.«

Er rollte mit seinem Bürostuhl zurück und hielt sich an der Schreibtischkante fest. »Das hat mir noch niemand gesagt – du bist ja gemeingefährlich!«

Wir mussten beide lachen.

Zwischen uns entwickelte sich eine schöne Freundschaft. Im Laufe der Zeit traf ich mit ihm eine Vereinbarung: Ich würde ihn nie um Geld bitten, aber wenn GAiN einmal in der Schweiz gegründet würde, dann sollte er als Schweizer sich bitte dort finanziell einbringen. Inzwischen gibt es GAiN Schweiz – und der Unternehmer engagiert sich dort.

Immer, wenn ich in der Schweiz bin, melde ich mich kurz bei ihm, und wenn es irgendwie passt, treffen wir uns auf eine Tasse Kaffee, essen zusammen oder reden einfach. Einmal hat er mich dabei angeschaut: »Ich weiß schon, dass du mich nicht um Geld bitten willst, aber ich würde gern etwas für dich tun. Hast du einen Wunsch, den ich dir erfüllen kann?«

Spontan dachte ich an einen Lkw, der uns gerade fehlte, und meinte: »Du hast doch tausend Lastwagen bei dir auf dem Hof stehen. Wenn da einer dabei ist, den du nicht so oft brauchst, dann würde ich den gern nehmen.«

»Gute Idee!«, sagte er gleich. »Nach dem Essen fahren wir auf den Betriebshof und du suchst dir einen aus.«

»Prima!«, meinte ich. »Ich freu mich darauf.«

»Aber damit eines klar ist«, grinste er mich an, »wir fahren nicht in die hintere Ecke des Hofs, wo die ausgemusterten Lkw stehen.«

Nach dem Mittagessen setzten wir uns in seine Limousine und fuhren auf den Betriebshof. Weil dort Hunderte von Lkw ihren Platz haben, war dieser ziemlich groß. Direkt vorne standen fünf Lkw, die gerade an diesem Vormittag angeliefert worden waren. Sie waren nagelneu und noch nicht einmal zugelassen. Dort fuhr er mit mir hin, zeigte darauf und meinte: »Such dir einen aus.«

Ich versicherte mich noch einmal: »Du hast gemeint, ich darf mich frei entscheiden ...«

»Selbstverständlich!«

Also schaute ich mich kurz auf dem Hof um und entschied mich dann für einen Lkw, der gerade an der Rampe stand und abgeladen wurde, also keinen der nagelneuen. »Den hätte ich gern.«

Irritiert schaute er mich an. »Warum?«

Ich musste lachen. »Ich weiß genau, dass du mir auch gern einen deiner neuesten Lkw gegeben hättest, aber ich bin auch vom Fach: Der Wagen hier ist keine ›Krücke‹. Er ist maximal ein Jahr alt und in einem Topzustand; er kann alles, was einer von den neuen auch kann.« Und ich schloss: »Es muss kein neuer Lkw sein. Für mich reicht das. Außerdem ist der Weg für die fünf Laster mit dem Stern auf dem Kühler viel weiter. Weil sie neu sind, müsste ich sie erst reimportieren. Der andere hat ein österreichisches Kennzeichen und ist gebraucht. Mit dem kann ich heute über die Grenze fahren, ihn morgen ummelden, und übermorgen ist er schon für mich unterwegs.«

»Wow«, nickte er. »Du erstaunst mich immer wieder. Ich hätte das Angebot hundert Leuten machen können – ich glaube, neunundneunzig hätten einen der fünf Lkw genommen. Du entscheidest dich für einen anderen, und das hat auch noch Hand und Fuß.«

Dann ging er an die Rampe zum Fahrer des Lkw und meinte: »Holen Sie bitte Ihre persönlichen Sachen aus dem Lkw.«

Der Fahrer wurde blass. Für ihn hörte sich das an, als wäre er entlassen, doch das Lächeln seines Chefs passte nicht dazu.

»Keine Panik. Ich gebe nur Ihren Lkw weg. Sie bekommen stattdessen einen von den neuen da drüben.« Die Sorgenfalten des Fahrers glätteten sich und machten Raum für ein zufriedenes Lächeln.

Mitmachen bei GAiN hat für mich viele Gesichter. Sie gefallen mir alle.

OFFENE TÜREN IN GESCHLOSSENE LÄNDER

»Du spinnst doch! Das ist nicht unser Auftrag. Seit wann betreiben wir Schulen für Grafiker?« Ich wurde richtig laut, als ich mit unserem kanadischen GAiN-Leiter redete. Redete? Nein. Ich schrie ihn beinahe an.

Dabei hatte es so harmlos angefangen. Weil GAiN Kanada ein Hilfsprojekt in China betreute, waren der kanadische und der internationale GAiN-Leiter, also Bill Blaney und ich, zu einem Empfang in die kanadische Botschaft nach China eingeladen worden. Dabei saßen wir dem nordkoreanischen Außenminister gegenüber. Nun unterhält man sich in Botschaftskreisen eher vorsichtig, erst recht, wenn das Ganze in China stattfindet, und noch mehr, wenn das Gegenüber aus Nordkorea stammt. Trotzdem endete der Abend damit, dass wir eine Einladung in die Volksrepublik Korea bekamen und Bill dem Außenminister nicht nur Hilfslieferungen, sondern auch das Einrichten eines Studiengangs für Grafikdesign mehr oder weniger zugesagt hatte.

Die geplanten Hilfslieferungen waren für sechs Waisenhäuser bestimmt. Uns war klar, dass wir viel weniger Informationen als sonst darüber erhalten würden, was mit den Waren tatsächlich passierte, doch hierin waren wir uns einig: Wir wollten es auf jeden Fall versuchen. Dazu hatten wir von vornherein vereinbart, dass wir die Häuser regelmäßig besuchen durften und Auskünfte zu den Kindern beziehungsweise über die Verwendung der gespendeten Kleidung, Kindernahrung, Medikamente und anderer Hilfsgüter bekommen sollten.

Der Außenminister hatte in ungewöhnlicher Offenheit signalisiert, dass sein Land hier großen Bedarf habe. Unser erster Besuch in Nordkorea offenbarte mir, dass er gewaltig untertrieben hatte. Außerdem hatte er starkes Interesse gezeigt, an der Universität eine Klasse für Grafikdesign einzurichten, damit Nordkorea auf zeitgemäße Art und Weise kommunizieren könnte.

Darüber regte ich mich auf. »Sollen wir jetzt mit Spendengeldern dazu beitragen, dass diese Diktatur ihre Propagandabroschüren noch professioneller und schöner drucken kann als bisher?«, fragte ich Bill. Der zuckte nur die Achseln. Er hatte den starken Eindruck, dass Gott etwas damit vorhabe.

Als ich mich beruhigt hatte, überlegte ich, was unsere nächsten Schritte sein könnten. Unsere beiden Ziele waren bereits beschlossen, und Kanada würde die *lead agency* übernehmen, also das Projekt federführend leiten und auch finanzieren, deshalb waren weitere Diskussionen unnötig. Ich stellte mich hinter den Plan, hatte aber kein gutes Gefühl dabei.

Das Beschaffen von Medikamenten und Babynahrung war relativ einfach. Doch wie richtet man eine Unterrichtsumgebung für Grafikdesignstudenten ein? Wir brauchten Computer, mussten den Seminarraum entsprechend ausstatten, Lehrkräfte einstellen und ein Curriculum erstellen. Das gehörte nicht zu unseren Kernkompetenzen. Tatsächlich gab es damit keinerlei Probleme: Auf die ersten Stellenanzeigen in Kanada meldeten sich so viele Lehrkräfte, dass GAiN vielen absagen musste. Ein Team von ihnen ging im Vorfeld daran und plante die nötigen Unterrichtseinheiten. Parallel dazu erhielt GAiN Kanada eine Spende von dreißig iMacs der neuesten Generation im Wert von weit über 100 000 Euro. Mit dieser Ausstattung hätte man sich auch in Europa oder Kanada nicht verstecken müssen.

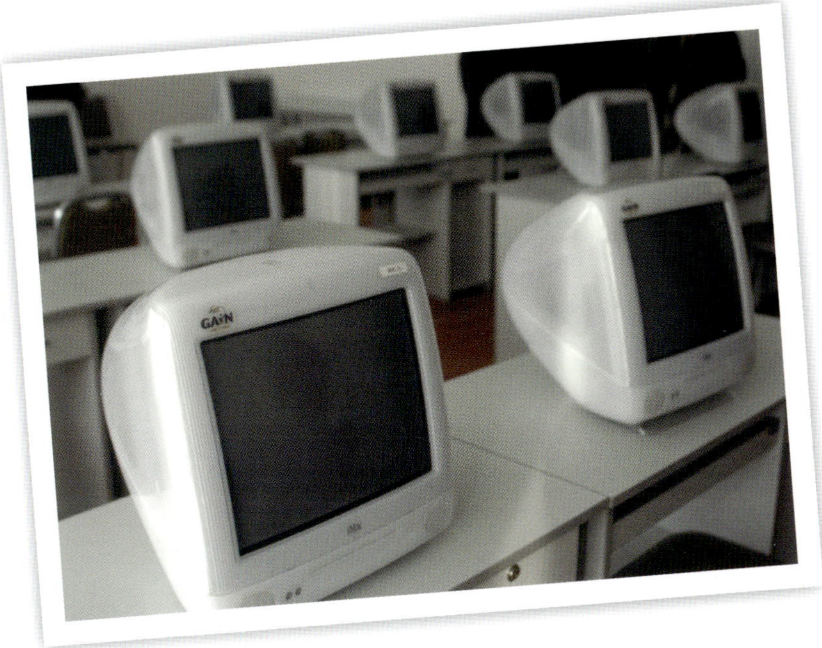

Es war das ungewöhnlichste GAiN-Projekt:
der Aufbau eines Grafikdesign-Studiengangs.

Wir konnten also loslegen. Das Material wurde per Container auf dem Seeweg nach Namp'o verschifft, dem Haupthafen Nordkoreas. Von dort wurden die Hilfsgüter zu den Waisenhäusern gebracht und die Computereinrichtung an die Technische Universität Kim-Ch'aek in Pjöngjang. Außerdem vereinbarten wir einen Termin, wann unser Besuch im Land stattfinden sollte. Während dieser Zeit wollten wir den Seminarraum einrichten, die Computer aufbauen und verkabeln und einen ersten Besuch in den Kinderheimen machen.

Ich staunte. Die Ressourcen waren so schnell und einfach zusammengekommen, dass ich inzwischen überzeugt war: Hier hatte Gott seine Finger im Spiel. Und wer war ich, dass ich mich dagegenstellen sollte? Allerdings verstand ich immer noch nicht, warum ausgerechnet wir Kim Jong-il dabei helfen sollten, das Angebot seiner Universität zu vergrößern.

Es dauerte zwei oder drei Reisen in dieses verschlossene asiatische Land, bis mir der Vorteil unseres Grafikdesignstudiums deutlich wurde. Inzwischen hatte ich viel Pomp bei irgendwelchen Empfängen gesehen, aber noch viel mehr Einheitsgrau, Armut und Hunger.

Hier hatte Gott seine Finger im Spiel. Und wer war ich, dass ich mich dagegenstellen sollte?

Aus westlicher Perspektive ist Nordkorea noch heute der Inbegriff eines totalitären Regimes und geschlossenen Landes, doch das Land Kim Jong-uns ist heute wesentlich offener geworden, als es das Land Kim Jong-ils je war. 2002, als wir erste Kontakte nach Nordkorea knüpften, war Letzterer auf dem Höhepunkt seiner Macht. Er bezeichnete sich zwar nicht als Präsident, denn sein verstorbener Vater und Staatsgründer Kim Il-sung hatte posthum den Titel »Ewiger Präsident« erhalten und wurde quasi als Gott verehrt, doch auch als »Ewiger Generalsekretär« hatte Kim Jong-il sein Land bis 2011 fest im Griff.

Ich war in zahlreichen Waisenhäusern, Kindergärten und Schulen gewesen. Dabei wurde mir klar, dass sich in Nordkorea niemand seinen Bildungsweg oder Beruf aussuchte. Man wurde ausgewählt und bekam alles zugewiesen. Minho wurde Kuhmelker in einer verdienten staatlichen Kooperative, weil dort gerade Arbeitskräfte gebraucht wurden. Jimin wurde dagegen als Artistin für den Staatszirkus ausgebildet, weil sie sich im Turnunterricht hervorgetan hatte. Nach ihren persönlichen Wünschen oder Träumen fragte niemand.

Alles war festgelegt. Dasselbe galt auch für unsere Ausbildung an der Uni zum Grafikdesigner. Jedes Lernen im Land bestand in erster Linie aus Auswendiglernen, nur das inhaltliche Niveau unterschied sich bei Mechanikern und Ingenieuren. Und genau an diesem Punkt unterschied sich unsere Ausbildung von den anderen. Hier ging es nicht nur um reinen Wissenserwerb und Auswendiglernen. Wir förderten und forderten Kreativität und eigenes Denken.

Als ich das begriff, war ich mehr als versöhnt mit dem Gedanken, eine »Grafikschule« zu betreiben. Wahrscheinlich war diese Ausbildungsstätte für Nordkorea noch wesentlich wichtiger als die Babynahrung, die wir für Waisenkinder ins Land brachten. Selbst wenn die Teilnehmer ausgesucht und bestimmt wurden, waren die Inhalte der Hochschulausbildung künstlerisch, freiheitsorientiert und damit staatszersetzend. Es mag sein, dass ein klitzekleiner Teil der Öffnung Nordkoreas in den letzten Jahren auch auf diese Grafikausbildung zurückzuführen ist. Es würde mich freuen!

Bevor ich das erste Mal nach Nordkorea reiste, war das Land für mich ungefähr so sichtbar und bekannt wie die Rückseite des Mondes. Bis auf gelegentliche Nachrichten über das Säbelrasseln des Diktators und seine Streitigkeiten mit Südkorea beziehungsweise den USA hatte ich nichts davon gehört. Also informierte ich mich über Kultur, Land und Leute.

Doch informieren ist das eine, selbst erleben ist das manchmal ganz andere.

Wir konnten nicht direkt nach Nordkorea einreisen. Zuerst einmal war eine offizielle Einladung nötig. Dann buchten wir unseren Flug nach Peking. Dort mussten wir zur nordkoreanischen Botschaft gehen – einem Beton-Flachbau hinter gewaltigen Gitterzäunen voller Stacheldraht mit dem Charme eines russischen Gefängnisses – und dort das Visum für Nordkorea beantragen und einen Tag später wieder abholen.

»Ich habe eine dumme Frage«, wandte ich mich an einen Kanadier in unserer Reisegruppe, der schon ein paar Male in Nordkorea war. »Was passiert eigentlich, wenn ich mein Visum nicht bekomme?«

»Dann fliegst du wieder nach Hause und hast Pech gehabt.«

»Und das Geld für den Flug nach China ...«

»... ist futsch«, bestätigte er mir. »Aber das kommt nicht so häufig vor.«

Sehr beruhigend!

Tatsächlich funktionierte es wunderbar, und am nächsten Tag hatten wir alle unsere Visa-Stempel für Nordkorea im Pass und flogen die knapp tausend Kilometer nach Pjöngjang. Im Flughafen dort herrschte rege Betriebsamkeit – jedoch nicht von Reisenden, sondern vom allgegenwärtigen Militär. So viele Flugzeuge landeten hier nicht. Es war klar: Hier gibt man nicht nur sein Handy, sondern auch seine Freiheit ab. So erhielt unsere kleine Gruppe zwei Begleiter, die uns auf Schritt und Tritt folgten und zu den Orten führten, zu denen wir hinwollten beziehungsweise zu denen wir fahren mussten.

Bevor ich das erste Mal nach Nordkorea reiste, war das Land für mich ungefähr so sichtbar und bekannt wie die Rückseite des Mondes.

Ich sah unsere beiden Aufpasser an und meinte zu Claudia: »Guck mal, das da ist der Chef, und der andere ist sein Kofferträger.«

»Genau. Der große und der kleine Fiffi.«

»Damit sind wir jetzt im sichersten Land der Welt.«

»Häh?«

»Na, mit den beiden an unserer Seite werden wir sicher nicht verloren gehen. Geklaut wird uns auch nichts, und selbst Entführer kommen nicht an uns heran.«

Ein Visum für Nordkorea zu erhalten war früher nicht selbstverständlich.

Claudia lachte. »Fiffi sei Dank.«

Damit hatten die beiden ihre Namen weg, auch wenn die Aufpasser regelmäßig ausgewechselt wurden, wahrscheinlich, damit wir uns nicht aneinander gewöhnen konnten. Außerdem verabredeten Claudia und ich miteinander, von manchen Dingen nur noch in Codes zu reden, weil wir sicher waren, dass hier die Wände Ohren hatten. »Fiffi« war die einfache Version, aber wir mussten uns auch unauffällig auf Dinge hinweisen oder vor Problemen warnen können.

Als wir im Kleinbus in die Stadt gebracht wurden, meinte unser kanadischer Nordkorea-Profi: »Bevor wir nach Pjöngjang hineinfahren, müssen wir dem Vater noch unsere Reverenz erweisen.«

»Was meinst du damit?«, fragte ich ihn.

»Mansudae ist ein riesiges Monument mit einer zwanzig Meter hohen Bronzestatue von Kim Il-sung, dem Staatsgründer. Ursprünglich war sie sogar einmal vergoldet, doch die Chinesen haben sich deswegen beschwert, weil sie Nordkorea damals sehr stark finanziell unterstützt haben – jetzt ist sie wieder schlicht aus Bronze. Jeder, der in die Stadt kommt, muss als Zeichen seiner Verehrung Blumen dort niederlegen und sich verneigen.«

Mein kritischer Blick war typisch: Ich hatte keine Ahnung, was mich erwarten würde.

»Jeder?«

»Glaubt mir, ich war schon fünfzehnmal hier. Immer haben wir dort gehalten. Und immer mussten wir uns vor der Statue verbeugen.«

Das ließ mir keine Ruhe. Ich wollte mich an die Kultur anpassen und unseren Begleitern kein Anstoß sein, aber diesen Personenkult wollte ich nicht mitmachen. Andererseits ging es nicht um mich, und ich wollte den Zweck unserer Reise nicht gefährden. Als wir an dem Monument vorbeifuhren, das mindestens so groß war wie fünfundzwanzig Fußballfelder, war meine Entscheidung gefallen: Ich würde mich nicht vor dem »Ewigen Präsidenten« verbeugen.

Das sagte ich Claudia und den anderen, um sie nicht zu überraschen.

Völlig entsetzt schaute mich der Kanadier an: »Das kannst du nicht machen. Es ist Pflicht.«

»Natürlich steige ich auch aus und komme mit«, beruhigte ich ihn. »Aber ich bleibe stehen.« Ich war ziemlich angespannt, aber dann sah ich die Überraschung in den Augen meines Gegenübers. »Was ist los?«

»Wir hätten längst anhalten müssen. Ich kann mir das gar nicht erklären. Wir fahren tatsächlich einfach vorbei.« Der Kanadier schaute mich an: »Das ist mir noch nie passiert.«

Ich hatte keine Ahnung, ob es gefährlich war oder nicht, was ich vorhatte. Ich wusste nur: Ich konnte und wollte das nicht tun. Inzwischen war ich zig-mal in Nordkorea; längst steht eine zweite Statue neben der ersten, und Kim Jong-il erwartet die gleiche Verehrung wie sein Vater – ich war noch nie dort.

Wir wurden dann ins Hotel gebracht, es war eine der ganz wenigen Unterkünfte für Gäste aus dem Westen in Pjöngjang. Natürlich waren wir auch hier als Gruppe isoliert von anderen und erst recht von Einheimischen. Nachdem wir unsere Zimmer bezogen hatten, trafen wir uns alle gemeinsam und ich schlug vor, dass wir an diesem und den nächsten Tagen ausführliche Teamandachten abhalten sollten. Ich lese zwar regelmäßig selbst in der Bibel, aber dieser Vorschlag klang doch ungewöhnlich für die Gruppe. Einige kannten mich eben.

»Kommt, wir lesen zusammen einen längeren Abschnitt aus dem Neuen Testament. Wie wäre es mit dem Markusevangelium?«, meinte ich zu den anderen und begann – sehr laut und langsam: »So beginnt die gute Botschaft von Jesus Christus, dem Sohn Gottes…« (Markus 1,1).

Einer aus der Gruppe meinte prompt: »Du kannst leiser lesen, ich bin doch nicht schwerhörig.«

Ich grinste. »Ich möchte aber, dass alles richtig verstanden und mitgeschrieben wird.«

»Wie bitte?«, fragte er verständnislos zurück. »Sollen wir mitschreiben?«

»Natürlich nicht, aber glaub mir: Irgendjemand hört sicher zu, schreibt mit und übersetzt das Ganze sogar noch ins Koreanische. Günstiger können wir keine Bibel ins Land bringen.«

Jetzt war der Groschen gefallen. »Meinst du etwa, dass wir abgehört werden?«, flüsterte mein Gegenüber mit großen Augen.

Irgendjemand hört sicher zu, schreibt mit und übersetzt das Ganze sogar noch ins Koreanische. Günstiger können wir keine Bibel ins Land bringen.

»Was denn sonst? Also geben wir ihnen auch etwas zum Hören.« Ich las weiter: »Im Buch des Propheten Jesaja steht: ›Siehe, ich sende meinen Boten vor dir her. Er wird dir den Weg bereiten …‹« (Markus 1,2).

In den nächsten Tagen konnten wir die Computerarbeitsplätze für die Grafikdesignstudenten installieren und das Ganze an die Universität beziehungsweise unsere kanadischen Lehrkräfte übergeben. Anschließend besuchten wir Waisenhäuser und Schulen, die von uns in erster Linie Medikamente und Gläschen mit Babynahrung bekommen hatten. Ich weiß nicht, wie vielen unserer Breigläschen ich im Laufe der Jahre noch begegnete, die – typisch für die vorherrschende Mangelwirtschaft – natürlich nach dem Leeren weiterverwendet wurden.

Besonders die Besuche in den Waisenhäusern waren gruselig. Wir sahen überfüllte Schlafsäle, schlecht ausgestattete Schulräume und mangelernährte Kinder. Es war offensichtlich, dass diese Kinder nichts zählten. Etliche waren wohl tatsächlich Waisen, aber viele waren ihren Eltern weggenommen worden, weil diese sich verdächtig oder nicht regimekonform verhalten hatten.

Die Kinder waren in Gruppen eingeteilt: Kleinkinder bis drei, Vorschulkinder bis sechs und Schulkinder bis vierzehn Jahre.

Danach galten sie als Erwachsene und wurden zum Arbeiten geschickt. In einer Abschlussklasse konnte Claudia ein paar Fotos machen. Sie bekam zwar immer wieder Drohungen zu hören, weil sie das Falsche fotografierte – also auch Krankheit, Elend und Missstände und nicht nur die extra für uns inszenierte Scheinwelt –, aber davon ließ sie sich nie beirren. Wenn wir dieses Klassenfoto später in Deutschland herumzeigten, tippten die meisten auf eine dritte Grundschulklasse mit Achtjährigen, dabei waren die Kinder alle um die vierzehn. Sie sahen ausgezehrt aus, wirkten apathisch und waren viel zu klein für ihr Alter.

Fotos wie dieses hätten wir nie machen dürfen, weil sie eine Realität zeigen, die nicht zum Image von Nordkorea passt.

Ein befreundeter Kinderarzt konnte uns anhand dieser Fotos etliche Mangelerscheinungen zeigen. Betroffen deutete er auf einige Kinder im Klassenraum und meinte: »Bei diesem Krankheitsbild ist es unwahrscheinlich, dass diese Kinder das Schuljahr überlebt haben.«

In einem anderen Heim waren Babys und Kleinkinder untergebracht. Als wir mit einer ganzen Delegation an politischen Würdenträgern und natürlich unseren beiden »Fiffis« zu Besuch kamen, wurden einige der Babys geschminkt, damit sie eine gesündere Gesichtsfarbe bekämen; andere wurden dafür in die Backen gekniffen oder geohrfeigt. Ich hätte weinen können bei so viel Elend, aber was mich wütend machte, war die Erwartung der Angestellten im Heim, uns mit solchen billigen Tricks über das tatsächliche Elend hinwegtäuschen zu können.

Diese Kinder hatten keinen Wert.

Unser neues Projekt war völlig anders als alle anderen von GAiN. Überall auf der Welt konnten wir ein Stück weit Hoffnung weitergeben, etwas Licht ins Dunkel bringen. Hier nicht.

Das fiel mir und uns allen schwer. Wenn ich länger in Nordkorea hätte bleiben müssen, wäre ich wohl depressiv geworden. Das Elend und die Perspektivlosigkeit waren kaum auszuhalten. Trotzdem denke ich, dass einige der Menschen, denen wir begegnet sind, im Rahmen ihrer sehr begrenzten Möglichkeiten Gutes tun und etwas bewegen wollten. Das wollten wir ihnen ermöglichen. In diesem Sinne war zum Beispiel die Babynahrung viel mehr als nur etwas zum Essen.

Wenn ich länger in Nordkorea hätte bleiben müssen, wäre ich wohl depressiv geworden.

Die Situation in den Heimen besserte sich im Laufe der Jahre, doch in den ersten Jahren war die Lage der Waisenkinder in Nordkorea nach unseren Beobachtungen so schlimm, dass trotz staatlicher Betreuung weniger als die Hälfte der Kinder das vierzehnte Lebensjahr erreichte. Wir brauchten dazu nur die Fotos der Kindergruppen mit denen der Vorjahre zu vergleichen. Zu dieser

Kindersterblichkeit trugen auch Bauprojekte bei, die dem Image des Landes dienen sollten wie das der *Straße der Heroischen Jugend*. Diese Prachtstraße verbindet als Autobahn mit fünf Spuren für jede Fahrtrichtung die Hauptstadt Pjöngjang mit dem vierzig Kilometer entfernten Namp'o.

Propaganda wie diese Großdarstellung von Kim Il-sung ist in Nordkorea allgegenwärtig.

Das Besondere an dieser Straße ist, dass sie praktisch ausschließlich von Kindern und Jugendlichen erbaut wurde – und fast ohne den Einsatz von Maschinen. Nur zwei Jahre dauerten die Bauarbeiten, die Ende 2000 abgeschlossen wurden. Wie vieles im Land ist diese Straße ein Symbol für Größe – aber ohne weiteren Sinn. Als ich das erste Mal einen Blick auf die Straße warf, sah ich zehn leere Fahrspuren, weil in Nordkorea damals eigentlich keine Autos fuhren. Heute sind wenige Autos darauf unterwegs, doch einen

Individualverkehr wie in Europa gibt es nicht. Man fährt nicht einfach nach Pjöngjang, wenn man möchte.

Vieles in Nordkorea soll auf diese Weise Größe unterstreichen, deshalb hat auch die nordkoreanische Hauptstadt einen Triumphbogen. Er ist dem Pariser Arc de Triomphe nachempfunden, aber »größer und besser«, wie uns unsere Begleiter im Brustton der Überzeugung versicherten.

Wie sehr man in Nordkorea darauf bedacht ist, die größte, beste und stärkste Nation der Welt zu sein – einfach perfekt –, das wurde mir besonders klar, als wir den Nationalzirkus besuchten. Für Touristen und Besucher aus dem Westen gehört dieses Vergnügen zum Pflichtprogramm, das unbedingt absolviert werden muss. Von den artistischen Leistungen her ist es sicher der weltbeste Zirkus – und er ist jeden Abend ausverkauft.

Einmal hatte unser Programm vorher zu lange gedauert, und wir kamen zu spät zur Veranstaltung. Unsere »Fiffis« waren in heller Aufregung. Aber als wir durch die vollen Reihen zu unseren Plätzen geleitet wurden, merkten wir: Das Programm hatte noch nicht begonnen. Dreitausend Zuschauer mussten eine halbe Stunde lang warten, bis wir mit fünf Leuten aus dem Westen ankamen, und erst als wir saßen, startete das sensationelle Programm. Wir sollten offensichtlich einen perfekten Eindruck erhalten – die übrigen Zuschauer waren eher Kulisse als Kunden.

Das ständige Beobachtet- und Beeindrucktwerden war extrem anstrengend. Nie wussten wir, ob wir selbst in Gefahr waren oder – viel wahrscheinlicher – ob wir vielleicht durch eine zu vertraute Geste oder eine unpassende Frage einheimische Gesprächspartner in Gefahr brachten.

Bei einem meiner ersten Besuche hatte ich eine Bibel zum Weitergeben dabei und auch ein paar Jesusfilme von Campus für Christus. Vielleicht ergab sich eine Gelegenheit und jemand signalisierte Interesse? Die Bibel konnte ich tatsächlich unter vier Augen an eine unserer Übersetzerinnen weitergeben, die sich herzlich dafür bedankte – ich musste noch oft an sie denken und hoffe, dass ich sie dadurch nicht gefährdet habe. Bei den Filmen traute ich mich nicht, sie jemandem in die Hand zu drücken, also ließ ich sie »aus Versehen« liegen – in einem Bus, einem Büro, einem Restaurant. Bei meinem nächsten Besuch in Nordkorea erzählte mir mein Begleiter bereits auf dem Weg vom Flughafen in die Stadt, dass ich ab und zu einmal etwas verlieren würde – und dann zählte er alle Orte auf, an denen ich Filme deponiert hatte. Womit hatte ich gerechnet? Ich wurde völlig überwacht.

Mein Hauptbegleiter bei diesem Besuch war aber ein anderer: der nordkoreanische Botschafter bei den Vereinten Nationen in New York. Er sprach fließend Englisch, konnte ziemlich gut Deutsch und sprach mich nebenbei auch noch auf Russisch an: »Wir haben unsere Hausaufgaben gemacht. Ich weiß, was Sie sprechen und verstehen, und ich verstehe es auch.« Er lächelte dabei, aber es war kein freundliches Lächeln. Es ging ihm nicht nur darum, mich und unsere kleine Reisegruppe zu überwachen, sondern auch noch zu unterstreichen, wie vollkommen diese Überwachung war.

Das ständige Beobachtet- und Beeindrucktwerden war extrem anstrengend.

Mit dem UN-Botschafter unternahmen wir auch einen Ausflug ins Mausoleum von Kim Il-sung, dem »Ewigen Präsidenten«.

Mindestens drei bekannte kommunistische Herrscher werden der Welt noch lange nach ihrem Tod präsentiert: Lenin befindet sich in einem kleinen Mausoleum am Roten Platz in Moskau und wirkt schon sehr vergilbt und mitgenommen. Mao liegt in seinem Mausoleum auf dem Tian'anmen-Platz in Peking in einem richtigen Palast. Und für Kim Il-sung wurde kurzerhand sein gewaltiger

Regierungspalast in ein Mausoleum umgewandelt. Er heißt heute *Kumsusan-Palast der Sonne* und ist nur über endlose Laufbänder und mehrere Hallen erreichbar, die an Flughafengebäude erinnern.

Dorthin werden jeden Tag unfassbare Menschenmengen gebracht: Bauern, Soldaten, Schüler, Fabrikarbeiter und natürlich Touristen und Gäste wie wir. Diesmal waren wir als GAiN-Team an der Reihe. Zunächst einmal marschierten wir mit vielen anderen über den gewaltigen Vorplatz des Palastes. An dessen Eingang gab es Sicherheitskontrollen, gegen die jeder Check am Flugplatz ein Witz ist. Dann gelangten wir auf die Rollbänder, die uns durch riesige Hallen beförderten. Darin waren Bilder, die Kim Il-sung als ruhmreichen Helden und Schöpfer der Welt zeigten. – Es war beinahe eine Darstellung der Schöpfungsgeschichte im ersten Buch Mose, allerdings hatte Gott das Gesicht des nordkoreanischen Diktators. – Außerdem wurde sein Dienstwagen, ein 600er Mercedes SEL, genauso ausgestellt wie der Eisenbahnwaggon, in dem er das Land bereist hatte. Aus Lautsprechern erklang die ganze Zeit revolutionäre koreanische Musik.

Wahrscheinlich steht in meiner Akte neben dem Vermerk, dass ich einmal Jesusfilme ins Land gebracht habe, ein dicker Vermerk: »Achtung, renitent!«

Schließlich gelangten wir zur letzten Halle, dem sogenannten Tränensaal. Hier befindet sich in einem Kristallsarkophag der einbalsamierte Leichnam Kim Il-sungs. Bevor wir den Saal betreten durften, wurden unsere Schuhe noch mit Bürsten gereinigt und unsere Kleidung durch ein Gebläse gesäubert. Kein Stäubchen sollte das Mausoleum verunreinigen. Außerdem gab es noch eine kurze Erklärung, wie wir uns im Angesicht des aufgebahrten Toten selbst zu verhalten hätten: In Vierergruppen würden wir erst vor

Kopf des Sarkophags geführt, um dort auf die Knie zu gehen, dasselbe würde dann an der Seite, dem Fußende und der anderen Seite geschehen.

Es war wie ein Déjà-vu. Ich dachte an meinen ersten Besuch in Nordkorea und meinen damaligen Entschluss, mich nicht vor der Herrscherstatue zu verbeugen. Wieso sollte ich jetzt vor einem Sarkophag niederknien?

In meiner Vierergruppe befanden sich außer dem Kanadier Bill Blaney und mir noch der nordkoreanische Außenminister und unser Begleiter, der UN-Botschafter. Claudia kam hinter mir in der nächsten Gruppe. Schnell drehte ich mich zu ihr um und sagte leise: »Ich weiß nicht, was du tun willst, das musst du selbst wissen, aber ich werde nicht niederknien. Du kannst ja abwarten, was mit mir geschieht, und dich dann entscheiden. Ich wollte es dir nur vorher sagen und dich nicht überraschen.«

Claudia nickte.

Eine Holländerin, die sich in der Vierergruppe hinter Claudia befand, wollte eine Bemerkung dazu machen, aber inzwischen waren Wachleute zur Stelle, die weitere Gespräche verhinderten. Natürlich hatten sie mitbekommen, dass bei unserer Gruppe schon wieder etwas quer lief, aber in diesem Moment kamen wir an die Reihe: Unsere Vierergruppe erreichte das Kopfende des Kristallsarkophags, und der Botschafter und der Außenminister fielen auf die Knie – Bill und ich blieben stehen.

Irgendjemand sog die Luft scharf ein.

Danach gingen wir eine Vierteldrehung um den Sarg herum, und das Spiel wiederholte sich, nur dass inzwischen Claudias Gruppe am Kopfende angekommen war. Claudia blieb ebenfalls stehen.

Nach der nächsten Vierteldrehung kam die Gruppe mit der holländischen Touristin ans Kopfende, die ebenfalls stehen blieb.

Verbunden mit solchen offiziellen Anlässen
konnte GAiN im Laufe der Jahre zahllose Gläser Babynahrung ins Land bringen.

In diesem Moment verlor der Außenminister die Beherrschung. Er rief uns mitzukommen und schob und zerrte uns aus der Halle, so schnell es ging.

Uns geschah nichts, und der positive Nebeneffekt war: Ich musste nie mehr dorthin. Wahrscheinlich steht in meiner Akte neben dem Vermerk, dass ich einmal Jesusfilme ins Land gebracht habe, ein dicker Vermerk: »Achtung, renitent!«

Damit kann ich gut leben.

AFRIKA? NIE!

Mein erster Besuch in Afrika war wirklich ein reiner Besuch. Unsere jahrelange Untermieterin hatte ihren Schweizer Freund geheiratet und war mit ihm nach Tansania ausgewandert. Dort führten die beiden eine Farm. Vor vielen Jahren besuchten Claudia und ich sie in ihrer neuen Heimat und schauten uns Land und Leute an. Wir waren zwischen Daressalam, Arusha und Sansibar unterwegs und bekamen viel zu sehen. Natürlich hielten wir uns länger auf ihrer Farm im Busch auf und waren auch auf einer Safari in einem der Nationalparks. Aber wir sahen uns auch verschiedene Hilfsprojekte an und besuchten Missionare in Tansania.

Ich lernte vieles darüber, dass gut gemeint nicht automatisch gut gemacht bedeutet. Viele der Ideen und Projekte, die ich zu Gesicht bekam, wurden zwar in den Geberländern als große Erfolge gefeiert, aber hier vor Ort stellte sich meistens heraus, dass sie mehr schadeten als halfen. Tausende engagierte Helfer und Missionare waren seit über hundert Jahren auf dem Kontinent unterwegs und hatten dort Hunderte von Milliarden Euro investiert – eine wirkliche Veränderung hat es nicht gebracht: Immer noch leben vierzig Prozent der afrikanischen Bevölkerung in Armut.

Meine Schlussfolgerung war einfach und klar: Bis jetzt hat sich fast nichts verändert. Ich weiß auch nicht, wie das zu ändern ist; ich kann es nicht besser. Deshalb will ich nie nach Afrika gehen. Durch die ersten Jahre bei GAiN war mir klar, dass ich viel besser nach Osteuropa passte. Sollten sich doch andere in Afrika engagieren, ich jedenfalls nicht.

Einem Kind die Hand zu reichen war für Piet und Pieta Normalität geworden.

Ich fälle selten so absolute Urteile, aber dieses stand für mich felsenfest. Jedenfalls so lange, bis Kees Klaassen, mein holländischer Freund, mit mir darüber sprach.

Sollten sich doch andere in Afrika engagieren, ich jedenfalls nicht.

»Das siehst du zu absolut. Glaub mir, es gibt Arbeiten in Afrika, die würden dich begeistern.«

»Würden sie nicht.«

»Doch. Ich kenne da ein holländisches Ehepaar in Uganda …«

»Meine Antwort ist Nein!«

Und dabei blieb es. Wenn ich mich richtig erinnere, war das für die nächsten drei Jahre so. Kees brachte das Gespräch immer wieder einmal auf Afrika, aber ich blockte jedes Mal ab. Irgendwann fing er wieder von Afrika an und ich merkte, dass ich nie meine Ruhe bekommen würde, wenn ich ihm nicht den Gefallen täte. Also unterbrach ich seine Argumente und sagte: »Okay.«

»Du kommst mit?«

»Ja, Claudia und ich kommen mit, und du kannst uns dein Afrika zeigen – aber du zahlst.«

Kees lächelte nur.

Im Herbst 2005 saßen wir im Flugzeug und flogen nach Kenia. Zunächst machten wir in Nairobi und Mombasa ein paar Tage Urlaub und ließen einfach die Seele baumeln, danach flogen wir weiter ins benachbarte Uganda und besuchten Kees' holländische Freunde. Piet und Pieta Buitendijk lebten und arbeiteten seit einigen Jahren in Mukono, einem Ort in der Nähe der Hauptstadt Kampala.

Eigentlich waren sie als klassische Missionare hierhergekommen, doch ihr Dienst hatte sich in letzter Zeit stark verändert. Offensichtlich hatten sie das Vertrauen ihrer Umgebung gewonnen, denn irgendwann wachten die beiden nachts von einem seltsamen Geräusch vor ihrer Haustür auf. Vorsichtig schauten sie nach und fanden ein Baby, das ihnen jemand auf die Schwelle gelegt hatte. Natürlich hätten sie es irgendwo abgeben und sich darin bestätigen können, dass sie als Missionare andere Aufgaben hätten, doch das wollten sie nicht. Irgendwie ahnten sie damals schon, dass Gott etwas damit vorhaben könnte. Sehr bald fanden sie ein zweites Neugeborenes vor ihrer Tür, dann ein drittes und bald waren sie Pflegeeltern für ein Haus voller ugandischer Babys. Das sprach sich in weitem Umkreis herum, und ihre Telefonnummer kursierte im halben Land. Immer wieder bekamen sie Anrufe mit der Bitte um Hilfe und manches Mal lag ein Kind unangemeldet vor ihrer Haustür.

Wir waren gerade bei ihnen angekommen und freuten uns an dem Mix aus afrikanischer und holländischer Gastfreundschaft, da passierte das, was ihnen immer wieder geschah: Sie bekamen Nachwuchs. Wieder lag ein Baby auf dem Boden vor der Tür.

Pieta hatte längst Routine. Zunächst holte sie das kleine Mädchen herein, wusch und wickelte es und gab ihm ein Fläschchen.

»Wisst ihr, woher das Kind kommt?«, fragte ich sie.

»Keine Ahnung.«

»Und was macht ihr nun?«

»Wir können es nicht einfach behalten«, erklärte Piet. »Wir fahren erst einmal zur Polizei und fragen, ob sie da etwas wissen. Vielleicht gibt es Verwandte, zu denen wir es bringen können.«

»Okay«, meinte ich, »kann ich mitkommen?«

»Natürlich, gern.«

Irgendwie war ich erleichtert, dass es vielleicht gleich eine Lösung für das Kind geben würde. Aber ich hatte die Polizei völlig falsch eingeschätzt. Eine Weile später liefen wir mit dem Baby auf dem Arm in die nächstgelegene Polizeistation. In der Wachstube saß ein Polizist und schrieb nach seinem Gesichtsausdruck zu urteilen etwas sehr Wichtiges.

Wir störten ihn.

Und wir erklärten ihm die Situation und hielten ihm bekräftigend das Baby hin. Er hatte von nichts gehört, wusste von keiner Mutter, die gerade entbunden hatte, oder irgendwelchen Verwandten. Geringschätzig blickte er auf das Baby, ging in die Büroecke und holte einen großen Mülleimer. Den hielt er uns hin.

»You can drop it here – it has no value«, meinte er mit ausdruckslosem Gesicht. – Ihr könnt es hier hineinwerfen. Es ist wertlos.

Ich kann gar nicht beschreiben, *wie* entsetzt ich über seine Antwort war. Dann sprach ich ihn an: »Oh, dann musst du wohl Gott sein.«

Er war irritiert. »Wieso?«

»Ganz einfach. So eine Entscheidung über Leben und Tod ist Gottes Sache. Und so schnell, wie du sie eben getroffen hast, musst du wohl Gott sein.« Ich fixierte ihn. »Aber wenn ich dich so sehe, fällt es mir schwer, das zu glauben. Deshalb nehmen wir das Mädchen lieber wieder mit. Was du mit ihm vorhattest, habe ich schon begriffen, jetzt bin ich gespannt, was der wirkliche Gott mit ihm im Sinn hat.«

Aus diesen kleinen Anfängen bei dem holländischen Ehepaar zu Hause wuchs bald das Kinderheim *Arche Noah*.

Zurück im Haus bei Piet und Pieta hatte sich einiges geändert: Sie hatten ein Kind mehr – wir nannten das Mädchen Veronica. Und ich wusste jetzt, dass ich doch nach Afrika wollte. Kees konnte sich das Grinsen nicht verkneifen.

Bald saßen wir zusammen und machten Pläne für die Zukunft. Erst einmal musste ein weiteres Haus her, denn das von Piet platzte samt Garage bereits aus allen Nähten. Über vierzig Kleinkinder betreuten die beiden inzwischen – zu zweit. Aus diesen kleinen Anfängen bei dem holländischen Ehepaar zu Hause wuchs bald das Kinderheim *Arche Noah*.

Andrew ist eines der Kinder,
die irgendwann in der *Arche Noah* abgegeben wurden –
der junge Ugander sieht seine Zukunft völlig zu Recht positiv.

Wir hatten jede Menge Ideen, aber es ging uns in erster Linie nicht darum, ein Kinderheim zu bauen. Wir hatten die Menschen im Blick, und ich bin davon überzeugt, dass humanitäre Hilfe nur so funktionieren kann: Im Fokus müssen die Menschen sein, die Hilfe brauchen, nicht irgendwelche Bauten oder Projekte. Menschen wie Veronica, die Windeln und Milch brauchte, Hilfe und Hoffnung, und die erfahren musste, dass sie zwar weggegeben wurde, aber trotzdem gewollt war, obwohl sie wie Hunderttausende in Uganda HIV-positiv war.

Mit jedem weiteren Kind kam Bewegung in die Arbeit in Mukono. Als wir das nächste Mal in Uganda waren, wurde Edwin gerade im Kinderheim abgegeben. Er war viel zu früh zur Welt gekommen und hatte kaum eine Chance zu überleben. Der kleine Mann füllte gerade einmal gut meine Hand.

»Er braucht einen Brutkasten, schätze ich.«

»So etwas gibt es hier in Uganda nicht.«

Ich musste lachen. »Aber in Deutschland gibt es das – und auch hier gibt es einen Paketdienst.«

Es dauerte nur wenige Tage, bis der Brutkasten aus Deutschland per Express angeliefert wurde. Damit konnte Edwin versorgt werden, und er überlebte.

So wuchs das Kinderheim – und ich wuchs ein Stück weit mit, denn das Ganze entwickelte sich Schritt für Schritt. Zunächst einmal mussten wir die Babys unterbringen, ernähren und ihnen eine liebevolle Umgebung anbieten. Als sie älter wurden, war ein Kindergarten nötig, dann eine Schule und schließlich sogar Berufsausbildungen. Wir fanden Paten in Europa, die »ihre« Kinder unterstützten, und wir merkten, wie sie sich veränderten und aufblühten. Allerdings sollten sie Afrikaner bleiben. Dazu muss man wissen, dass die afrikanische Kultur sehr familien- und beziehungsorientiert ist. Wenn die älteren Kinder, die im Kinderheim lebten, unter sich blieben und in ihre eigene Schule gehen würden, hätten sie keine Kontakte zu Gleichaltrigen und in die Gesellschaft hinein. Sie wären Niemande. Also öffneten wir die entstehende Schule auch für Kinder aus der Nachbarschaft – und darin wächst heute eine Generation heran, die Uganda verwandeln kann.

Wer in Afrika etwas verändern will, den kostet es das Leben.

Diese Hingabe lernte ich von Piet. Irgendwann erklärte er mir: »Als wir damals nach Uganda ausreisten, wussten wir noch nicht, ob wir einen Term hier verbringen würden oder sogar zwei oder drei. Inzwischen ist mir klar: Ich will nicht zurück. Ich will hier sterben.«

Er verzog sein Gesicht zu einem Lächeln. »Aber bis dahin haben wir noch jede Menge zu tun.«

Immer wieder diskutierten wir darüber, wie wir die Kinder möglichst optimal aufs Leben vorbereiten könnten – und auch hier zeigte sich, dass langer Atem gefragt war. Wirkliche Veränderung geschieht nicht in zwei Jahren. Es dauert Jahre oder sogar Jahrzehnte, bis sie Gestalt annimmt.

Die ersten Kinder aus der *Arche Noah* sind inzwischen Erwachsene. Die Frauen wurden nicht beschnitten, sie wuchsen in einem liebevollen Umfeld auf, viele sind hochintelligent, und alle haben eine gute Schulbildung bekommen. Sie haben mit fünfundzwanzig noch keine sieben Kinder und wurden auch nicht Dutzende Male vergewaltigt. Damit sie nicht trotzdem in der Prostitution landen, ist es nötig, sie so lange zu unterstützen, bis sie nicht nur ihre Ausbildung abgeschlossen, sondern auch noch eine Arbeit gefunden haben. Und – ganz entscheidend – diese Frauen sind Afrikanerinnen, Uganderinnen, und sie lieben ihr Land.

Wer in Afrika etwas verändern will, den kostet es das Leben.

Ändert das etwas an der Gesamtsituation?

Das ändert alles!

Afrika ändert sich nicht, jedenfalls nicht mit ein paar gut gemeinten Projekten, aber Menschen entwickeln sich sehr wohl – und über sie kann eine ganze Gesellschaft in Bewegung kommen. Dazu gibt es in Afrika ein passendes Sprichwort: »Wenn du glaubst, dass du zu klein bist, um etwas zu bewirken, dann hast du noch nie eine Nacht mit einer Stechmücke verbracht.«

Regelmäßig war ich in Kontakt mit Piet und Pieta, und beim nächsten Besuch brachte ich eine kleine Gruppe mit, die sich die Arbeit vor Ort anschauen wollte. Wir waren noch nicht lange dort, da klingelte Piets Telefon. Irgendwo im Land war etwas Schlimmes geschehen und neugeborene Kinder waren in Lebensgefahr. Die Zeit drängte. Waren wir dafür zuständig? Diese Frage stellte sich nicht. Vielleicht konnten wir helfen, also sprangen wir zu fünft in Piets alten Geländewagen und fuhren los. Unser Ziel war eine kleine Siedlung im ugandischen Busch, dreihundert Kilometer entfernt – in Afrika ist das eine Weltreise. Zunächst gab es noch eine richtige Straße, doch die verwandelte sich bald in eine Piste, die immer schmaler und buckliger wurde. Stundenlang waren wir unterwegs, und Piet fuhr so schnell, wie er überhaupt konnte.

Genau einen Tag nach unserem überhasteten Aufbruch kamen wir wieder zurück – völlig übermüdet und glücklich: Die Mädchen lebten.

Was war geschehen?

In einem kleinen Lehmdorf mitten im Busch hatten bei einer werdenden Mutter die Wehen eingesetzt. Eine Nachbarin half ihr, und sie brachte ein Mädchen zur Welt, doch die Wehen hörten nicht auf, außerdem blutete sie stark. Also setzte sie der Nachbar auf den Gepäckträger seines Fahrrads und fuhr mit ihr fünfzehn Kilometer über Stock und Stein in die nächste Krankenstation.

Natürlich gab es im Dorf kein Telefon, selbstverständlich flog hier kein Rettungshubschrauber und selbstredend war die Krankenstation nicht mit einem Krankenhaus vergleichbar. In dem nackten Raum mit fliegenbedeckten Wänden und einer Behandlungsliege stellte der Sanitäter fest, dass noch zwei weitere Kinder auf ihre Geburt warteten. Irgendwie schaffte er es, sie auf die Welt zu holen, doch die Mutter der Drillinge konnte er nicht retten. Sie verblutete bei der Geburt.

In dieser Krankenstation gab es ein Telefon und woher auch immer hatte der Sanitäter die Telefonnummer von Piet. Als er ihn anrief, lag das erstgeborene Mädchen schon seit Stunden in der Hütte der Mutter und ihre beiden Schwestern brauchten ebenfalls dringend Versorgung.

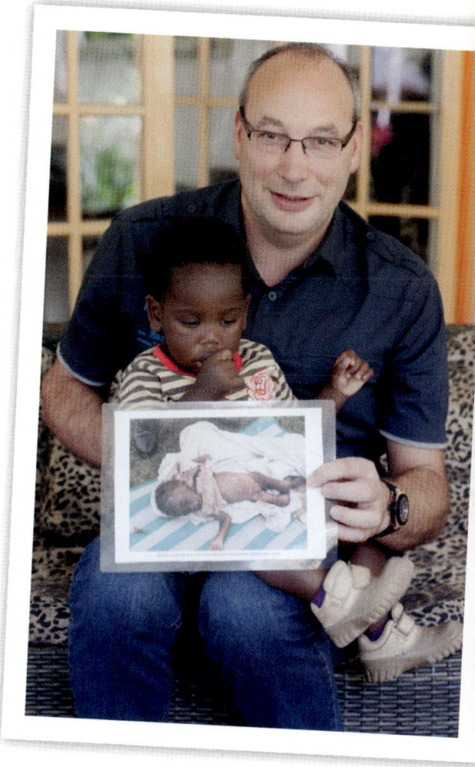

Wie lange können Säuglinge unter diesen Bedingungen überleben? Wir wussten es nicht, und Piet gab Gas. Neun Stunden später erreichten wir die Krankenstation und danach die kleine Siedlung: Alle drei Kinder waren in schlechter Verfassung, aber sie lebten.

Es sind immer wieder Kinder aus solchen dramatischen Hintergründen, die Hilfe in der *Arche Noah* erfahren.

»Lässt sich nicht hier im Dorf jemand finden, der die Kinder versorgen kann? So eine Art Amme?«

Piet winkte ab: »Keine Chance. Es gibt hier einen Aberglauben, dass es Unglück bringt, ein fremdes Kind zu stillen, dann soll angeblich ein eigenes sterben. Wir werden hier niemanden finden, der sich um die Kinder kümmert.«

Wir schwiegen betroffen.

Die *Arche Noah* ist längst mehr als eine Rettungsstation: Sie ist ein Zuhause für viele.

»Dazu kommt ein weiterer Aberglaube: Schon Zwillinge bringen demnach Unglück. Deswegen kommt es immer wieder vor, dass eines von den beiden oder sogar beide Kinder ›zufällig‹ nach der Geburt sterben. Es gibt zwar Gesetze, die das verhindern sollen, aber wer sollte sie hier draußen durchsetzen? Und jetzt haben wir es mit Drillingen zu tun – das ist kein Unglück, das ist eine Katastrophe.«

Damit war klar, dass die Kleinen ohne uns keine Chance hätten. Wir verteilten sie also auf uns Mitfahrende und brachten sie nach Mukono. Während Piet neun Stunden lang zurückfuhr, hielten Claudia, Pieta, eine GAiN-Mitarbeiterin und ich die Mädchen abwechselnd im Arm, tauchten unsere Fingerspitzen in ein Gefäß mit Ziegenmilch und ließen sie daran saugen, wenn sie nicht gerade schliefen.

Genau einen Tag nach unserem überhasteten Aufbruch kamen wir wieder zurück – völlig übermüdet und glücklich: Die Mädchen lebten.

Ein paar Fotos von ihnen – aus der ersten Zeit und auch später aus der *Arche Noah* – habe ich immer als Erinnerung auf meinem Handy. Ich möchte diese und die anderen Kinder und ihre Geschichten nicht vergessen.

Jahre später kam Gladys, eine der Drillinge, bei einem Besuch in der *Arche Noah* auf mich zugestürmt. Sie umarmte mich und schaute mich dann fragend an: »Hast du mich lieb, Onkel Klaus?«

Ich hätte jetzt einfach Ja sagen können, doch das war mir zu wenig. Also zog ich mein Handy aus der Hosentasche und suchte ihr Babyfoto heraus. Ich zeigte es ihr. »Ich habe dich so lieb, dass ich dein Bild immer bei mir trage.«

Gladys schaute mich mit großen Augen an. Dann meinte sie: »Kann ich das Handy einmal kurz haben?«

»Natürlich, wenn du es mir danach wieder zurückbringst.«

Vorsichtig nahm sie es, lief damit jubelnd über das gesamte Kinderheimgelände und sagte jedem, der es hören oder auch nicht hören wollte: »Look. Uncle Klaus loves me!«– Guck mal. Onkel Klaus hat mich lieb!

Daran und an die anstrengende erste Zeit muss ich heute manchmal denken, wenn mir in Mukono drei bildhübsche junge Frauen begegnen, die sich immer noch zum Verwechseln ähneln.

Die Waisenhausmannschaft nannte den Jungen Jethro, und sie gaben ihm den ugandischen Namen Kyamagero – »Wunder«.

Erlebnisse wie dieses zeigten mir, dass echte Veränderung nicht ohne Eingriffe in die Kultur möglich ist. Ich möchte nicht, dass die Kinder aus Uganda wie kleine Deutsche oder Holländer aufwachsen – sie sollen in ihrer Kultur zu Hause sein. Aber es gibt

Elemente dieser Kultur, die dem im Weg stehen: Mädchen sollten nicht beschnitten werden. Dieses grausame Ritual gehört verboten! Mehrlinge bringen kein Unglück! Sie dürfen nicht umgebracht werden, sondern verdienen es, zu leben.

Wenn ich mich für diese Veränderungen einsetze, dann ist das ein Eingriff in Tradition und Kultur, aber ein notwendiger, denn so wie keine Kultur an sich schlecht ist, ist auch keine völlig gut. Alle haben Elemente, die sich ändern müssen.

Viele Geschichten in der *Arche Noah* beginnen mit einem Anruf – auch die von Jethro. Ein Polizist rief an und meinte: »Ihr müsst schnell kommen. Hier hat eine Frau ihr Kind zur Welt gebracht und ins Plumpsklo geworfen.«

Die Polizei war von zwei Männern gerufen worden, die eigentlich die Toilette benutzen wollten, aber Geräusche daraus gehört hatten. Erst dachten sie an Ratten, doch es hörte sich an wie Weinen. So schauten sie nach und entdeckten einen Neugeborenen mitten in den Exkrementen. Die Polizisten versuchten vergeblich, ihn heraufzuholen – der Schacht war zu eng, und es war auch niemand dazu bereit, dort hinabzusteigen. Schließlich hatte jemand die Idee, eine Schlinge hinabzuwerfen. Damit bekam ein Mann die Hand des Babys zu fassen und zog es gerade aus der Grube, als das Team des Waisenhauses ankam. Drei Stunden lang hatte der Kleine in der Latrine gelegen. Es war ein Wunder, dass er nicht ertrunken oder erstickt war. Natürlich musste er dringend gewaschen werden – er musste unbedingt vom Kot befreit werden und von den Maden, die auf ihm krochen. Dazu nahm eine Schwester aus dem Waisenhaus Stofflappen und starkes Reinigungsmittel. Es brauchte einige Waschgänge, um ihn zu säubern, doch er lebte. Die Waisenhausmannschaft nannte den Jungen Jethro, und sie gaben ihm den ugandischen Namen Kyamagero – »Wunder«.

Inzwischen hatte die Polizei die Mutter des Kleinen ausfindig gemacht. Weinend erzählte sie, warum sie keinen anderen Ausweg gesehen hatte, als ihr Kind wegzuwerfen. Die 14-Jährige war von einem Nachbarn vergewaltigt worden, und der Vater des Kindes hatte ihr ein Messer an die Kehle gehalten und ihr Stillschweigen verlangt. Als es offensichtlich wurde, dass sie schwanger war, warf ihre Familie sie hinaus, weil das Mädchen sie angeblich entehrt hätte. Ein entfernter Verwandter erklärte sich bereit, sie als Hausmädchen zu beschäftigen – damit hatte sie zwar wieder ein Dach über dem Kopf, doch es bedeutete harte Arbeit im Haus und auf dem Feld, und sie stand bereits kurz vor der Entbindung. Als die Wehen einsetzten, meinte der Verwandte allerdings, dass sie sich nicht so anstellen und gefälligst weiterarbeiten sollte. Sie tat es. Am nächsten Morgen schleppte sie sich auf das Plumpsklo und brachte dort allein ihr Kind zur Welt. Sie war so verzweifelt, dass sie keinen anderen Ausweg sah, als es wegzuwerfen.

So sieht Helfen in Afrika aus: Nie geschieht nur das Erwartete.

Diese Mutter war selbst noch ein Kind und außerdem ein Opfer ihrer Umgebung. Jethro fand in der *Arche Noah* ein neues Zuhause.

Es schockiert mich immer wieder, wie viel Menschen aushalten können und müssen. Und es fasziniert mich, wie sich gerade Kinder in der richtigen Umgebung in kürzester Zeit zu normalen, fröhlichen, frechen, geliebten Persönlichkeiten entwickeln können.

Heute ist die Arbeit der *Arche Noah* nicht mehr mit den Anfängen zu vergleichen. Zu Beginn waren Piet und Pieta Buitendijk zu zweit und hatten in ihrem Haus samt Garage über vierzig Kleinkin-

Freundlich und hell sind die Häuser in der *Arche Noah* – nur die Giraffe ist nicht echt.

der untergebracht. Inzwischen leben und arbeiten sie zusammen mit bis zu fünfhundert Mitarbeitenden auf einem großen Gelände, das ein Säuglingsheim, etliche Wohngruppen, einen Kindergarten, eine Schule und Lehrwerkstätten für verschiedene Ausbildungen beherbergt. Am Anfang stand ein einzelnes Haus im Busch, jetzt ist daraus fast ein Stadtteil von Mukono gewachsen.

So sieht Helfen in Afrika aus: Nie geschieht nur das Erwartete. Wir lösen ein Problem und schaffen damit ein neues – das lässt sich nicht ändern. Wer wollte es anderen Menschen auch verdenken, dass sie kommen, weil sie hier Arbeit und ein Auskommen finden können. Jede Veränderung hat so ihre positiven, aber auch ihre negativen Seiten. Ich weiß genau, dass meine Hilfe nicht perfekt ist, aber »ich gehe nie nach Afrika« ist trotzdem keine Lösung mehr für mich.

Fehler oder auch nur unverständliche Situationen rufen allerdings auch Kritik hervor. Einmal war ich mit ein paar Begleitern aus Deutschland in Uganda. Sie ließen sich das Gelände zeigen, das Konzept erklären und trafen mit den Kindern und Jugendlichen zusammen. Doch als wir schließlich auf dem Gelände die Baustelle eines neuen Gebäudes besichtigten, kam es zum großen Knall.

»Was ist denn das hier für ein rassistisches Gehabe? Das ist ja moderne Sklaverei. Ich werde GAiN in Zukunft nicht mehr finanziell unterstützen«, rief ein Geschäftsmann wütend.

Er sah gerade dabei zu, wie hundert Männer bei dreißig Grad im Schatten, den es nicht gab, mit Hacken und Schaufeln eine große Grube für das Fundament des nächsten Hauses aushoben. Wir anderen schwitzten bereits vom langsamen Herlaufen und Herumstehen, die Ugander glänzten vor Schweiß bei ihrer harten Arbeit.

In Sichtweite daneben stand ein Bagger, der nicht benutzt wurde.

Einige in der Gruppe regten sich ebenfalls darüber auf, und es fielen Begriffe wie »menschenverachtend«, »wie in der Kolonialzeit«, »Rassismus« und »Armut ausnutzen«.

»Wie viel verdienen diese Männer? Ein paar Dollar pro Tag? Eine Unverschämtheit!«, hakte der Geschäftsmann nach.

Als er sein Schimpfen unterbrechen und einmal Luft holen musste, meinte ich zur Gruppe: »Okay, bis jetzt habe ich die Verantwortung für diese hundert Mann gehabt. Offensichtlich habe ich dabei alles falsch gemacht. Ihr könnt diese Verantwortung aber gern für die nächsten Jahrzehnte übernehmen.«

Inzwischen war es ruhig geworden.

»Diese Männer, die ich offensichtlich wie Sklaven behandle, können wir dann entlassen. Wir brauchen nur noch einen Arbeiter, der den Bagger fährt – und wir haben sogar schon jemanden. Dazu kommt, dass der Bagger allein sogar noch schneller arbeitet als die hundert Mann. Das Problem ist nur, dass sie bisher mit dieser Arbeit ihre Familien ernähren. Dafür wäret ihr dann in Zukunft verantwortlich, denn wir wollen sie ja nicht in die Arbeitslosigkeit stoßen, oder? Sollen wir gleich einen Vertrag aufsetzen?«

Ohne solche Auseinandersetzungen mag das Leben manchmal leichter sein, aber viele wertvolle Lernprozesse bleiben aus.

»Daran habe ich nicht gedacht«, meinte einer aus der Gruppe. »Aber wozu steht der Bagger denn da?«

»Ganz einfach: Wenn die Männer beim Graben auf Steine stoßen, dann werfen sie die aus der Baugrube. Aber wenn es Felsbrocken sind, dann bin ich eben kein Sklaventreiber, der sie schuften lässt, sondern dann wird der Bagger angeworfen und hebt den dicken Brocken heraus. Danach können sie mit Hacke und Schaufel weiterarbeiten.«

Ich musste damit leben, dass manche lieber ihre alte Meinung behielten als zuzugeben, dass sie Unrecht haben könnten. Der Geschäftsmann, der sich am lautesten beschwert hatte, bewahrte seine Antihaltung für die gesamte Reisedauer. Etliche andere aus der Gruppe entschuldigten sich hinterher bei mir wegen ihres Tonfalls und der Vorwürfe. Sie hatten realisiert, dass ihre mitgebrachten Maßstäbe nicht eins zu eins auf Uganda übertragbar waren. Und ich merkte, dass diese Art Reibung dazugehört, wenn man Menschen involvieren möchte. Ohne solche Auseinandersetzungen mag das Leben manchmal leichter sein, aber viele wertvolle Lernprozesse bleiben aus.

In der *Arche Noah* hat sie lieben und leben gelernt.

Längst weiß ich das, und ich glaube daran, dass im Leben unserer Begleiterinnen und Begleiter und Ehrenamtlichen genauso Veränderung geschieht wie bei den Hilfsempfängern. Trotzdem bringt es mich manchmal an den Rand der Verzweiflung.

Da bekomme ich einen vorwurfsvollen Anruf von jemandem, der mir erklären will, was ich alles falsch mache, ohne Genaueres von der Situation zu wissen.

Da muss ich mich mit Behörden auseinandersetzen, die immer wieder verlangen, dass ich mich mit einem Hilfswerk an Regeln halten soll, die für Unternehmen gemacht wurden.

Da bin ich manchmal so frustriert, dass ich am liebsten alles hinwerfen möchte.

Für genau diesen Fall habe ich in meinem Büro in Gießen ein Foto hängen. Ich brauche nur den Kopf zu heben, wenn ich am Schreibtisch sitze, und schaue in das strahlende Lächeln von Veronica, als sie ungefähr zehn Jahre alt war.

Veronica ist für mich eines der Gesichter aus der *Arche Noah*. Sie macht mir Hoffnung.

Sie lag vor der Tür, als ich das erste Mal in Uganda war.

Ein Polizist wollte sie wegwerfen.

Sie war HIV-positiv.

In der *Arche Noah* hat sie lieben und leben gelernt.

Irgendwann war sogar ihr HIV-Test negativ – für mich ist dies ein Wunder Gottes.

Heute ist Veronica sechsundzwanzig Jahre alt.

Sie ist einer der Menschen, die Uganda verändern wird!

Daran denke ich, wenn ich auf ihr Foto sehe – und dann mache ich weiter.

DER MANN, DER ÜBERLEBTE

»Klaus, du musst unbedingt Isaac Goldfinger kennenlernen.«

»Wer ist das?«, fragte ich Andre zurück, mit dem ich gerade im Auto aus Caesarea herausfuhr.

»Natürlich ein Holocaustüberlebender«, antwortete er, »aber einer mit einer interessanten Geschichte.«

Beinahe hätte ich laut gelacht. »Gibt es einen von ihnen, der keine interessante Geschichte hat?«

Andre gab mir recht, aber er unterstrich noch einmal: »Dieser Mann ist etwas ganz Besonderes.«

Wie so oft hatte er recht. Als wir uns auf den Weg zu Isaac machten, musste ich daran denken, wie meine Geschichte mit Israel angefangen hatte. 2003 waren Claudia und ich zusammen mit einer Freundin das erste Mal dort. Wir machten einfach Urlaub und wollten dabei das Land der Bibel etwas kennenlernen – gut, dass unsere Freundin sich dort auskannte und uns viele Ecken zeigen konnte, die in keinem Reiseführer erwähnt wurden.

Wir hatten für unsere Reise einen Zeitpunkt gewählt, wie er kaum schlechter möglich war: die heiße Phase der Zweiten Intifada. Seit dem Scheitern der Friedensgespräche zwischen Ariel Scharon und Mahmut Abbas herrschten bürgerkriegsähnliche Zustände, vor allem weil radikale Palästinenser auf Terroranschläge direkt in Israel setzten. Während praktisch keine Gruppenreisen nach Israel mehr stattfanden und das Auswärtige Amt eine Warnung verhängt hatte, genossen wir unsere Zeit in einem Land, das ich später nie wieder so leer erlebt habe wie damals.

Claudias und meine
Erstbegegnung mit Israel war ein Urlaub.

Oft hatten wir unterwegs die Bibel in der Hand und schlugen dort nach, was Jesus, Petrus, David und Co. an den Orten erlebt hatten, die wir besuchten. Es wurde ein eindrücklicher Urlaub mit vielen Impulsen für meinen Glauben, und ich genoss es, dass nicht überall lange Touristenschlangen standen. Gewalttätige Auseinandersetzungen erlebten wir keine.

Wieder zurück in Deutschland hatte ich Israel deutlicher auf dem Schirm als vorher und mir wurde bewusst: Wenn es um das Heilige Land geht, dann gibt es kaum »normale« Leute. Die einen hassen es und sind dadurch gefährlich, die anderen lieben es über alles und sind dadurch beinahe noch gefährlicher. Ich konnte es kaum glauben, wie viele Christen angeblich eine Berufung für Israel oder zu den Juden haben – damit laufen im Heiligen Land sehr viele Heilige herum, die alle ihre eigene Berufung haben und ihr eigenes Ding machen.

Natürlich hatten wir auch bei GAiN und im direkten Umfeld solche Leute. Wenn ich mit ihnen ins Gespräch kam, verlief dies oft nach einem bestimmten Muster.

»Warum engagierst du dich eigentlich nicht stärker in Israel?«

Dann versuchte ich, meine Gründe zu erklären.

»Aber es ist doch Gottes Land, davor kannst du doch nicht deine Augen verschließen.«

Ich verschloss meine Augen nicht, aber meine Aufgabenfelder lagen damals woanders. Meist endete das Gespräch mit dem ausgesprochenen oder unausgesprochenen Vorwurf: »Wenn du nicht in Israel aktiv wirst, bist du ungeistlich.«

Diesen Vorwurf kannte ich gut. Ich hatte ihn schon in den unterschiedlichsten Zusammenhängen gehört, und meistens ging es darum, dass Menschen mit starken Überzeugungen und wenigen Argumenten mich für ihre Sicht der Dinge gewinnen wollten. Daran hatte ich mich schon fast gewöhnt, doch beim Thema Israel kam noch eine weitere Komponente dazu: der Segen. »Wer dich segnet, den werde ich auch segnen. Wer dich verflucht, den werde ich auch verfluchen. Alle Völker der Erde werden durch dich gesegnet werden« (1. Mose 12,3). Diese Zusagen hatte Gott bereits Abraham gegeben. Okay, der war nicht allein Israels Vorfahre, aber den Gedanken, zu segnen und selbst gesegnet zu werden, fand ich attraktiv.

Frömmigkeit spielt in Israel eine große Rolle – nicht nur an der Klagemauer.

Überzeugt war ich von dieser Vorstellung jedoch nicht. War Israel ein Land, das humanitäre Hilfe benötigte?

Jedenfalls nicht so wie unsere anderen Projektländer. Ich hatte es bei meinem ersten Besuch als tief gespalten erlebt, nicht nur zwischen Juden und Palästinensern, sondern auch zwischen Arm und Reich. Wer etablierte Israelis in Tel Aviv aus ihrer IT-Firma kommend in ihren SUV steigen und in ihr schickes Haus fahren sieht, der weiß: Israel ist reich. Gleichzeitig leben hier zahlreiche Immigranten aus Russland, die kaum Schulbildung haben und daher auch nur schwer Arbeit finden, oder Juden aus Äthiopien, die zum Teil noch nicht einmal an ein Leben mit Elektrizität gewöhnt sind. Tatsächlich ist Israel ein Erste-Welt-Land mit Drittweltproblematik. So reich das Land ist, seine Herausforderungen durch die Militärausgaben sind immens, und Sozialhilfe für ärmere Menschen gibt es nur sehr eingeschränkt.

In diese Überlegungen hinein bekam ich einen Anruf aus den USA. Ein bekannter messianischer Jude wollte sich mit GAiN zusammen in Israel engagieren. Um diese Zusammenarbeit zu besprechen, verabredete er sich dort mit den GAiN-Direktoren. So flog ich im Januar 2007 wieder nach Israel.

Tatsächlich ist Israel ein Erste-Welt-Land mit Drittweltproblematik.

Daniel Weinstein war ein interessanter Mann. In Deutschland ist er praktisch unbekannt, aber viele US-Amerikaner kennen seine Romane und Sachbücher, die dort in Millionenauflage verkauft werden und sich praktisch alle um Terrorismus im Nahen Osten und biblische Endzeitthemen drehen. Wegen seiner spekulativen Aussagen zu prophetischen Gedanken der Bibel wird er auch der »jüdische Nostradamus« genannt.

Seine Idee war es, Spenden in den USA zu sammeln und damit mehrere Hilfslieferungen pro Monat zu finanzieren, die GAiN dann im Land verteilen sollte. Die konkreten Details wollten wir zu einem späteren Zeitpunkt besprechen, aber Weinstein war es sehr wichtig, uns seine Sicht der Dinge für Israel weiterzugeben. Als er auf dem

Ölberg mit Blick auf das verschlossene Goldene Tor Jerusalems eine Teamandacht hielt, hatte ich eine besondere Begegnung mit Gott.

»Klaus, aufwachen! Klaus, ist alles okay mit dir?«

Bill Blaney von GAiN Kanada schüttelte mich kräftig, und ich schlug meine Augen wieder auf.

»Mann, hast du einen tiefen Schlaf«, meinte er. »Ich habe dich dermaßen stark geschüttelt, aber du warst minutenlang weg. Allerdings gebe ich gern zu, dass die Predigt nicht besonders spannend war …«, grinste er mich an.

»Ich habe nicht geschlafen«, protestierte ich. »Mir ist etwas passiert, das ich noch nie erlebt habe.«

Während Daniel Weinstein etwas zur prophetischen Bedeutung des Goldenen Tores in Jerusalem erklärt hatte, waren meine Gedanken weggeglitten, und ich hatte so etwas wie eine Begegnung mit Gott. Er bestätigte mir, dass meine Idee mit dem Versorgungsnetzwerk, das GAiN für kommende Notzeiten aufbauen sollte, richtig war. Und gleichzeitig machte er mir deutlich, dass es gut möglich wäre, dass Israel dieses Netzwerk als Erstes brauchen könnte. »Also«, schloss diese Begegnung mit ihm, »mach hier einen guten Job.«

»Was meinst du: Unter wem haben wir Juden mehr gelitten, unter den Moslems oder unter den Christen?«

Ich hatte keinen Zweifel, dass diese Gottesbegegnung stattgefunden hatte, gleichzeitig machte ich mir Gedanken, ob ich von jetzt an auch ein frommer Israelfreak werden würde, doch diese Angst nahm mir ein hochrangiger Politiker beim Abendessen. Wir waren als Gruppe im King David Hotel mit Gideon Sa'ar verabredet – er war damals Parlamentssprecher, heute ist er Justizminister – und einer kleinen Delegation der Knesset. Irgendwann im Verlauf des Abends sprach ich mit ihm über meine Vision eines Logistiknetzwerks, in dem auch Israel eine Rolle spielte. Er fragte nach, und ich erklärte meine Gedanken, indem ich einiges mit Kuli auf eine Papierserviette skizzierte. Danach knüllte ich sie zusammen und wollte sie wegwerfen.

Was tut man, wenn Gott zu einem redet und Arbeit verteilt?

»Halt!«, meinte Sa'ar. »Das ist wichtig.« Er bügelte die Serviette mit der Hand wieder glatt und steckte sie in seine Lederkonferenzmappe mit dem goldbesetzten Füllfederhalter. »Das ist genau das, was wir in Zukunft brauchen.«

Sa'ar überraschte mich nicht nur damit, sondern mit vielen seiner Ansichten, die ich von einem israelischen Politiker nicht erwartet hätte. Dass er zum Beispiel Araber nicht als Feinde ansah, war damals für viele Zukunftsmusik. Ein weiterer Berater des Premierministers forderte mich dagegen mit seiner jüdischen Perspektive zu christlichen Fragen heraus. So meinte er: »Wir haben gar nichts gegen Christen, aber wir haben etwas dagegen, dass sie stolz als so etwas wie die besseren Juden auftreten und meinen, sie würden uns eher verstehen als wir selbst. Was meinst du: Unter wem haben wir Juden mehr gelitten, unter den Moslems oder unter den Christen? Und dann kommt ihr her und möchtet uns erklären, was Jesus, ein Jude, gemeint hat, und wollt uns bekehren?

Gerade nach unserer Zeit mit Daniel Weinstein war dieses Gespräch ein Augenöffner für mich für eine jüdische Wahrnehmung, die weder christlich noch amerikanisch geprägt war. So blieb für mich trotz unserer Absicht, als GAiN etwas in Israel zu tun, die Frage: Was machen wir eigentlich hier im Land?

Monate später trafen wir uns ein zweites Mal in Israel, diesmal brachte Weinstein zwei Busse voll potenzieller Spender mit und wir sollten mit diesen hundert Leuten durchs Land fahren und nebenbei die nächsten Schritte unserer Zusammenarbeit klären. Er fungierte dabei als geistlicher Reiseleiter, gab Informationen zum Land weiter und hielt regelmäßig Andachten.

»Klaus, wenn wir schon hier in Nordisrael sind, dann würde ich dir gern einen Bekannten vorstellen.«

Max Veenstra leitete GAiN Holland, und sein Bekannter wohnte in Tiberias am See Genezareth. »Er ist Christ und Geschäftsmann und hat einen spannenden Dienst hier in Israel«, erklärte Max. »Vielleicht ergibt sich eine Möglichkeit zur Zusammenarbeit mit ihm.«

So fuhren wir am nächsten Tag mit den GAiN-Leitern und Daniel Weinstein nach Tiberias. Dort trafen wir in einem Restaurant mit Andre Gasiorowski zusammen, der sich für Holocaustüberlebende im Land einsetzte.

»Kommst du ursprünglich aus Israel?«, wollte jemand aus der Gruppe wissen.

Andre lachte. »Nein, das ist eine lange Geschichte. Geboren wurde ich in Polen, doch irgendwann musste ich das Land verlassen. Ich zog erst in die USA und war da in Houston, Texas. Mein Vater war Pastor und wir haben einen jüdischen Hintergrund. In der Gemeinde von Joel Osteen in den USA wurde mir klar, dass ich nach Israel auswandern sollte …«

»Wie?«, schrie Weinstein unvermittelt los. »Du warst in der Lakewood Church?«

»Ja«, antwortete Andre ruhig.

»Dann ist dieses Gespräch jetzt beendet«, stellte Weinstein lautstark fest. »Wir gehen!«

Ich kannte weder die Gemeinde noch ihren Pastor. Andre war mir sympathisch, und ich hätte gern mit ihm darüber gesprochen, wie wir uns gegenseitig unterstützen könnten. Das Ausrasten von Weinstein konnte ich mir nicht erklären. Die ganze Zeit zeterte er weiter von »Irrlehre« und »alles vom Teufel«. Ich war völlig schockiert.

Ich lasse weder meine Gäste noch mich so behandeln, und erpressen lasse ich mich schon gar nicht. Ich bin nicht käuflich.

Nun wandte sich Weinstein auch an mich als Leiter von GAiN Europa: »Wenn du mit *dem hier* noch weiterredest, dann mache ich gar nichts mehr für GAiN. Dann könnt ihr sehen, woher ihr eure Hilfslieferungen und das Geld bekommt. Dann sind wir fertig miteinander.«

Ich schaute ihn ruhig an und meinte nur: »Okay, dann sind wir wohl fertig miteinander.«

Einige meiner GAiN-Kollegen schluckten kurz, doch solch ein Verhalten wollte ich nicht akzeptieren – ich lasse weder meine Gäste noch mich so behandeln, und erpressen lasse ich mich schon gar nicht. Ich bin nicht käuflich.

Es gab noch ein paar kurze Wortwechsel, dann verließ unser amerikanischer Beinahe-Partner mit gestiegenem Blutdruck und hochrotem Kopf den Tisch. Vorher hatten wir miteinander geklärt, dass sowohl die gemeinsame Rundreise als auch eine zukünftige Zusammenarbeit damit beendet wären.

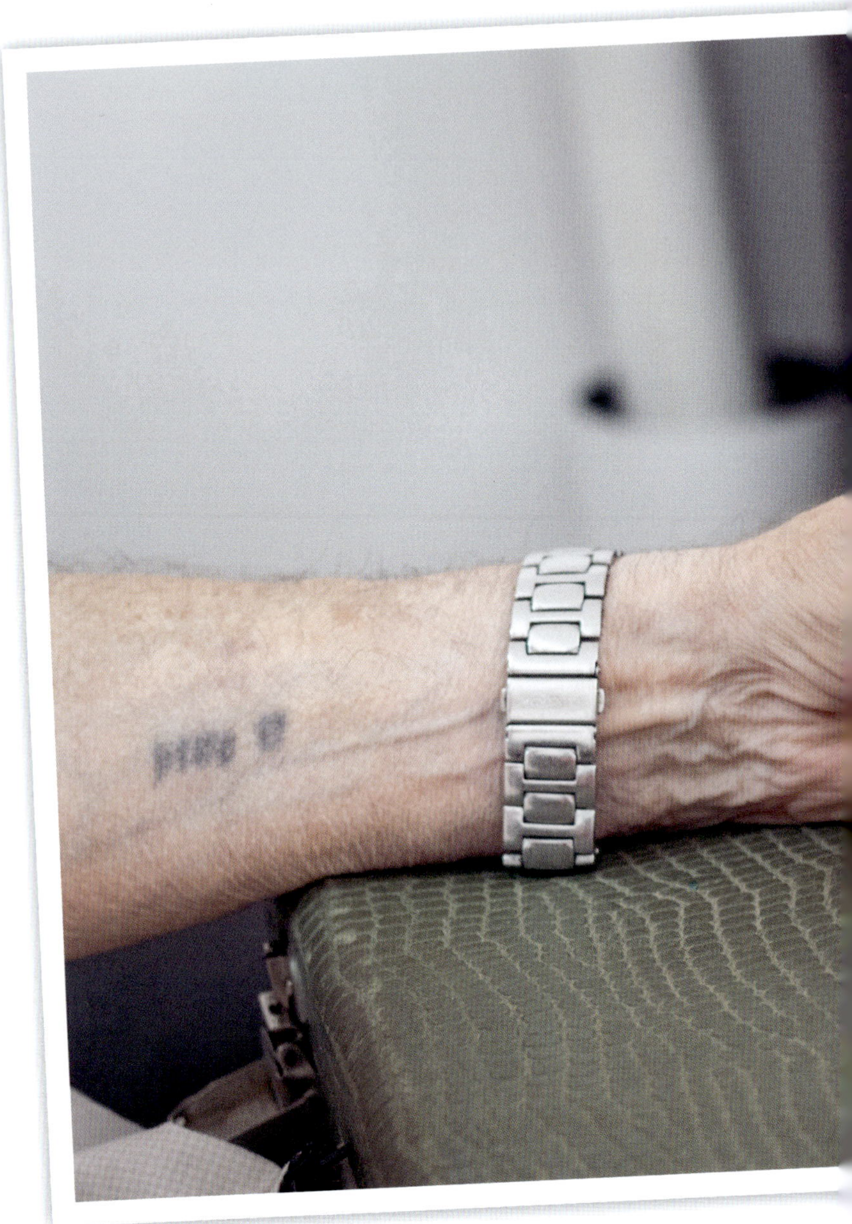

Viele Holocaustüberlebende tragen schwer an ihren alten Erinnerungen.

Als er den Raum verlassen hatte, war ich erleichtert. Gut, dass er sein wahres Gesicht noch vor einer engen Partnerschaft gezeigt hatte. Nach dieser Szene hätte ich am nächsten Morgen keine Andacht mehr von ihm hören wollen.

Eine Weile später saß ich mit Andre allein am Tisch. »Jetzt haben wir endlich Zeit, uns ein bisschen kennenzulernen«, meinte ich. »Schalom haben wir inzwischen, nun brauchen wir noch ein Bier und dann beginnst du einfach noch einmal von vorne …«

»Es sind die Namen und Adressen von 80 000 Holocaustüberlebenden in Not.« Ich saß da wie vom Donner gerührt.

Kurz erzählte er von seinem Hintergrund: Er war Frauenarzt, Journalist und Musiker. Obwohl er hart arbeitete, kam er in Polen auf keinen grünen Zweig. »Mehr als dreihundert Euro im Monat verdiente ich nicht. Also sprach ich mit Gott und meinte: Wenn ich tausend Euro verdiene, dann drittele ich mein Einkommen. Ein Drittel ist dann für die Familie, ein Drittel für die Gemeinde und ein Drittel für Projekte in Gottes Reich.«

»Und was ist passiert?«

»Ich habe schlagartig um die 30 000 Euro verdient.«

Er gründete Firmen im IT- und im Finanzsektor, dann Firmen, die diese Firmen verwalteten, besaß schließlich ein Unternehmensimperium und war Milliardär. Weil er sich in die Landespolitik einmischte, wurde er allerdings zur unerwünschten Person in Polen und musste das Land verlassen. Das meiste von seinem Geld blieb dabei auf der Strecke, »aber«, jetzt lachte er, »es reichte immer noch dafür, aus den USA mit meinem Privatjet in Israel einzuwandern«.

Auch hier gründete er Unternehmen und beteiligte sich daran, und er stand weiterhin zu seinem Versprechen von früher: Er gründete die *Helping Hand Coalition*, um Menschen zu helfen.

Ich schaute fragend.

Er griff in seine Tasche und zog einen abgewetzten dicken Schnellhefter voller Papier heraus, legte ihn zwischen uns auf den Tisch und meinte: »Das ist meine Schindler-Liste.«

»Den Film habe ich gesehen«, sagte ich, »Schindler war ein deutscher Unternehmer. Er wurde ein Freund der Juden und hat ihnen geholfen.«

»Genau – und das hier sind die Adressen der Juden, denen *wir* helfen müssen.«

»Das verstehe ich nicht. Was sind das für Adressen?«

»Es sind die Namen und Adressen von 80 000 Holocaustüberlebenden in Not.«

Ich saß da wie vom Donner gerührt.

Natürlich wusste ich vom Holocaust. Ich hatte davon gehört, dass die Nazis sechs Millionen Juden umgebracht hatten. Ich wusste auch, dass etliche von ihnen Verfolgung und Konzentrationslager überlebt hatten, aber wie viele waren das gewesen? Ich hatte keine Ahnung. Viele hatten sich nach dem Krieg und der Staatsgründung Israels auf den Weg nach »Zion« gemacht, um dort neu anzufangen. Wie viele waren das? Wie viele von ihnen lebten jetzt noch – über sechzig Jahre nach Kriegsende?

Andre erzählte es mir: »280 000 Holocaustüberlebende gibt es noch in Israel, und von denen sind 80 000 in Not.«

»Gibt es keine Entschädigungen für sie oder wenigstens eine Rente?«

»Im Prinzip schon, aber Entschädigungen muss man einzeln aushandeln und eine Rente bekommen nicht alle.«

»Wieso das denn?«

Ich lernte von Andre, dass die Westzonen in Deutschland die KZ-Überlebenden registriert hatten. Dadurch erwarben sie sich ihren Rentenanspruch. In der Sowjetzone geschah das nicht und erst recht nicht in den zahlreichen osteuropäischen Ländern, deshalb haben diese Menschen bis heute keinen Anspruch auf deutsche Rentenzahlungen. Zeugenaussagen oder eine eintätowierte KZ-Nummer reichen als Belege nicht aus. Dummerweise gilt diese Regelung nicht nur für eine Rente aus Deutschland. Der Staat Israel zieht genau die gleichen deutschen Listen heran und berechnet daraus, was den einzelnen Menschen an finanzieller Unterstützung zusteht. Wieder fallen die Überlebenden aus dem Osten durchs Raster.

Andre schloss: »So bekommen 200 000 Holocaustüberlebende eine anständige deutsche Rente, Hilfen aus Israel, benutzen kostenlos die öffentlichen Verkehrsmittel und werden unentgeltlich medizinisch behandelt. Das ist gut so! Aber gleichzeitig gibt es 80 000 Überlebende, die nichts davon erhalten. Wenn sie keine Angehörigen haben, die sie unterstützen, dann bekommen sie nur unsere Grundsicherung, und davon können sie kaum existieren, geschweige denn sich Medikamente gegen Diabetes oder Bluthochdruck leisten.«

Wir sprachen noch bis tief in die Nacht, und schon während dieses ersten Treffens mit Andre war mir klar: Das ist eine Aufgabe für GAiN.

Ich musste an den Anfang meines humanitären Engagements denken, an die russischen Großmütter in Sankt Petersburg, die mir und meinem Volk Vergebung zugesprochen hatten.

Sie hatten mich damit unendlich beschenkt.

Jetzt war ich an der Reihe.

Die Zusammenarbeit mit Daniel Weinstein war vorbei – ich war nicht traurig darum. Auch in den folgenden Jahren hatten wir immer wieder Israelbegeisterte im Team, die eine besondere Berufung empfanden und dort etwas aufziehen wollten: Es hat nicht funktioniert. Die Arbeit unter den Holocaustüberlebenden aber lief vom ersten Moment an gut. Sie brachte und bringt noch viel Segen.

Dabei mussten wir zu Beginn die Frage klären, wie unsere Unterstützung für sie konkret aussehen sollte und wie sie finanziert werden könnte. Mir schwebte eine Art Patenschaft vor, denn dabei werden zahlreiche Menschen informiert und involviert.

»Das klappt nicht«, meinten alle Marketingexperten bei GAiN und darüber hinaus.

»Warum soll das nicht funktionieren?«

»Eine Patenschaft ist eine Investition in die Zukunft eines Kindes, aber das funktioniert nicht bei einer 93-jährigen Rentnerin, die nur noch wenige Jahre zu leben hat.«

Ich ließ nicht locker: »Hat es denn schon jemand versucht?«

»Glaub mir, marketingtechnisch ist das eine Katastrophe.«

»Dann möchte ich diese Katastrophe bitte einmal ausprobieren.«

Die Katastrophe trat nie ein. Menschen waren begeistert von der Idee, verarmten Überlebenden des Nationalsozialismus beizustehen, damit sie ihre letzten Monate oder Jahre in Würde leben konnten. Dazu kam etwas, woran ich überhaupt nicht gedacht hatte: Diese Aktion öffnete uns in Israel Türen ins Land, in die Politik und zu vielen Verantwortungsträgern. Nicht, weil wir uns als Hilfswerk präsentierten – in Israel hat gefühlt jeder Rabbiner sein eigenes Hilfswerk und es gibt mehr davon pro Kopf als irgendwo sonst auf der Welt –, sondern weil wir etwas taten, das den Nerv der Gesellschaft traf.

Menschen waren begeistert von der Idee, verarmten Überlebenden des Nationalsozialismus beizustehen, damit sie ihre letzten Monate oder Jahre in Würde leben konnten.

Die Grundlage unserer Arbeit ist immer noch die Schindler-Liste von Andre Gasiorowski, auch wenn sie inzwischen digital vorliegt und laufend aktualisiert wird. Das Vorgehen ähnelt sich, trotzdem sind unsere Begegnungen mit den Menschen jedes Mal anders.

Als wir Sofia das erste Mal besuchten, wussten wir nicht, was uns erwarten würde. Ihr Mehrparteienwohnhaus fanden wir schnell – es hatte schon bessere Zeiten gesehen. Wir gingen durch das Treppenhaus in den dritten Stock hinauf bis an ihre Tür und klopften dort. Es dauerte ein bisschen, bis sie uns öffnete, aber sie freute sich über unseren Besuch: »Herein.«

Zu dritt betraten wir ihren Wohnraum – ein Zimmer von vielleicht zehn Quadratmetern. Einladend zeigte Sofia auf die beiden Stühle und das Bett, und wir setzten uns. Mein Blick ging im Zimmer hin und her, wo auf engem Raum Erinnerungen an ein langes Leben hingen, standen und lagen. Als sie sich zu uns gesetzt hatte, kamen wir ins Gespräch. Wie meistens bat ich sie im Namen des deutschen Volks um Vergebung, die sie mit Tränen in den Augen gern gewährte. Dann erzählte sie von ihrer Familie und den vielen, die nicht aus den Lagern zurückgekommen waren, sie berichtete von Lugansk in der Ukraine, wo sie bis 2001 gelebt hatte. »Dann ging es nicht mehr – und ich habe ja niemanden.« Sie wanderte nach Israel aus, doch das Leben hier war schwer und teuer. Beim Versuch, langsam die Straße zu überqueren, wurde sie von einem Auto angefahren und brauchte über ein Jahr, um wieder laufen zu lernen, »aber die Schmerzen sind geblieben«.

Ich fragte sie, wie sie finanziell rumkomme. Sie erzählte uns, wie viel Miete sie für das kleine Zimmer zahlen musste, und meinte verlegen: »Danach bleiben mir noch hundert Euro. Das muss für alles andere reichen. Wegen meiner Schmerzen muss ich eigentlich Medikamente nehmen, aber oft kann ich sie mir einfach nicht leisten.«

»Was gibt Ihnen denn die Kraft, nicht aufzugeben?«

Sie lächelte: »Ich war früher Sportlerin und habe viel trainiert. Wenn ich ein Ziel vor Augen hatte, habe ich noch nie aufgegeben. Diese Einstellung habe ich immer noch, und sie hilft mir jeden Tag. Ich bleibe in Bewegung und gebe nicht auf.«

Inzwischen bin ich Adoptivsohn
und -enkel vieler Holocaustüberlebender.

Inzwischen gehört Sofia zum Patenschaftsprogramm von GAiN und die Unterstützung hilft ihr dabei, ihren Alltag erträglicher zu gestalten.

Meistens sind wir bei unseren Besuchen willkommen, aber das ist nicht immer so. Als ich Ludmilla in ihrem Zimmer im Altenwohnheim besuchte, lag ihr Hass spürbar in der Luft. Mit finsterem Gesicht saß sie in ihrem Rollstuhl und meinte unversöhnlich: »Was ich erlebt habe, kann man nicht vergeben. Ich hasse die Deutschen!«

Was sollte ich tun?

Einem plötzlichen Impuls folgend sprach ich nicht von Vergebung, stattdessen erzählte ich von mir, aus meinem Leben und was mich dazu gebracht hatte, diese Arbeit zu tun. Plötzlich liefen ihr die Tränen übers Gesicht. Sie kam in ihrem Rollstuhl zu mir gerollt, umarmte mich und entschuldigte sich bei mir. Es war, als hätte jemand das Licht im Zimmer und in ihr selbst angeschaltet. Sie vergab den Deutschen, und sie sagte mir: »Du bist jetzt mein Sohn.«

»Du bist jetzt mein Sohn.«

Ich habe etliche Mütter, Väter und Großeltern in Israel, Menschen, die Gott berührt hat. Viele konnten ihren Schmerz abgeben und erfuhren tiefen Frieden.

Ab und zu veranstalten wir für die Holocaustüberlebenden Treffen, gemeinsame Abende in Schalom-Häusern oder auch einmal ein größeres Konzert. Als ich das erste Mal bei solch einer Festveranstaltung auf die Bühne gerufen wurde, war das ein besonderes Erlebnis für mich. Das Event fand mit tausend Holocaustüberlebenden in einer Halle in Latrun statt, nicht weit von Jerusalem. Der Moderator war auch ein Überlebender und mit seinen dreiundneunzig Jahren der Jüngste im Saal. Als er mich nach vorne bat, schaute ich in tausend Augenpaare. Der Älteste im Saal war einhundertsieben Jahre alt. All diese Menschen hatten Schreckliches erlebt, doch jetzt lag auch Hoffnung in ihren Blicken, Zufriedenheit, Freude – wenigstens ganz am Schluss ihres langen Lebens.

Bei Veranstaltungen in Schalom-Häusern kommen die Überlebenden zusammen und schöpfen neue Hoffnung.

Anschließend fragte ich Claudia: »Warum werden diese Menschen so alt? Sie haben doch so viel erlebt, das ihnen ihre Gesundheit und Lebenskraft geraubt hat.«

»Ich habe auch das Gefühl, dass sie älter werden als die Menschen bei uns in Deutschland. Oder wie viele Hundertjährige kennst du?«

»Ich glaube fast, viele von ihnen können noch nicht gehen. In ihrem Leben ist noch etwas offen. Jahrzehntelang konnten und wollten sie nicht über ihre Vergangenheit reden und jetzt, am Ende, werden sie ihre Geschichte nicht mehr los.«

Claudia brachte unsere Erfahrung auf den Punkt: »Es ist schon krass. Wir besuchen diese Menschen und verbringen Zeit mit ihnen. Sie vergeben uns und werden ihre Lasten los, dann erzählen sie uns ihre Geschichte und eine Woche später sterben sie …«

Ich möchte dazu beitragen, dass das letzte Kapitel ihres Buches ein schönes wird. Viel Zeit ist nicht mehr dafür, denn in zehn Jahren wird keiner der Holocaustüberlebenden mehr da sein.

Tatsächlich ist oft genau das passiert. Und ich weiß: Das ist unser Auftrag. Ich kann nichts daran ändern, dass ihr Lebensbuch von schrecklichen Ungerechtigkeiten, Elend und Tod handelt, aber ich möchte dazu beitragen, dass das letzte Kapitel ihres Buches ein schönes wird. Viel Zeit ist nicht mehr dafür, denn in zehn Jahren wird keiner der Holocaustüberlebenden mehr da sein.

Der Beeindruckendste dieser Menschen war für mich Isaac Goldfinger. Andre hatte mich bereits darauf vorbereitet, dass dieser Mann etwas Besonderes wäre. Und das war er: Er war »der Mann, der überlebte«.

Wie viele andere Juden aus Deutschland kam Isaac als Junge ins KZ nach Auschwitz. Ein Wachmann schrie die Neuankömmlinge damals an: »Stellt euch in Zweierreihen auf. Ihr könnt euch nach der Zugfahrt kurz waschen, dann geht es an die Arbeit.« Einige rechneten sich dadurch Überlebenschancen aus – Isaac nicht. Er hatte bereits im Getto von den Vernichtungslagern gehört.

Als ein Mithäftling dem Vierzehnjährigen seine Häftlingsnummer eintätowierte, stutzte er kurz. Dann blickte er Isaac ins Gesicht: »161 154. Die Quersumme davon ist 18, in Buchstaben übertragen bedeutet das im Hebräischen *chai* – Leben.« Und der Tätowierer prophezeite Isaac: »Du wirst nicht sterben, sondern du wirst nach dieser Schreckenszeit einmal allen erzählen, was passiert ist.«

Davon spürte der Junge zunächst nichts. Er bekam kaum etwas zu essen und musste hart arbeiten. Er magerte ab bis auf die Knochen. Sein Leben war die Hölle: Schläge, Gefangenschaft, Entwürdigung und ständige Todesangst. Das Getto hatte er überstanden, und Isaac Goldfinger überstand auch elf Konzentrationslager. Kurz vor Kriegsende musste er mit vielen anderen gefangenen Juden sein eigenes Massengrab ausheben. Alle wurden erschossen, doch Isaac überlebte wie durch ein Wunder seine eigene Hinrichtung und konnte später aus dem offenen Grab gerettet werden.

Das Getto hatte er überstanden, und Isaac Goldfinger überstand auch elf Konzentrationslager.

Isaac Goldfinger überlebte nicht nur, er schloss Frieden mit seiner Geschichte. Und so wurde »der Mann, der überlebte« zum Sprachrohr für all die Überlebenden, die keine Stimme hatten. Er gab den Anstoß dazu, dass Andre Gasiorowski sich um Holocaustüberlebende kümmerte und damit auch ich. Später wurde er Ehrenpräsident von unserer *Helping Hand Coalition*.

Als »der Mann, der überlebte« ging Isaac Goldfinger in die Geschichte ein. Er war mir ein großes Vorbild.

Mein letzter Besuch bei Isaac war von seiner Demenz überschattet. Er erkannte fast keinen Menschen mehr und war sehr unruhig, aber als ich zu ihm ins Zimmer kam und ihn begrüßte, lächelte er friedlich: »Ach, du bist's, Klaus. Schön, dass du gekommen bist.«

Eine Woche später schlief er friedlich ein.

Und mir wurde bewusst, dass das Thema der Versöhnung mit der eigenen Vergangenheit sich nicht auf Holocaustüberlebende beschränkte. Was war mit mir und meiner eigenen Geschichte? Was hatte meine Hilfsbereitschaft damals in Russland angeregt? Gab es da einen Zusammenhang? All das lag noch brach. Ich wusste, ich musste mich meiner eigenen Vergangenheit stellen.

REISE IN DIE EIGENE VERGANGENHEIT

»Klaus, eigentlich gehörst du nicht hier in diese Runde.«

Das war schon eine starke Ansage, denn wir saßen mit verschiedenen GAiN-Verantwortlichen und Leitern anderer Werke in Israel zusammen, um zu beraten, welche Schritte wir dort als Nächstes gehen könnten. Außerdem hatte ich die Arbeit der *Helping Hand Coalition* mit Andre Gasiorowski ins Leben gerufen. Noch bevor ich darauf reagieren konnte, fragte jemand anderes: »Warum meinst du das denn?«

»Ganz einfach«, der GAiN-Leiter, der diesen Satz in die Runde geworfen hatte, verschränkte seine Arme und tönte selbstgefällig: »Wir anderen hier am Tisch haben alle jüdisches Blut in unseren Adern – Klaus nicht. Ich zum Beispiel habe eine jüdische Urgroßmutter, das macht mich immerhin zu einem Achtel zum Juden.«

Einige nickten beifällig.

Leszek, ein Pole, schüttelte nur den Kopf. »Sagt mal, spinnt ihr eigentlich? Klaus hat so viel für die Juden getan, dass das im Dritten Reich gleich für mehrere Fahrkarten nach Auschwitz gereicht hätte, und ihr schwadroniert hier darüber, ob eure fünf Prozent jüdische Abstammung euch zu besseren Juden machen?« Der Mitarbeiter der *Helping Hand Coalition*, mit dem wir eng zusammenarbeiteten, um Holocaustüberlebenden zu helfen, ärgerte sich offensichtlich über diese Richtung unseres Gesprächs. Dann schaute Leszek in meine Richtung und meinte: »Entschuldige bitte, Klaus …« Ausgerechnet er entschuldigte sich, der gar nichts gegen mich gesagt hatte.

»Alles halb so wild«, meinte ich. »Ich muss mich sogar bedanken, denn da scheint jemand mehr über mich zu wissen als ich selbst – dass ich nämlich auf keinen Fall jüdischer Abstammung sein kann. Ich weiß es nämlich nicht.«

Die anderen machten große Augen.

»Ich habe es euch glaube ich noch nicht erzählt, aber ich kenne meine eigentliche Herkunft nicht. Ich wuchs als ältester Sohn von Familie Dewald in Lohra auf, aber meine Eltern haben mich adoptiert. Und von meiner Ursprungsfamilie weiß ich nichts.«

Meine Eltern haben mich adoptiert. Und von meiner Ursprungsfamilie weiß ich nichts.

Jetzt wollten sie es genau wissen: »Das heißt, du kennst deine echten Eltern nicht?«

»Nein. Meine Adoptiveltern haben mir mit acht Jahren erzählt, dass sie mich angenommen hatten – und ich war stolz darauf. Meinen Geschwistern gegenüber habe ich damit sogar angegeben, denn unsere Eltern konnten erst keine Kinder bekommen. Das änderte sich erst, als sie mich adoptiert hatten. Also verkündete ich ihnen: ›Ihr müsst euch eigentlich bei mir bedanken, denn ohne mich gäbe es euch gar nicht. Außerdem gibt es noch einen Riesenunterschied zwischen uns: Euch haben die Eltern einfach bekommen, mich haben sie ausgesucht.‹ Ihr seht, ich hatte ein gesundes Selbstbewusstsein.«

Wir redeten noch eine Weile darüber, und irgendwann wechselten wir das Thema.

Es war keine Rede mehr davon, dass mein Platz nicht in dieser Runde wäre.

Mit Leszek sprach ich im Anschluss noch, und er fragte weiter: »Wolltest du deine Mutter nie kennenlernen?«

»Weißt du, wir hatten zu Hause eine Akte vom Jugendamt, die zeigten mir meine Adoptiveltern. Als ich acht war, sah ich nur die Adoptionsurkunde darin, aber mit vierzehn oder fünfzehn las ich sie mit anderen Augen. Darin stand, dass ich noch Geschwister hatte. Ich war also kein Waisenkind, dessen Eltern gestorben waren, sondern meine Mutter hatte mich nicht gewollt und weggegeben. Damals beschloss ich, dass ich sie nicht kennenlernen wollte. Solch eine Mutter brauchte ich nicht. Meine echte Mutter, also die, die für mich da war, fragte immer mal wieder nach, ob wir uns einmal beim Jugendamt nach meiner Familie und vor allem meiner biologischen Mutter erkundigen sollten.«

»Und?«

»Ich habe jedes Mal abgelehnt. Sie hat mir erklärt, dass ich auch noch Zeit hätte. Meine Unterlagen beim Amt würden dreißig Jahre lang aufbewahrt, bevor sie vernichtet würden.

Das letzte Mal hat meine Adoptivmutter mich am Abend vor meinem dreißigsten Geburtstag ange-

Nie hätte ich gedacht, dass mir meine Herkunft zum Problem werden könnte.

rufen, um zu fragen, ob ich es mir nicht doch überlegt hätte, aber da gab es nichts zu überlegen …«

Leszek schaute mich nachdenklich an, und dann fragte er: »Darf ich dir zwei Dinge sagen? Achtung: Sie könnten wehtun.«

Ich schätze Leszek für seine ruhige Art und seine weisen Gedanken, also meinte ich nur: »Gern, leg los.«

»Erst einmal: Ganz tief drinnen bist du durch deine Vergangenheit verwundet. Du kannst versuchen, das zu ignorieren, aber auf Dauer wird das nicht funktionieren. Du musst deine Geschichte bearbeiten und sie, falls es möglich ist, zu einem Abschluss bringen, sonst beeinflusst dein Verletztsein irgendwann dein ganzes Leben und auch deinen Dienst.« Ich schluckte. So hatte ich das noch nie gesehen. »Das andere betrifft deine eigentliche Mutter. Wer gibt dir das Recht, so hart über sie zu urteilen? Du weißt doch rein gar nichts. Es gibt so viele Gründe, aus denen Mütter ihre Kinder weggeben – weggeben müssen –, und die meisten haben nichts damit zu tun, dass sie diese Kinder ablehnen. Sei nicht so hartherzig und verurteile sie nicht.«

Du musst deine Geschichte bearbeiten und sie, falls es möglich ist, zu einem Abschluss bringen, sonst beeinflusst dein Verletztsein irgendwann dein ganzes Leben und auch deinen Dienst.

Es tut gut, solche Freunde zu haben, die auch einmal Klartext mit einem reden. Leszek hatte recht. Ich hatte die Enttäuschung aus meiner Teenagerzeit einfach beibehalten, ohne sie zu überdenken. Je länger ich darüber nachdachte, desto stärker wurde mein Wunsch, meine Mutter einmal zu sehen. Vielleicht lebte irgendwo eine ältere Frau, die sich jeden Tag fragte, was wohl aus ihrem Sohn geworden war, den sie vor fünfundvierzig Jahren zur Adoption freigegeben hatte. Sie konnte nicht einmal wissen, ob ich noch lebte. Ich wollte nicht unbedingt eine bleibende Beziehung zu ihr aufbauen, aber sie wenigstens kennenlernen. Ich wollte wissen, woher ich kam, und ihr zeigen, dass ich lebte und dass es mir gut ging.

Aber wie sollte das funktionieren? Meine Akten waren sicher längst vernichtet – ich kam wahrscheinlich fünfzehn Jahre zu spät. Immerhin hatte ich noch die Unterlagen zu meiner Adoption. Vielleicht ließ sich damit etwas anfangen.

Als ich Leszek das nächste Mal traf, zeigte ich ihm diese Akte. Darin lagen auch meine drei Geburtsurkunden: Einmal die mit meinem ursprünglichen Vor- und Nachnamen, dann die mit meinem ursprünglichen Vor- und meinem heutigen Nachnamen und natürlich die letzte Geburtsurkunde, in der ich als Klaus Herbert Dewald stand, geboren in Frankfurt.

In der Akte waren auch ein paar Angaben zu meiner Mutter. Ihr Herkunftsort hörte sich östlich an. Ich hatte schon einmal versucht herauszubekommen, ob der genannte Ort in Polen, Russland oder der Ukraine lag, war aber nicht weitergekommen.

Leszek lächelte: »Überlässt du das mir? Ich denke, dass ich das herausfinden kann.«

Einige Wochen später sahen wir uns das nächste Mal bei einem Treffen der *Helping Hand Coalition* in Israel. Leszek schaute in meine Richtung, lächelte und zeigte mir einen Daumen nach oben. Am liebsten hätte ich mich sofort mit ihm zusammengesetzt, aber zunächst einmal mussten wir noch arbeiten.

Direkt nach dem Meeting zogen wir beide uns zurück, und ich fragte ihn: »Hast du etwas herausgefunden?«

»Ja.«

»Erzähl!«

Aber Leszek machte es spannend. Er griff in seine Hosentasche und zog ein Stück Kreide heraus. Damit malte er neben der Stelle, wo ich stand, einen Strich auf dem Boden. Dann schaute er mich ernst an. »Hör zu. Du hast jetzt zwei Möglichkeiten. Die eine ist, dass du dich umdrehst und weiterlebst wie bisher, als Klaus Dewald mit deiner bisherigen Berufung und deinem deutschen Pass. Die andere ist, dass du diese Linie hier überschreitest und du mich dir ein paar Dinge sagen lässt. Es ist nicht sehr viel, aber schon dieses Bisschen kann alles für dich ändern. Und eines muss dir klar sein: Du kannst dieses Wissen nie mehr rückgängig machen.«

Ich fühlte mich unsicher: Wer war ich eigentlich?

Sollte ich einen Schlussstrich ziehen oder den Schritt über die Linie wagen? Eigentlich war dies keine echte Frage für mich. Ich hatte mich bereits entschieden: Ich wollte wissen, wer ich war und woher ich kam.

Ich überschritt die Linie.

Leszek zeigte mir seine Ergebnisse. Als gut vernetzter Mensch zapfte er alle Informationen an, die er erhalten konnte. Seine Sprachkenntnisse halfen ihm dabei. Dort wurde er fündig und entdeckte den Stammbaum meiner Familie, die aus einem kleinen osteuropäischen Dorf stammte. Meine Mutter war irgendwann in die Ukraine ausgewandert und hatte dort gelebt, bevor sie nach Deutschland kam. Mein Vater war wohl ein französischer Soldat aus Straßburg – über ihn war praktisch nichts herauszubekommen.

»Das war damals ganz normal«, meinte Leszek nur. »Viele suchten ihr Glück an mehreren Orten oder wollten ganz einfach ihre Herkunft verschleiern, aber damit ist klar, dass du osteuropäische und französische Wurzeln hast.«

Wow! Ich freute mich. In kürzester Zeit hatte ich mehr Informationen zu meiner Herkunft bekommen als jemals zuvor. Mit diesen wandte ich mich schließlich an die Adoptionsstelle in Frankfurt, die mich nach meiner Geburt an meine Adoptiveltern vermittelt hatte. Sie überprüften erst einmal meine Identität, aber dann bekam ich eine Einladung zum *Sozialdienst Adoption* des Frankfurter Jugendamts. Dort sprach ich mit einer freundlichen Sachbearbeiterin, die sich zunächst einmal erkundigte, ob ich innerlich bereit für weitere Informationen wäre – sie zog allerdings keine Kreidelinie auf dem Boden vor mir.

»Ja«, meinte ich, »deshalb bin ich hier.«

»Dann hole ich Ihnen mal Ihre Unterlagen aus dem Archiv.«

Ich war irritiert. »Moment mal, gibt es die denn noch? Ich dachte, diese Akten werden nach dreißig Jahren vernichtet?«

Sie lachte. »Theoretisch ist das auch so, aber wissen Sie: Dann muss jemand in den Keller gehen, die entsprechenden Akten händisch heraussuchen und sich womöglich noch versichern, dass nichts darinsteht, was länger aufbewahrt werden müsste. Diesen Aufwand betreiben wir nur selten. Ihre Akten sind noch da.«

Ich musste etwas warten, dann wurde ich in ein nacktes Zimmer gebracht, in dem nur ein Tisch und ein Stuhl waren, und auf dem Tisch lag eine dicke Akte: meine.

»Darf ich sie mitnehmen?«

Wieder lachte die Sachbearbeiterin. »Nein, natürlich nicht. Aber sie können darin lesen, etwas herausfotografieren oder uns den Auftrag geben, etwas daraus zu kopieren – das wäre allerdings nicht kostenlos. Ich lasse Sie jetzt einmal allein.«

Gut, dass ich Zeit mitgebracht hatte, so setzte ich mich hin und öffnete meine Vergangenheit.

Ich fand heraus, dass Leszek mit seiner Recherche ins Schwarze getroffen hatte. Meine Mutter stammte tatsächlich aus dem kleinen Dorf, das er mir genannt hatte. Irgendwann war sie dann in die Gegend von Schytomyr in der Ukraine umgezogen. Was ich aus der Akte herauslas, zeigte mir, dass sie wohl ein ziemlich elendes Leben geführt hatte zwischen Not und Gewalt. Heute bin ich ihr dankbar dafür, dass sie in den Westen ging, damit ich in Frankfurt zur Welt kommen und sie mich dort zur Adoption freigeben konnte. Damit ermöglichte sie mir das Leben, das ich heute führen kann.

Mein Leben war wie ein großes Puzzle, bei dem gerade ein paar Teile dazugekommen waren, aber das große Bild immer noch fehlte.

Sie selbst kam anschließend nicht mehr mit ihrem Leben zurecht und starb bereits 1980. Damals war ich fünfzehn. Es beruhigte mich etwas, dass ich sie auch nicht mehr gesehen hätte, wenn ich mich ein oder zwei Jahre früher auf die Suche nach ihr gemacht hätte.

Was ich außerdem herausfand, war, dass ich ihr viertes Kind war. Ich hatte noch zwei Schwestern und einen Bruder, die älter waren als ich. Für weitere Informationen über meine Geschwister musste ich erst einmal die Aktenzusammenführung der vorhandenen Unterlagen beantragen, und die Namen und Kontaktadressen meiner Geschwister erhielt ich erst, nachdem das Jugendamt sie vorher informiert und nach ihrer Genehmigung gefragt hatte. Dabei gab es einige Überraschungen für mich. Es stellte sich heraus, dass mein älterer Bruder bereits verstorben war, gleichzeitig aber, dass ich noch zwei jüngere Schwestern hatte – die naturgemäß in meiner Akte nicht erwähnt waren.

Ich setzte mich nach und nach mit ihnen in Verbindung, und wir verabredeten uns miteinander. Bevor wir uns alle zusammen sahen, traf ich mich allerdings erst alleine mit meiner jüngeren Schwester, die zuerst auf meine Anfrage reagiert hatte. Es war eine sehr eindrückliche Begegnung.

Ein Teil meiner Motivation bei der ganzen Suche war es herauszubekommen, wer ich eigentlich selbst war. Schon als Jugendlicher oder junger Erwachsener musste ich immer lächeln, wenn mir Nachbarn oder Leute bei uns im Dorf spiegelten: »Klaus, wenn wir dich sehen, dann sehen wir deinen Vater. Ihr seid euch so ähnlich.«

Wenn ihr wüsstet, dass ich adoptiert bin, dachte ich damals. Aber natürlich hatten die Leute recht: Ich bin ihm tatsächlich in vielem ähnlich. Meine Familie hat mich geprägt. Umso gespannter war ich jetzt darauf, ob es Ähnlichkeiten zu meinen Schwestern geben würde. Zur Verabredung mit meiner jüngeren Schwester kam diese mit ihrem Mann. Ich wartete auf dem Parkplatz vor dem Lokal, wo wir uns verabredet hatten. Kaum hielt ihr Auto, sprang sie heraus und fiel mir um den Hals. Ihre ersten Worte waren: »Ich habe mein ganzes Leben lang gewusst, dass ich einen Bruder habe.«

Als wir zusammensaßen, erklärte sie mir ihre Reaktion. Sie hatte nichts von mir gewusst, aber es überraschte sie nicht, dass es mich gab. »Ich habe immer von dir geträumt. Ich kenne dich bereits.«

Für mich war dies ein echter Gänsehautmoment.

Später saßen wir zu viert beim Essen zusammen, meine Schwester, ihr Mann, Claudia und ich. Irgendwann schauten Claudia und der Mann sich an und lachten lauthals los.

»Ist irgendetwas?«, fragte ich sie.

»Wir beobachten euch einfach, und es ist so deutlich, dass ihr Bruder und Schwester seid.«

»Genau«, bestätigte Claudia, »ihr habt die gleiche Gestik und bestellt das gleiche Essen.« Sie musste schon wieder lachen: »Und dann sortiert ihr beide die Tomaten aus und legt sie an den Tellerrand, weil ihr sie nicht mögt.«

Wir wären wohl ein gefundenes Fressen für jeden Zwillings- oder Geschwisterforscher gewesen.

Auch ohne vollständiges Wissen über meine Herkunft bin ich sicher, am richtigen Platz zu sein.

Als ich an diesem Abend zu Hause in meinem Bett lag, dachte ich darüber nach, dass ich Meilen davon entfernt war, derjenige zu sein, dessen Name in meiner ersten Geburtsurkunde steht. Mein Leben war wie ein großes Puzzle, bei dem gerade ein paar Teile dazugekommen waren, aber das große Bild immer noch fehlte. Trotzdem war ich ruhig. Ich wusste, dass ich dieses Gesamtbild noch nicht brauchte. Es reichte mir völlig zu wissen, dass Gott mein Leben von Anfang an in seiner Hand hielt und einen Plan dafür hatte – irgendwie passte alles zusammen: meine Adoptiveltern, die mir ihre Liebe geschenkt hatten, die Großmütter in Leningrad, die mir ihre Vergebung zusprachen, meine Liebe zu Osteuropa durch meine Abstammung und mein Auftrag für Menschen in Not wie die Holocaustüberlebenden.

All das passte, auch wenn das letzte Puzzleteil noch nicht gelegt war.

LASS BLUMEN SPRECHEN

Armenien habe ich mir nicht ausgesucht – Armenien hat mich ausgesucht.

Ich war nicht auf der Suche nach einem neuen Arbeitsfeld, aber wieder einmal bekamen wir einen Anruf, diesmal aus einem größeren Unternehmen, das schwerpunktmäßig Nahrungsmittel für Kleinkinder produziert. »Wir haben hier Babynahrung im Lager stehen, die wir gern dem Roten Kreuz spenden würden, um sie wegen des Tschetschenienkonflikts nach Grosny zu bringen.«

> Armenien habe ich mir nicht ausgesucht – Armenien hat mich ausgesucht.

Ich wusste nicht so recht, was ich mit dieser Aussage anfangen sollte. Das war eine gute Idee, aber was hatte das mit mir zu tun? Es lag mir schon auf der Zunge zu antworten: »Dann tun Sie das doch«, als der Anrufer erklärte: »Das Rote Kreuz hat allerdings keine Möglichkeit, die dreiunddreißig Paletten dort hinzubringen.«

Okay, das war ein Argument.

»Können Sie sich vorstellen, den Transport zu übernehmen?«

In so einem Fall kann man in Schwierigkeiten oder in Möglichkeiten denken. Natürlich war das Ganze hoch problematisch: Eine Strecke von viertausend Kilometern über teils schlechte Pisten und letztlich mitten in ein Kriegsgebiet hinein war kein Pappenstiel. Andererseits konnte ich durch die Lkw von *KD Transport* schnell handeln, und Bedenken hatten mich noch nie aufgehalten, also lautete meine Antwort Ja. Tatsächlich konnten wir den einen geplanten Lkw um vier weitere voller Babynahrung, Zucker und anderer

Hilfsgüter aufstocken, und kurz darauf waren wir mit einem Konvoi von fünf Vierzigtonnern auf der Straße.

Die Fahrt mit fünf Lastwagen bis in den Kaukasus war eine besondere Herausforderung.

Die letzte Etappe der Fahrt hätte uns eigentlich durch russisches Territorium geführt, aber wir konnten uns vorstellen, dass deren Zollbeamte nicht begeistert gewesen wären, wenn wir angekündigt hätten: »Nichts zu verzollen. Wir haben nur Hilfslieferungen für eure Feinde …«, also brauchten wir eine alternative Strecke. Wie die meisten anderen Speditionen wichen wir über Georgien und Armenien aus.

Letztlich konnten wir die Hilfsgüter aus Zollgründen nicht nach Tschetschenien hineinbringen – spätestens an der Grenze zum Land hätten wir vor russischen Zollbeamten gestanden. Wir versuchten noch, ob es einen anderen Weg gäbe, doch ich wollte weder meine Fahrer noch die Lkw unnötig in Gefahr bringen. So versorgten wir stattdessen Flüchtlinge, die aus dem Kriegsgebiet ins Nachbarland geflohen waren, und teilweise bedürftige Armenier.

Die Fahrt in Armenien führte mich durch ein Land, das ich noch nicht kannte, höchstens als Fleck auf der Landkarte. Ich war fasziniert von der kargen Berglandschaft, den Tälern in sattem Grün, den uralten Kirchen und Klöstern überall und der herzlichen Gastfreundschaft. Gleichzeitig nahm ich die bittere Armut im Land wahr.

Die erste größere Stadt, die wir durchfuhren, war Gjumri. Überraschend für mich lag sie zu einem großen Teil in Schutt und Asche. War der Krieg bis hierher vorgedrungen? Das konnte nicht sein. Tatsächlich waren die Zerstörungen, die wir hier und in der gesamten Umgebung sahen, nicht neu. Am 7. Dezember 1988 hatte ein verheerendes Erdbeben die kaukasische Republik erschüttert und große Teile der Gebäude im Norden zerstört. 25 000 Menschen wurden getötet, über eine Million wurden obdachlos. Der harte armenische Winter forderte weitere Menschenleben.

Ich war fasziniert von der kargen Berglandschaft, den Tälern in sattem Grün, den uralten Kirchen und Klöstern überall und der herzlichen Gastfreundschaft.

All das war damals bereits zwölf Jahre her, doch vieles war immer noch nicht wieder aufgebaut, und zahllose Menschen lebten noch in den Überseecontainern, die damals als provisorische Notunterkünfte ins Land gebracht worden waren. Die Lieferung von vielen Tausenden von Containern war die erste humanitäre Hilfsaktion der Vereinten Nationen hinter den Eisernen Vorhang.

Im Gegensatz zu den Regionen, wo es westliche Interessen gibt (sprich: Öl oder Gas), ist das arme Armenien jedoch kaum eine Nachricht wert. So fuhren wir durch ein faszinierendes, aber bitterarmes Land. Am Rande Jerewans änderte sich das Bild drastisch.

Das Kloster Chor Wirap vor der Silhouette des Ararat (5137 m) ist typisch für Armenien.

Erst passierten wir stillgelegte Industrieanlagen aus der Sowjetzeit, doch dann kamen wir in eine pulsierende Hauptstadt, in der ein großes Nobelauto neben dem anderen fuhr. Natürlich waren längst nicht alle Menschen so unterwegs, es gab genauso klapprige Transporter aus der Umgebung, die Hunderte von Melonen in die Stadt transportierten, sodass ihr Auspuff fast am Boden schleifte, und immer wieder waren auch Eselskarren auf den Straßen unterwegs.

Die ganze Zeit begleitete uns auf der Fahrt der fantastische Blick auf den Ararat, der mit seinen gut fünftausend Metern Höhe den Horizont beherrschte.

Die ganze Zeit begleitete uns auf der Fahrt der fantastische Blick auf den Ararat, der mit seinen gut fünftausend Metern Höhe den Horizont beherrschte. Wir konnten ihn gar nicht übersehen.

Auf dieser ersten Tour im Land erfuhr ich, dass Armenien als älteste christliche Nation gilt. Bis heute ist das Land fast eingeschlossen von gegnerischen Nationen, besonders mit der Türkei gibt es eine leidvolle Geschichte. So überlegte ich mir auf dieser Fahrt bereits: Hier möchte ich gerne helfen.

Es dauerte allerdings noch einige Jahre, bis diese Hilfe konkret wurde, aber 2006 kam ich mit einer GAiN-Delegation ins Land und besuchte *New Life Armenia*, wie Campus für Christus seine Arbeit dort nannte. Wir wollten sehen, welche Möglichkeiten zur Zusammenarbeit es gab. Der Nationalleiter fuhr uns zu etlichen Sehenswürdigkeiten, zeigte uns aber gleichzeitig auch die Not der Bevölkerung. Nach einem entspannenden Tag am Sewansee, dem kaukasischen Bodensee und größten Süßwasserspeicher des Landes, fuhr er mit Höchstgeschwindigkeit zurück Richtung Jerewan.

Es war der 24. April, der Völkermord-Gedenktag.

Am Völkermord-Gedenktag
legen viele Armenier eine Blume am Mahnmal Zizernakaberd nieder.

Während die Welt noch darüber streitet, ob das, was die Türken mit deutscher Unterstützung 1915 und 1916 den Armeniern angetan hatten, Genozid oder eine »kriegsbedingte Sicherheitsmaßnahme« war, versammeln sich jedes Jahr an diesem Tag Hunderttausende von Armeniern am Völkermordmahnmal Zizernakaberd in Jerewan, um dort im Gedenken einen Blumenstrauß niederzulegen.

Auch wir wollten dorthin fahren und brauchten, weil wir von auswärts kamen, noch Blumen. Als wir im strömenden Regen in die Hauptstadt fuhren, sah ich ein Mädchen mit seinem kleinen Bruder am Straßenrand stehen, die Blumen verkauften. Von meinem Platz auf dem Beifahrersitz drehte ich mich zu unserem Gastgeber um und rief: »Stopp!«

Er fuhr zur Seite und hielt an.

Ich kurbelte die Scheibe herunter.

Den beiden Kindern auf dem Gehweg lief das Wasser aus den Haaren über ihre ausgewaschenen dünnen Pullover und die Hosen auf die nackten Füße. Doch gleich hielt mir das Mädchen strahlend einen Blumenstrauß entgegen.

Ich zeigte auf alle Blumen und fragte sie: »Wie viel?« Sie verstand mich nicht. »How much? Skoiko?« Nach Englisch und Russisch war ich mit meinen Fremdsprachenkenntnissen am Ende, aber ich rieb noch meine Fingerspitzen gegeneinander – eine Geste, die man überall auf der Welt versteht.

Sie hielt einen Finger hoch: »Dollar.«

Schnell zog ich einen Dollar aus der Tasche und gab ihn ihr. Sie reichte mir all ihre Blumen dafür. Dann rannten die beiden Kinder weg, so schnell sie konnten.

Der Campus-Nationalleiter am Steuer musste erst lachen, dann begann er mit mir zu diskutieren, dass ich die Blumen völlig überbezahlt hätte.

Meine erste Begegnung mit Gayane fand im strömenden Regen statt, als sie mir Blumen anbot.

»Ist dir etwas aufgefallen?«, fragte ich ihn zurück.

»Aufgefallen? Was denn?«

»Hör mal, wer hier bei strömendem Regen ohne Schuhe und Jacke auf der Straße steht und Blumen verkaufen muss, für den ist ein Dollar mit Sicherheit nicht zu viel.«

Während wir noch mit dem Auto am Straßenrand standen und diskutierten, kamen die Geschwister zurück und warfen uns weitere Blumen ins Auto. Ich gab ihnen einen weiteren Dollar. Dann rannten sie wieder los, doch diesmal riss ich die Autotür auf und lief hinterher. Das Mädchen war vielleicht acht oder zehn Jahre alt, ihr Bruder etwas jünger, und sie waren schnell. Ich versuchte, sie im Blick zu behalten, doch plötzlich waren beide wie vom Erdboden verschwunden. Ich lief weiter in die Richtung, wo ich sie zuletzt gesehen hatte, und hielt nach ihnen Ausschau. Dabei rutschte ich aus und landete in demselben Loch, in das sie hineingelaufen waren.

In diesem Moment wusste ich, dass Gott mich hierhergeführt hatte, um etwas zu tun.

Im Schummerlicht einer Art Höhle sah ich die kleine Blumenverkäuferin und ihren Bruder wieder. Dort im Keller befanden sich auch ein Stuhl, ein Tisch mit weiteren Blumen darauf und drei Betten. Der Elektroofen im Raum war ausgeschaltet, und es war feucht und kalt. Während Claudia und das Team einer nach dem anderen nachkamen, entdeckte ich erst die Mutter mit einem Baby im Arm, dann den blinden Vater und die anderen Kinder – in diesem Loch lebten zusammen neun Personen. Die größeren Kinder verkauften Blumen an der Straße. Von dem Erlös lebte die gesamte Familie.

Ich habe schon vieles gesehen, aber hier standen mir die Tränen in den Augen. In diesem Moment wusste ich, dass Gott mich hierhergeführt hatte, um etwas zu tun.

Die große Schwester des Blumenmädchens stand dicht bei mir und konnte gar nicht so schnell zittern, wie sie fror. Ohne groß darüber nachzudenken, zog ich meine wattierte warme Jacke aus und legte sie ihr um die schmalen Schultern. Auch Claudia zog ihre Jacke aus und schenkte sie dem Blumenmädchen. Danach ging sie noch einmal kurz zurück zum Auto, holte die Reste unseres Tagesproviants und stellte sie auf den Tisch, damit die Familie etwas zum Essen hatte.

Wir schauten nach, was wir noch an Bargeld dabeihatten, und gaben es der Familie. Die ließ uns erst nach vielen Umarmungen und Tränen und mit Segenswünschen bedacht wieder gehen. Vorher hatten wir uns ihre Namen notiert.

Das Trauma der Armenier ist wie eine offene Wunde für sie, auch weil die Täter von früher ihre Schuld nie eingestanden haben.

Wenn ich noch Zweifel gehabt hätte, ob ich mich in Armenien engagieren sollte, hätten Gayane – das Blumenmädchen – und ihre Familie ihn ausgeräumt. Wir besuchten die Familie noch häufiger und konnten ihnen schließlich zu einem kleinen Häuschen verhelfen. Zu Gayane haben wir noch immer Kontakt. Das Blumenmädchen von damals ist längst eine junge Frau. Dank eines Stipendiums konnte sie nach der Schule sogar studieren, ist inzwischen verheiratet und hat zwei Söhne.

Als wir nach unserem Kellererlebnis wieder zusammen in unserem Auto voller Blumen saßen, wollten wir zum Völkermordmahnmal weiterfahren, doch der Leiter von *New Life Armenia* saß am Steuer und musste so stark weinen, dass er nicht losfahren konnte.

»Was ist los? Soll ich fahren?«, fragte ich ihn.

»Es geht gleich wieder. Ich bin einfach erschüttert von dem, was ich eben gesehen habe. Und gleichzeitig schäme ich mich dafür, dass ihr aus Deutschland herkommen musstet, um mir die Zustände in meinem eigenen Land vor Augen zu halten.«

Bis heute leben viele Armenier in zerfallenden Containern aus den 1980er-Jahren.

Offensichtlich hatte unsere Begegnung nicht nur mich berührt. Sie hatte auch diesen Mann nicht kaltgelassen, ihn und mich verändert und die Arbeit von Campus für Christus im Land gleich mit. Im Laufe der Jahre konnte GAiN die Gesamtsituation der Menschen in Armenien nicht verbessern. Bis heute leben große Teile der Bevölkerung in elenden Baracken oder Containern, aber wir konnten immer wieder Einzelnen wie Gayane und ihrer Familie helfen und auf diese Weise denen Hoffnung bringen, die fürchteten, dass die Welt sie vergessen hat.

Später fanden wir in Hamlet Khachatryan einen Armenier, der ein großes Herz für die Arbeit mit Bedürftigen hatte, der im ganzen Land vernetzt war und mit dem wir gut zusammenarbeiten konnten – er leitet bis heute GAiN Armenien.

Wenn ich die Menschen in Armenien sehe, dann erinnern sie mich mit ihrem Geschichtsbewusstsein und ihrer jahrhundertelangen Leidensgeschichte oft an die Israelis, doch ihr Selbstbewusstsein als älteste christliche Nation der Welt wird überschattet von dem Volkstrauma des Genozids vor mehr als hundert Jahren. In Israel ist das Thema des Holocausts »durch«, vielleicht auch, weil die Deutschen und viele andere ihre Schuld daran anerkannten. Das Trauma der Armenier ist wie eine offene Wunde für sie, auch weil die Täter von früher ihre Schuld nie eingestanden haben.

Wie sind unter diesen Voraussetzungen Vergebung und ein Neuanfang möglich?

Wie findet Armenien heraus aus seiner Opferrolle?

Diese Fragen lassen sich nicht von außen beantworten. Armenier müssen sie finden. Aber wir können ihnen dabei behilflich sein, dass sie sich gesehen und unterstützt wissen und nicht denken, sie wären alleingelassen.

Diese konkrete Hilfe möchten wir mit GAiN gern anbieten – dafür engagiere ich mich.

Die provisorischen Wohncontainer in Armenien aus den 1980er-Jahren werden längst nicht mehr von den damaligen Familien bewohnt, aber sie wurden weitergegeben und sind immer noch in Betrieb – oft mit durchgebrochenen Böden und in erbarmungswürdigem Zustand. Hier schaffen wir Abhilfe und versuchen so immer wieder, einzelnen Familien zu einer besseren Wohnsituation zu verhelfen.

Oft leben alleinerziehende Mütter mit ihren Kindern und alten Eltern in schrecklichen Verhältnissen.

Bei einem Besuch in Armenien, den ich zusammen mit einer kleinen Gruppe von Geschäftsleuten unternahm, besuchten wir eine Familie, die in solch einem Container lebte, der ihnen unter den Füßen zerbrach. Mehr als drei Personen konnten sich nicht mehr darin aufhalten. Deshalb hatten wir von GAiN ein Grundstück gekauft und dort begonnen, ein kleines und einfaches Haus für die Familie zu bauen, in dem sie leben konnte.

Als wir die Familie noch in ihrem Container besuchten, erwartete mich eine Überraschung: Hinter ihrem Container stand noch ein weiterer. Gerade wollte ich meinen Begleitern erklären, dass wir uns auf den ersten Container und die Familie darin fokussieren würden, da klingelte mein Handy. Ich entschuldigte mich kurz und nahm den Anruf an. Wenn Raphael Funck, mein Mitgeschäftsführer, anrief, war das Telefonat wichtig.

Sobald wir fertig waren, wandte ich mich wieder der Gruppe zu, doch die war inzwischen weitergezogen. Claudia voran waren sie zum zweiten Container gelaufen und standen alle bei der zweiten Familie.

Innerlich verdrehte ich die Augen. Okay, hier wohnte eine weitere Familie in einem Container, aber das tun viele in Armenien, doch dann erzählte die Frau: »Wir haben einen Platz für unseren Container gesucht, und der Bürgermeister hat uns erlaubt, ihn hier aufzustellen. Kurz danach hat die Stadt das ganze Gelände verkauft, und der neue Besitzer möchte hier Wohnungen bauen und vermieten – da stören wir nur. Er hat uns gedroht: ›Ihr müsst diese Woche noch weg, sonst kommt der Bagger und ebnet euren Container ein.‹ Morgen ist es so weit.« Die Frau weinte. »Dabei haben wir gerade einen Kredit aufgenommen, um die Mauer hier neben dem Container zu ziehen und draußen eine Behelfsküche zu bauen.« Jetzt war die Verzweiflung groß.

Ich wandte mich an den GAiN-Leiter: »Hamlet – stimmt die Geschichte?

»Ja, genauso ist es.«

»Wir haben doch das Grundstück, auf dem wir gerade das Haus für die andere Familie bauen. Was meinst du: Passt da noch ein Container hin?«

»Natürlich.«

»Was kostet es, den Container dorthin umzuziehen, einen Brunnen zu bohren und ihn ans Abwasser und die Stromversorgung anzuschließen – und zwar morgen?«

Hamlet schluckte. »Das können wir schon machen, aber nicht so schnell.«

»Du hast doch gehört, dass der Bagger morgen kommt. Schaffen wir das? Und was kostet es?«

Hamlet rechnete kurz, dann nannte er mir einen Betrag. Mit dieser Information ging ich zu einem der Geschäftsleute und meinte zu ihm: »Heute kannst du einen Unterschied machen. Ich brauche jetzt von dir zweitausendfünfhundert Euro.«

Er schaute mich kurz an, griff in die Hosentasche, holte seine Brieftasche heraus und zog zweitausendfünfhundert Euro heraus. Danach wartete er ab, was passieren würde.

Hamlet organisierte wie ein Weltmeister. Tatsächlich schaffte er es, einen Kranwagen und einen Tieflader für den Container zu organisieren, diesen auf unser Grundstück bringen zu lassen und ihn in kürzester Zeit an die Versorgung anzuschließen.

Die Familie musste zwar immer noch in ihrem Container wohnen, trotzdem waren sie glücklich und gewannen neue Hoffnung. Ein ums andere Mal meinte die Mutter: »Gott ist gut. Er hat uns nicht vergessen.«

»Gott ist gut. Er hat uns nicht vergessen.«

Auf derselben Reise fuhren wir auch in den Norden des Landes. Dort hatten wir Familien Hühner versprochen, die wir ihnen mit einem Transporter vorbeibringen wollten. Diese Hühner sollten ihr erster Schritt in die finanzielle Unabhängigkeit sein: Mit Eiern, Hühnerfleisch und Küken zum Verkaufen oder für den Eigenbedarf sollten sie einen großen Schritt in Richtung Selbstständigkeit gehen.

Auf der Fahrt in den Norden ging allerdings alles schief, was schiefgehen konnte. Erst blieb unser Auto liegen, und wir mussten auf ein Ersatzfahrzeug warten, dann trat eine GAiN-Mitarbeiterin in einen scharfen Gegenstand und musste ärztlich behandelt werden. Plötzlich waren wir im Nirgendwo gestrandet und hatten Zeit.

Wir schauten uns in der Gegend um und trafen auf eine Familie, die in einer Ruine lebte. Ihr Haus bestand nur aus ein paar Mauerresten. Es gab keine Fenster, da waren nur Mauerlöcher mit Pappe davor. Es gab auch kein Dach, das bestand aus ein paar Blechstücken über den Balkenresten der Decke. In der Ruine gab es weder Wasser noch Strom, und die Toilette war der Baum hinter dem Haus.

Hier lebte eine Familie mit vier Kindern. Man hatte sie aus ihrer Wohnung herausgeworfen, weil sie die Miete nicht bezahlen konnten. Darüber hinaus hatten sie im örtlichen Supermarkt Lebensmittel auf Pump gekauft und konnten den Betrag nicht zurückzahlen. Als wir mit ihm sprachen, zuckte der Vater der Familie die Achseln: »Ich werde wohl ins Gefängnis kommen.«

»Wie groß sind deine Schulden denn?«

»Sie sind über Monate angewachsen, jetzt sind es 200 000 Dram, also sechshundertfünfzig Euro – ein Vermögen.«

Ich wandte mich an einen anderen Geschäftsmann in unserer Gruppe: »Was meinst du dazu? Ich brauche tausend Euro von dir.«

»Hat er nicht eben von sechshundertfünfzig Euro gesprochen?«

»Ja, aber wir wollen doch nicht, dass er sofort wieder neue Schulden machen muss. Vielleicht kann er sogar seine Hütte etwas wetterfester und wohnlicher machen.«

Auch dieser Geschäftsmann öffnete sein Portemonnaie direkt.

Die Armenier sind ein stolzes Volk, gleichzeitig werden sie von einer massiven Grunddepression beherrscht.

Die Armenier sind ein stolzes Volk, gleichzeitig werden sie von einer massiven Grunddepression beherrscht. Immer und überall sehen sie sich als Opfer. Das Symbol für dieses Lebensgefühl ist der Ararat. Ihr heiliger Berg, auf dem Noah mit seiner Arche gestrandet sein soll, hängt als Bild in jeder einzelnen Wohnung in Armenien – wie ärmlich sie auch immer sei. Dabei befindet sich das Gebirgsmassiv seit hundert Jahren auf dem Staatsgebiet der Türkei, auch wenn das türkische Ostanatolien einmal Westarmenien war.

Noch zu Sowjetzeiten beschwerten sich türkische Politiker darüber, dass der Ararat immer noch das armenische Wappen zierte, auch wenn sich der Berg inzwischen auf türkischem Territorium befinden würde. Der damalige russische Außenminister Andrej Gromyko konterte: »Auf der türkischen Flagge befindet sich doch auch die Mondsichel. Soweit ich informiert bin, gehört der Mond allerdings weder ganz noch in Teilen zum Staatsgebiet der Türkei.«

Hilfe zur Selbsthilfe beginnt oft mit Hühnern, Puten oder Schafen, die eine Familie versorgen.

FAST GESTORBEN

»Hast du an alles gedacht?«, fragte ich meine Frau, bevor wir ins Auto stiegen.

Sie grinste nur. »Das ist doch dein Part, oder?«

Wir wussten beide: Irgendetwas hatten wir bestimmt vergessen, aber das Wichtigste war sicher eingepackt.

Es war ein schöner Julimorgen im Jahr 2007. Zusammen mit einer guten Freundin, die gleichzeitig meine Assistentin bei GAiN war, stiegen wir zu Hause in unser Auto. Der Kofferraum war voll mit unserem Gepäck und vielen Dingen, die wir für die anstehende Lettlandfreizeit brauchen würden. Von Arbeitsausrüstung über Badekleidung bis hin zum Beamer hatten wir alles dabei. Wir drei würden die anstehende Gruppenreise in Lettland leiten und wollten uns ein paar Tage vor der Gruppe auf den Weg ins Baltikum machen, um die gemeinsame Zeit dort vorzubereiten.

Ich erinnere mich nicht mehr, warum wir diesmal das Auto nahmen, anstatt zu fliegen. Wahrscheinlich hatten wir zu viel Material dabei. Aber es lag sicher auch an meinem neuen Auto: Kurz vorher hatte ich einen Neuwagen gekauft, mit dem ich schnell, bequem und gut meine Ziele erreichen konnte. Ich fuhr damals ungefähr 50 000 Kilometer im Jahr, und weil das Auto damit mein zweites Wohn- beziehungsweise Arbeitszimmer war, war ich froh darum, dass es ein sogenanntes Premiumfahrzeug war. Damit sollten wir die 1 800-Kilometer-Reise zügig und gut bewältigen können, ohne anschließend gleich einen Physiotherapeuten besuchen zu müssen.

Es war zwar normaler Reiseverkehr auf den Autobahnen, aber wir kamen gut voran. Weil es unserer Kollegin während der Fahrt hinten im Auto etwas schwummerig wurde, löste sie den oberen

Teil ihres Gurtes und legte sich quer auf die Rückbank. »Du hast ja nicht vor, einen Unfall zu bauen«, meinte sie noch.

Vorher hatten wir uns viel mit ihr unterhalten. Dadurch, dass sie jetzt döste, ergab sich für mich die Gelegenheit, etwas mit Claudia zu besprechen, was mir bereits seit einer Weile auf dem Herzen lag. Die Arbeit von GAiN entwickelte sich in großen Schritten, wir eröffneten neue Wirkungsfelder, und auch die internationale Zusammenarbeit mit den anderen GAiN-Büros wurde immer intensiver. Ich hatte noch nie über Langeweile klagen müssen, aber dies alles zusammen wurde mir zu viel, deshalb wollte ich mit Claudia besprechen, wie ich meine Aufgaben in Zukunft besser aufteilen könnte.

Ich liebe meine Frau, aber in dieser Situation störte es mich gewaltig, dass sie so vehement gegen das antrat, was ich mir überlegt hatte – und noch dazu mit guten Argumenten.

Wie sollte ich beginnen? War es besser, sie mit hineinzunehmen, wie sich meine Gedanken entwickelt hatten, oder ihr zu sagen, zu welchem Schluss ich gekommen war? Ich konfrontierte sie mit dem Ergebnis meiner Überlegungen: »Claudia, das hier ist meine letzte Lettlandfreizeit.«

»Aber sonst geht es dir noch gut, oder?«, konterte meine Frau.

»Versuch doch bitte, mich zu verstehen: Ich habe inzwischen andere Aufgaben auf internationaler Ebene, die mir niemand abnehmen kann, weil GAiN so stark gewachsen ist. Außerdem gehört es zu den wichtigsten Aufgaben eines Leiters, Arbeit zu delegieren und nicht selbst zu erledigen.«

Mein Fazit war klar: Drei Wochen im Jahr für die Lettlandfreizeit waren mir zu viel.

Claudia war mit dieser Schlussfolgerung überhaupt nicht einverstanden, stattdessen hinterfragte sie mich gründlich: »Klaus, das ist nicht einfach eine Arbeit, die du an irgendjemanden delegieren kannst. Wir haben gemeinsam in Lettland etwas angefangen, wofür wir jetzt persönlich verantwortlich sind.«

Und sie argumentierte weiter: »Was ist eigentlich dein persönlicher Dienst, wenn du diese Freizeit abgibst? Ich weiß schon, du bist der große Held und ›Mister GAiN‹, aber hast du dann noch etwas, wo du dich persönlich einbringst, oder bist du dann ausschließlich Leiter?«

»Es fällt mir selbst schwer, aber ich denke, es ist richtig, dass ich mich aufs Leiten konzentriere.« Dann wollte ich ihr eine Brücke bauen: »Ich weiß, wie wichtig dir die Lettlandreisen sind. Du kannst die Freizeiten gerne weitermachen. Wenn ich aussteige, bedeutet das auf keinen Fall, dass du auch aufhören musst.«

> **Die Anlage im Auto spielte Bruce Springsteen, da brach mein Wagen wie von Geisterhand gesteuert plötzlich aus und geriet ins Schleudern.**

Entrüstet schüttelte Claudia den Kopf. »Vergiss es! Wenn du aussteigst, kann ich das auch nicht weitermachen. Dann wird GAiN eben in Zukunft keine Lettlandfreizeiten mehr anbieten.«

Ich liebe meine Frau, aber in dieser Situation störte es mich gewaltig, dass sie so vehement gegen das antrat, was ich mir überlegt hatte – und noch dazu mit guten Argumenten. Ihre Bereitschaft, hier einen Kompromiss zu finden, ging gegen null.

So stritten und redeten wir noch eine Weile hin und her, während wir auf Berlin zufuhren, aber mir war bereits klar, dass Claudias Begründungen stichhaltig waren. Besonders mit ihrem Hinweis auf meinen persönlichen Dienst hatte sie genau ins Schwarze getroffen. Am Ende des Gesprächs war ich froh, dass Claudia mir ehrlich und direkt ihre Meinung gesagt hatte. Die Botschaft war angekommen. Ich hatte mich bereits dazu entschieden: Die Lettlandfreizeiten sollten weitergehen und ich würde nicht aussteigen.

»Lass uns noch zusammen beten«, schlug Claudia vor, und das taten wir. Wir sprachen mit Gott darüber, dass wir uns auch weiterhin in unserer zweiten Heimat Lettland engagieren wollten, und ich bat ihn um Vergebung für meine Gedanken, in denen ich mich als viel zu wichtig angesehen hatte, um diese Arbeit in Zukunft noch tun zu können. Natürlich war es mir möglich, diese drei Wochen im Jahr für Lettland zu erübrigen, wenn ich das wollte – und das würde ich auch in Zukunft tun. Dann musste ich eben etwas anderes delegieren.

Inzwischen waren wir auf dem Berliner Ring. Gerade hatten wir Amen gesagt. Ich fuhr um die zweihundert Stundenkilometer schnell, denn ich wollte möglichst zügig vorankommen. Die Anlage im Auto spielte Bruce Springsteen, da brach mein Wagen wie von Geisterhand gesteuert plötzlich aus und geriet ins Schleudern.

Ich lenkte dagegen, und damit begannen die längsten vier Sekunden meines Lebens. So lange hatte es nach den späteren Untersuchungen eines Unfallforschers gedauert, bis wir mit einem Lkw kollidierten, der mit einer Panne auf dem Seitenstreifen der Autobahn stand.

Meine Hände krampften sich ums Lenkrad.

Mit Wucht trat ich aufs Bremspedal.

Ich suchte nach einer Lücke, in die ich den Wagen steuern konnte, doch er gehorchte mir nicht.

Unaufhaltsam näherten wir uns dem Lkw.

Claudia sah, wie ich versuchte, den Wagen wieder auf Kurs zu bringen. Kurz wandte ich mich zu ihr und unserer Freundin und entschuldigte mich für das, was nun passieren *musste*, denn mir war klar: Jetzt knallt's!

Mit immer noch hundertsechzig Stundenkilometern krachte unser Wagen in den Lkw auf der Standspur.

Ich blieb bei Bewusstsein, aber um mich herum lief alles wie ein unwirklicher Film ab: der Blick nach den beiden Frauen, das Bremsen der anderen Autos auf der Autobahn, Blaulicht und Rettungskräfte. Ich wurde auf einer Trage festgeschnallt und mit dem Rettungswagen ins Krankenhaus gebracht. Dort lag ich erst einmal verpflastert, bandagiert und an hundert Messgeräte angeschlossen auf einer Intensivstation. Ich hatte etwas abbekommen, aber ich lebte. Sobald ich klar genug war, fragte ich Ärzte und Schwestern nach Claudia und unserer Freundin.

»Wir geben Ihnen Bescheid, sobald es möglich ist. Zurzeit sollten Sie allerdings jede Aufregung vermeiden.«

Vorher war ich nur unruhig gewesen, jetzt regte ich mich auf. Als das Krankenhauspersonal erkannte, dass ich mich samt Schläuchen und trotz Flügelhemd selbst auf die Suche machen würde, wenn sie mir keine Auskunft geben würden, erklärten sie mir: »Die Frau auf dem Rücksitz wird gerade notoperiert. Sie hat schwere innere Verletzungen, und es ist noch nicht klar, ob sie überleben wird. Ihre Frau ist mit dem Rettungswagen in ein anderes Krankenhaus gebracht worden, da wissen wir noch gar nichts.«

»Ich sehe schon anhand der Bilder, dass das hier kein normaler Unfall war. Darf ich ihn für Sie weiter untersuchen?«

Mit dieser Unsicherheit wurde ich erst einmal schlafen gelegt.

Als ich viel später wieder zu mir kam, gab es gute Nachrichten: Claudia lebte und ihre Verletzungen waren nicht lebensgefährlich. Unsere Freundin hatte die Notoperation gut überstanden, und es sah so aus, als ob sie über den Berg wäre.

Ich war unendlich dankbar!

Gleichzeitig drehten sich meine Gedanken um den Unfall. Wie konnte das geschehen? Lag es am Auto? War ich schlicht zu schnell gefahren? Waren hier böse Mächte im Spiel? Vielleicht war es etwas von allem. Auch im Nachhinein kann ich das für mich nicht völlig klären, aber ich denke, dass das Geschehene mehr als ein Unfall war: Für mich ist es ein Versuch gewesen, uns auszuschalten – ohne dass ich die menschliche Komponente und meine eigene Schuld dabei kleinreden möchte, denn niemand hat mich dazu gezwungen, mit zweihundert Sachen über die Autobahn zu rasen. Bei Tempo Hundertzwanzig wäre sicher gar nichts passiert.

Am nächsten Tag kam der Missionsleiter von Campus für Christus mit seiner Assistentin zu Besuch. Irgendwie hatten sie herausgefunden, wo das Unfallauto aufbewahrt wurde, und hatten meine persönlichen Habseligkeiten herausgeholt – jedenfalls diejenigen, die noch brauchbar waren. Sie erzählten mir auch: »Ihr wart groß in den Nachrichten. ›Vollsperrung der A 10 bei Potsdam wegen eines Hochgeschwindigkeitsunfalls‹ hieß es gestern. Der Streckenabschnitt war wegen der Bergungsarbeiten fünf Stunden lang gesperrt.« Erleichtert ergänzten sie: »Mensch, sind wir froh, dass ihr lebt.«

Ihre Erleichterung konnte ich besser verstehen, als sie mir erste Bilder der Unfallstelle und des Autos zeigten. Dessen Einzelteile wurden beim Unfall über mehrere Hundert Meter auf der Autobahn verteilt. Der größere Teil des Wagens war nach dem Zusammenprall wieder weggeschleudert und erst durch die Mittelleitplanke gestoppt worden. Der Motorblock lag fünfzig Meter daneben. Es war ein Wunder, dass wir nicht ums Leben gekommen waren.

Da keines von uns drei Unfallopfern unterwegs sein durfte, kümmerten sich unsere beiden Besucher um uns: Sie versorgten uns mit Nachrichten voneinander, saßen einfach an unseren Betten, brachten uns vorbei, was wir brauchten, und redeten und beteten mit uns. Es war schön, nicht allein zu sein.

Völlig überraschend klingelte am nächsten Tag mein Handy. Es hatte den Unfall ebenfalls überstanden und lag inzwischen neben mir auf dem Nachtschrank. Am anderen Ende war ein Professor, den ich nicht kannte. Er arbeitete als Unfallforscher und hatte die Unfallbilder in den Nachrichten gesehen. Er hatte meine Telefonnummer recherchiert und sich bei mir gemeldet. »Und wissen Sie was?«, meinte er direkt am Telefon, »ich sehe schon anhand der Bilder, dass das hier kein normaler Unfall war. Darf ich ihn für Sie weiter untersuchen?«

Für mich war dies ein wichtiges Signal. Ich hatte beim vergeblichen Versuch gegenzulenken gemerkt, dass etwas nicht stimmte, und unsere Freundin war lebensgefährlich verletzt worden. Natürlich wollte ich wissen, wie es zum Unfall kommen konnte. Ich sagte ihm direkt zu.

In den folgenden Tagen kehrte erst einmal etwas Normalität ein – wenn man das in unserem Fall so nennen konnte: Ich wurde auf eine Normalstation verlegt, Claudia wurde aus dem anderen Krankenhaus in unseres transportiert, und unsere Freundin erholte sich langsam von ihrer ersten OP. Dadurch, dass sie nur den Bauchgurt umgelegt hatte, und durch die Wucht des Aufpralls hatte sie einen mehrfachen Darmriss mit starken inneren Blutungen davongetragen. Auch ihr Arm war zertrümmert, doch diese Operation musste warten, bis sie die erste einigermaßen verkraftet hatte. Unsere beiden Besucher mussten nach ein paar Tagen wieder zurück an ihre Schreibtische in Gießen, doch inzwischen ging es Claudia und mir gut genug, sodass wir die Dritte im Bund regelmäßig besuchten. Wir saßen mehr bei ihr an der Bettkante als in unseren eigenen Zimmern.

Je mehr ich in der Zwischenzeit von unserem Unfall erfuhr, desto unverständlicher wurde das Ganze für mich. Das begann mit einer Tasse Kaffee zusammen mit dem behandelnden Chefarzt, der mir zuzwinkerte und meinte: »Schön, Sie da sitzen zu sehen. Wissen Sie eigentlich, dass das ein echtes Wunder ist?«

»Ich glaube schon …«, meinte ich.

»Ich weiß jedenfalls von niemandem, der solch einen Unfall überlebt hat«, fuhr der Chirurg fort, »und ich habe schon viele Unfälle gesehen. Als ich hörte, was geschehen war, und welche Beschleunigungskräfte dabei freigesetzt wurden, war mir völlig klar, dass wir auf der Autobahn nur noch Tote finden würden. Aber Sie leben – alle drei. Wie gesagt, für mich ist das ist ein Wunder.«

»Schön, Sie da sitzen zu sehen. Wissen Sie eigentlich, dass das ein echtes Wunder ist?«

Inzwischen ging der Unfallforscher an die Arbeit. Er fragte mich, ob ich wisse, wo der Wagen sichergestellt und aufbewahrt würde.

»Sichergestellt? Also unter Verschluss?«

»Na klar. Ab einer Schadenshöhe von einer halben Million Euro« – mir wurde kurz schwindelig – »ermittelt automatisch die Oberstaatsanwaltschaft. Und wenn jemand schwer verletzt wird, gelten noch einmal besondere Regeln, und dazu gehört, dass das Auto beschlagnahmt werden muss.«

Ich erzählte ihm, dass unsere Freunde den Wagen aufgespürt und unsere persönlichen Sachen einfach aus dem abgestellten Auto herausgeholt und uns überbracht hatten.

»Sehr dubios«, meinte der Professor. »Dann wurde das Auto nicht sichergestellt.«

Er konnte es kaum glauben, aber als ich herausgefunden hatte, dass es tatsächlich bei einem Abschleppunternehmen auf dem Hof stand, bat er mich, es ihm so schnell wie möglich bringen zu lassen. Ich rief also einen guten Freund und Spediteur in Gießen an, der meinetwegen eine Nachtschicht einlegte, um die Autoteile abzuholen und sie dem Professor in sein Institut anzuliefern.

Diese Ungereimtheit blieb nicht die einzige. Wenn man als Privatperson zum Beispiel nach einem Unfall nicht mehr in der Lage ist, sein Eigentum an sich zu nehmen, dann ist dessen Sicherung Aufgabe der Polizei. Tatsächlich hatten wir einiges an Wertsachen dabei, als der Unfall geschah: angefangen mit einem Beamer über Claudias professionelle Kameraausrüstung bis hin zur Freizeitkasse für Lettland mit immerhin zwanzigtausend Euro. Es war alles noch vorhanden, aber unser Eigentum war nicht polizeilich gesichert worden.

Mit jeder Frage und jeder Antwort darauf wurden die Augen des Professors größer.

Das änderte sich auch nicht, als der Wagen bei ihm ankam und er ihn auseinandernahm, denn wie bei jedem Premiumfahrzeug waren auch in meinem Auto Steuergeräte verbaut. Einige davon speichern Daten wie die letzten Befehle und Aktionen des Autos – sie sind vergleichbar mit den bekannten *black boxes* bei Flugzeugen. Das einzige Problem: Sie waren nicht mehr da. Kein einziges.

Die Anfrage des Professors bei der Polizei ergab, dass wohl eine polnische Autoknackerbande ihr Unwesen in der Gegend getrieben hatte. Möglicherweise hätten sie diese datensichernden Teile entfernt, weil der Wagen durch ein Versehen leider nicht unter Verschluss war.

Er verstand es nicht, und auch ich konnte das nicht nachvollziehen. Brachen tatsächlich Diebe ins Auto ein und stahlen das für sie wertlose Airbag-Steuerventil, das extrem tief und schwer zugänglich verbaut war? Solch ein Spezialteil musste man nicht nur haben wollen, sondern es auch noch finden und ausbauen können.

Und warum ließen sie gleichzeitig ein teures Navigationsgerät und einen Zwölffach-CD-Wechsler im Auto?

Während bei unserer Freundin der Trümmerbruch ihres Arms gerichtet wurde und wir wieder häufiger bei ihr am Bett saßen, überlegten Claudia und ich, in was für eine Verschwörungsgeschichte wir hier geraten waren.

Als Nächstes wollte der Unfallforscher wissen, welche Komponenten in meinem Auto verbaut waren, und bat mich um die Dokumentation meiner Bestellung. Ich organisierte sie ihm.

»Mich interessiert, ob das Fahrzeug bereits mit einem Assistenzsystem ausgerüstet war, das bei einem Unfall automatisch einen Notruf absetzt.«

Das konnte ich ihm direkt erklären: »Natürlich wäre das möglich gewesen, aber ich habe dieses System absichtlich nicht mitbestellt, weil ich etwas gegen permanente Überwachung habe.«

»Seltsam«, meinte der Professor am Telefon. »Genauso steht es in den Verkaufsunterlagen, aber im Auto war der Assistent definitiv verbaut, und er war auch aktiv.«

Mir fehlten die Worte.

Seine Aussage hatte eine positive und eine negative Seite. Mehr als positiv war, dass wir auch aufgrund des Assistenzsystems noch lebten. Tatsächlich hatte das System bereits beim Schleudern des Wagens einen Notruf abgelassen – lange bevor irgendein Verkehrsteilnehmer zum Handy greifen konnte. Nur zehn Minuten später waren bereits die Hubschrauber mit den Notärzten vor Ort; wahrscheinlich war dieses Tempo für meine Mitarbeiterin lebensrettend gewesen.

Die negative Seite der Medaille war, dass die von mir befürchtete Überwachung tatsächlich stattgefunden hatte. Im Protokoll des automatischen Notrufs stand der genaue Unfallort; es war die Rede von einem Hochgeschwindigkeitsunfall; und der Assistent übermittelte sogar, dass sich drei schwer verletzte Personen im Auto befanden. Darüber hinaus hatte das System ein ganzes Datenpaket mitgeschickt. Unter anderem hatte es errechnet, dass im Auto für länger als eine Sekunde Kräfte von 43 g geherrscht hatten. Wegen dieser Information hatte der Chefarzt gedacht, wir wären tot, weil man so hohe g-Kräfte nur für Sekundenbruchteile überleben kann. Die g-Kräfte beschreiben in der Physik jede Beschleunigung oder Verzögerung. Bei einer Achterbahnfahrt treten im Vergleich ungefähr Kräfte von 4 g auf, und die ersten Mondfahrer erlebten beim Wiedereintritt in die Erde Kräfte von bis zu 7 g.

Dieses Informationspaket wurde natürlich nicht nur an die Rettungsleitstelle gesendet, sondern auch zum Autohersteller. Wenn irgendjemand wusste, dass es zu diesem Unfall gekommen war und wie, dann der Hersteller. Wer hätte ein Interesse haben können, die Steuergeräte mit den Informationen auszubauen? Welche Daten enthielten sie? Je länger ich darüber nachdachte, desto weniger überzeugte mich die Idee mit den polnischen Autoteiledieben, die aus Versehen alles im Auto gelassen hatten, was etwas wert war. Allerdings war ohne die fehlenden Datenspeicher die Beweislage äußerst dünn, dass nicht nur mein Schnellfahren, sondern eine Fehlfunktion am Auto den Unfall verursacht haben könnte, und kein Gericht der Welt würde sich auf solche Spekulationen und Ideen einlassen.

Kein Gericht der Welt würde sich auf solche Spekulationen und Ideen einlassen.

Nachdem diese Erkenntnisse auf dem Tisch lagen, prognostizierte der Unfallforscher: »Man wird Sie schuldig sprechen aufgrund von überhöhter Geschwindigkeit und nicht angepasster Fahrweise. Zum Glück hat Ihre Mitarbeiterin überlebt, denn so wird es wahrscheinlich bei einer Verurteilung wegen Körperverletzung bleiben und nicht wegen Totschlags. Trotzdem muss ich

Sie warnen: Solche Gerichtsurteile reichen bis zu Bewährungsstrafen.«

Claudia und ich waren inzwischen aus dem Krankenhaus entlassen worden, doch uns war klar: Wir saßen zu dritt im Auto – wir werden nicht zu zweit nach Hause fahren. So nahmen wir uns eine Ferienwohnung in der Nähe und verbrachten die Tage bei unserer Freundin im Krankenhaus.

Ihre Darmoperation war gut verlaufen und auch der Armbruch verheilte zusehends. Da dieses Krankenhaus genauso wie andere Häuser unter Personalknappheit litt, engagierten wir uns bei ihrer Mobilisierung. Nachdem die Schwestern auf Station die ersten Wege zur Toilette und im Gang mit ihr gegangen waren, übernahmen wir das Training. Wir spazierten im Schneckentempo gemeinsam durch den Flur und begannen bald darauf sogar mit dem Treppensteigen. Es war allerdings ein Training mit angezogener Handbremse.

»Nicht so schnell. Es tut so weh«, jammerte unsere Freundin.

War sie nur wehleidig? Sollten wir sie schonen oder fordern? Die Ärzte meinten einstimmig: Es ist alles in Ordnung, sie muss sich einfach regelmäßig bewegen.

So lief ich mit ihr ein paar Tage später die Treppe in den nächsten Stock hinauf. Wieder klagte sie: »Es geht nicht mehr. Ich habe so große Schmerzen.«

Ich ermutigte sie und meinte: »Komm, noch drei Stufen, dann sind wir oben. Das schaffst du. Du wirst sehen, morgen geht es schon viel leichter.«

»Nein, das tut so weh, ich kann nicht weitergehen.«

Währenddessen legte ich ihr die Hand auf den Rücken, um sie zu stützen und ihr zu zeigen, dass ich bei ihr war. Dabei spürte ich einen dicken Knubbel an der Wirbelsäule. Ich bin kein Mediziner, aber ich ahnte sofort, dass der da nicht hingehörte.

»Okay, ein paar Schritte schaffst du noch«, motivierte ich sie. »Aber wenn du solche Schmerzen hast, dann sollten wir erst einmal zum Arzt gehen; er soll dich noch einmal anschauen. Mach bitte ganz langsam!«

In Zeitlupe gingen wir zum Arztzimmer auf der Station. Ich klopfte an, und der Arzt war tatsächlich dort. Wir gingen hinein und ich bat ihn, sich den Rücken meiner Mitarbeiterin einmal anzuschauen. Zunächst meinte er geschäftsmäßig, dass er das schnell klären würde, doch beim Ertasten ihrer Wirbelsäule wurde er blass und drückte den Notfallknopf neben seiner Tür. Gemeinsam mit den herbeigeeilten Pflegekräften legten wir unsere Freundin ganz vorsichtig auf eine spezielle Trage und schnallten sie dort fest – es sollte für längere Zeit das letzte Mal sein, dass sie senkrecht gestanden hatte. Fassungslos stellte er fest, was ich bereits befürchtet hatte: »Das gibt es doch nicht. Ihre Wirbelsäule ist gebrochen. Wie konnte das übersehen werden?«

Über zwei Wochen lang war sie inzwischen im Krankenhaus. Zigmal war sie untersucht, behandelt, operiert und geröntgt worden, aber bislang hatte noch niemand ihre Wirbelsäule behandelt. Im Nachhinein bekamen wir mit, dass bereits im Chefarztbericht nach der ersten Notoperation stand: »Bitte direkt Wirbelsäule abklären, Verdacht auf Fraktur.« Stattdessen wurde ihr gebrochener Arm behandelt. Erst sah es so aus, als ob sie bald entlassen werden könnte, doch jetzt hieß es bleiben. Auch Claudia und ich blieben. Tatsächlich dauerte es ein Vierteljahr, bis wir gemeinsam nach Hause fahren konnten.

Während dieser Wochen und Monate musste ich immer wieder an mein Gespräch mit Claudia vor dem Unfall denken.

»Weißt du noch, wie ich dir im Auto erklären wollte, wie unabkömmlich und wichtig ich für die Arbeit von GAiN bin?«, fragte ich

Claudia. »Dass ich auf keinen Fall drei Wochen fehlen könnte, weil sonst ein irreparabler Schaden entstehen würde?«

Sie nickte nur.

»Und jetzt sind wir nicht wie geplant drei Wochen im Ausland, sondern fehlen ohne Vorbereitung ganze drei Monate lang.«

Claudia lächelte nur: »Und so wie ich das sehe, kommt dein Team erstaunlich gut zurecht.«

Natürlich hörten wir immer wieder, wie sehr wir fehlen würden – das war sehr nett gemeint –, und dass jede Menge Arbeit liegen bleiben würde – aber das geschah auch, wenn ich da war. Tatsache war: GAiN funktionierte einfach weiter.

Tatsache war: GAiN funktionierte einfach weiter.

Trotz meiner dreimonatigen spontanen Abwesenheit lief alles weiter wie bisher. Das zu erleben tat sehr gut und machte mich gleichzeitig demütiger: Ich war wohl doch nicht so unverzichtbar, wie ich mir manchmal eingeredet hatte. Nicht einmal eine Übergabe der wichtigsten Verantwortungen hatte ich im Vorfeld veranlassen können.

Ja, ich hatte GAiN gegründet und war als Visionsgeber immer noch wichtig. Gleichzeitig erkannte ich, wie begrenzt diese Wichtigkeit war. Vier Sekunden auf der Autobahn hatten mich aus meiner Arbeit herauskatapultiert. Ich hätte ganz weg vom Fenster sein können – und war es de facto auch für drei Monate. Das zeigte mir deutlich, wie unwichtig ich wirklich war.

Ich fühlte mich zurechtgestutzt, aber nicht entwertet. Es war, als hätte mir Gott gesagt: »Du bist mir nach wie vor wichtig, aber für das Bestehen deiner (nein: meiner!) Arbeit kommt es nicht auf dich an.« Als Visionär empfand ich bis dahin immer wieder den Druck, meine Rolle so auszufüllen, dass andere diese Vision übernehmen würden. Seit dem Unfall gehe ich damit viel entspannter um. Ich weiß: Gott kümmert sich darum.

Immer noch habe ich Probleme, stehe vor Herausforderungen und muss dringende Entscheidungen treffen, aber, alles zusammengenommen, hat das nicht mehr so eine hohe Bedeutung für mich wie früher. Ich engagiere mich immer noch ganz und habe kaum Vierzigstundenwochen – meist sind sie länger –, ich kämpfe immer noch für Dinge, die mir wichtig sind, aber tief drinnen bin ich ruhiger geworden. Ich weiß, dass es nicht mehr um mich geht.

Eine wichtige Erkenntnis in dieser Zeit war es auch, dass ich als Visionsträger realisierte, dass ich zwar meine Vision weitertragen konnte, dass diese aber eigentlich Gottes Vision war – und der konnte sie auch jemandem anderen anvertrauen. Damit war die Frage nach der letzten Verantwortung auch geklärt.

Ich hatte also gelernt, dass ich weder wichtig noch verantwortlich war. Gott wollte, dass ich mich ihm zur Verfügung stellte, aber mehr nicht. Für mich waren diese Einsichten so etwas wie lebensrettende Maßnahmen. Wahrscheinlich wäre ich längst im Burn-out gestrandet, hätte ich das damals nicht erkannt. Ich habe einiges in meinem Alltag geändert, lebe heute gelassener und dankbarer als früher. Jeder Tag ist ein Geschenk – das weiß ich inzwischen.

Ich hatte also gelernt, dass ich weder wichtig noch verantwortlich war.

Längst fand auch die abschließende Gerichtsverhandlung statt. Der Professor hatte genug Daten gesammelt, um beweisen zu können, dass die elektronische Stabilisierung meines Autos (ESP) in unserem Fall versagt hatte. Alle weiteren Gedanken fanden keinen Niederschlag im Prozess, weil nichts davon beweisbar war. Eigentlich hätte ich bei der Gerichtsverhandlung eine Mitschuld am Unfall bekommen müssen, wie es beim Übertreten der Richtgeschwindigkeit von Hundertdreißig immer der Fall ist. Stattdessen wurde ich völlig freigesprochen – ohne Geldstrafe, Führerscheinentzug oder Punkte in Flensburg, weil klar war, dass ich diesen Unfall nicht verursacht hatte.

Ich bin Gott unendlich dankbar, dass wir drei diesen schweren Unfall überlebt haben und er uns wiederhergestellt hat. Das ist ein echtes Wunder! Außerdem freue ich mich, ohne Vorstrafe aus der Verhandlung herausgekommen zu sein. Obwohl für mich immer noch viele Fragen offen sind, hat Gott offensichtlich seine Hand über mich gehalten.

Allerdings war dieser Autounfall nicht der einzige in meinem Leben. Weitere Unfälle begleiteten mich auf meinem Lebensweg, mehr noch: Sie waren entscheidende Wendepunkte für mich. Das wurde mir besonders im Rückblick nach diesem Unfall deutlich, denn viele Jahre zuvor hatte mich ein anderer Unfall in die Arme Gottes getrieben.

Das geschah bereits 1987. Damals war ich gerade im Wehrdienst bei der Bundeswehr.

Da meine Adoptiveltern eine Methodistenkirche besuchten, hatte ich natürlich von klein auf viel über den Glauben gehört. Wir beteten vor dem Essen, ich musste auch den Gottesdienst und die Sonntagsschule der Gemeinde besuchen: In dieser Beziehung ließen meine Eltern nicht mit sich verhandeln. Dabei erlebte ich durchaus Phasen, die mich Gott näherbrachten, aber auch solche, in denen ich mich wieder von ihm entfernte. Ich lernte nämlich nicht nur christliche Vorbilder kennen, die mich begeisterten oder deren Glauben ich attraktiv fand, sondern mindestens genauso viele Menschen, die zwar sonntags fromm redeten, aber ansonsten so lebten, dass es für meinen Geschmack überhaupt nicht zu einem Glauben an den lebendigen Gott passte. Mehr als ein »frommes Grundrauschen« entwickelte sich bei mir damals nicht.

Die Bundeswehrzeit war meine erste Gelegenheit, von zu Hause herauszukommen, und diese Chance nutzte ich. Damals war ich gerade weit von einem lebendigen Glauben an Gott entfernt. Ich wollte heraus aus der Enge meines Dorfs und meines bisherigen Glaubens – ich wollte leben. Sex, Drogen und Rock'n'Roll war nicht nur der Mythos einer Jugendkultur, es wurde mein Motto, das ich ungestört von Familie und alten Freunden und Bekannten ausleben wollte.

Claudia hatte ich bereits vorher im Jugendkreis kennengelernt. In unsere Kirche in Lohra kamen außer einem Mädchen nur Jungs, im benachbarten Siegen bei ihr dagegen gab es außer einem Jungen nur Mädchen – kein Wunder, dass unsere Jugendkreise häufiger etwas zusammen unternahmen. So lernten wir uns bereits im Alter von fünfzehn Jahren kennen, ohne dass damals mehr daraus wurde.

Als ich an einem Heimfahrwochenende von der Bundeswehr nach Hause kam, hatte ich eine wilde Party in der nächsten Stadt im Sinn, doch daheim bei uns am Küchentisch saß das Mädchen aus unserer Jugendgruppe.

»Du weißt doch«, meinte meine Mutter entschuldigend, »ein paar Orte weiter findet gerade das Kreisjugendtreffen statt. Und da hab ich gedacht, du könntest sie da hinbringen. Das wäre doch für euch beide nett.«

Meistens konnte ich über solche Versuche meiner Mutter lächeln, mich mit freundlichen gläubigen Mädels zusammenzubringen, die ihrer Meinung nach gut zu mir passten. Ich hatte nichts *gegen* sie, aber ich empfand auch gar nichts *für* sie. Außerdem hatte ich bereits andere Pläne. So explodierte ich kurz nach dem Heimkommen, als ich ihren Plan durchschaute.

Ich tobte: »Das kann doch nicht wahr sein. Was ist das hier für ein verlogenes Spiel.«

Ich war enttäuscht.

Meine Mutter ebenfalls, denn sie hatte es nur gut gemeint.

Und das Mädchen konnte gar nichts dafür.

Schließlich weinten alle Beteiligten und meine Mutter rang mir das Versprechen ab, wenigstens das Mädchen noch zum Jugendtreffen zu bringen, damit sie daran teilnehmen könnte. Sie selbst hatte ja verhindert, dass sie mit den anderen jungen Leuten mitfahren konnte.

»Einverstanden«, meinte ich, »aber das war's. Danach mach ich mich direkt wieder auf den Rückweg.«

Wir setzten uns also ins Auto und ich fuhr sie zum Kreisjugendtreffen. Dort wollte ich nur kurz anhalten, die Beifahrertür öffnen, Tschüss sagen und zurückfahren, doch das glückte mir nicht. Das lag zum einen an meinem auffälligen Auto – einem Kadett C Coupé in Rotmetallic – und daran, dass viele aus meinem Jugendkreis den Wagen umringten und mich begrüßten. Das Mädchen wollte nur noch weg. Sie war längst ausgestiegen und gegangen, aber ich kam nicht mehr los.

»Wollen wir es einmal miteinander probieren?«

Außerdem lag es an Claudia, die mit einem Male auf mich zukam, und plötzlich geschah das von selbst, was meine Mutter vorher mühsam einfädeln wollte. Wie die anderen begrüßte sie mich ebenfalls: »Hi Klaus!«

»Hi Claudia!«

Und während die anderen sich nach und nach zurückzogen, begannen wir, miteinander zu reden, erst über Nebensächlichkeiten, dann über Musik, darüber, was wir die Woche über erlebt hatten, und unser Gespräch wurde immer tiefgehender. Ich wüsste nicht, dass ich mich vorher schon einmal so gut unterhalten und gleichzeitig so tief verstanden gefühlt hatte. Claudia ging es ähnlich. Irgendwann am späteren Abend überlegten wir uns, ob wir uns nicht befreunden sollten.

»Wollen wir es einmal miteinander probieren?«

»Klar«, meinte ich. »Ich wüsste nicht, mit wem ich es lieber versuchen würde.«

Daran hat sich bis heute nichts geändert!

Nun war ich also fest befreundet.

Nur eine Woche später saß ich als KvD, also als Kraftfahrer vom Dienst, am Steuer und fuhr den OvD, den Offizier vom Dienst, mit meinem VW Iltis zu einem nahe gelegenen Munitionsdepot. Der Weg dorthin führte uns über eine abgelegene Landstraße. In einer lang gezogenen Kurve fuhr ich ausnahmsweise nur Sechzig, doch uns kam in Fahrbahnmitte ein Auto mit Hundertvierzig entgegen, dessen Fahrer die Kontrolle darüber verloren hatte.

Wir stießen frontal zusammen.

Im anderen Auto befanden sich fünf Personen, zwei starben, die anderen drei wurden zum Teil schwer verletzt, und der Offizier, der neben mir saß, befindet sich seither im Rollstuhl. Unser VW war vor allem auf der Fahrerseite – meiner Seite – zerstört. Trotzdem hatte ich keine lebensgefährlichen Verletzungen, obwohl ich hinten im Wagen schwere Lkw-Batterien geladen hatte, die durch den Aufprall wie Geschosse nach vorne flogen. Eine davon durchschlug meine Kopfstütze, doch weil ich nicht angeschnallt war, befand sich mein Kopf nicht dahinter. Ich bekam nur den Säureregen ab, als sie am Überrollbügel zerschellte. Die Batteriesäure löste meine Kleidung auf, und ich sah eine Weile aus wie Frankenstein.

Wie durch ein Wunder konnte ich nach dem Zusammenprall selbst aussteigen und zog auch noch meinen Beifahrer unter dem Auto hervor, wo er lag. Meine Hand war zwar völlig kaputt, doch in diesem Moment spürte ich keine Schmerzen. Desorientiert, wie ich war, taumelte ich danach in den Wald.

Das führte dazu, dass meine Eltern noch am gleichen Abend einen Anruf erhielten: »Haben Sie einen Sohn namens Klaus Herbert Dewald?«

Meine Mutter wurde kalkweiß. Sie musste sich setzen und flüsterte: »Ja.«

»Dann muss ich Ihnen leider mitteilen, dass er voraussichtlich bei einem schweren Autounfall ums Leben kam.«

Währenddessen befand ich mich noch orientierungslos und unter Schock im Wald. Dort begegnete ich einer Frau, die vor Schreck und Entsetzen aufschrie, als sie mich sah. Blutverschmiert und durcheinander muss ich auch fürchterlich ausgesehen haben.

In diesem Moment wurde mir klar: Es gibt Gott, und zwar ganz anders, als ich ihn mir bisher vorgestellt hatte.

Dann aber kümmerte sie sich um mich. Weit hatte ich mich nicht vom Unfallort entfernt, und die Polizei war dort noch beschäftigt. Schnell wurde deswegen ein weiterer Rettungswagen gerufen und ich kam mit Schnitten, Brüchen und Prellungen ins Krankenhaus.

Meine Eltern bekamen wenige Minuten nach dem ersten Anruf einen weiteren: »Wir müssen uns bei Ihnen entschuldigen. Ihr Sohn saß nicht mehr im Auto. Er hat den Unfall überlebt und befindet sich gerade auf dem Weg ins Krankenhaus.«

Ich glaube, meine Eltern waren selten so erleichtert wie in diesem Moment.

Natürlich blieb ich erst einmal eine Weile im Krankenhaus. Ich hatte aber nur Verletzungen, die wieder heilten. Nach der Entlassung wurde ich von der Polizei zu den Resten meines Dienstwagens geleitet, denn solch ein Unfall mit Todesfolge hat immer ein juristisches Nachspiel. Schnell war klar, dass ich keinerlei Verantwortung am Unfall trug, aber die Untersuchung hatte ergeben, dass vom ersten Sichtkontakt bis zum Aufprall der Fahrzeuge nur eine Sekunde vergangen war. Die Bremsspuren zeigten, dass ich eine Vollbremsung hingelegt hatte, also beim Zusammenstoß den Fuß auf dem Bremspedal gehabt haben musste. Trotzdem waren weder mein Bein noch ich selbst vom Motorblock zerdrückt worden, der sich bis auf den Fahrersitz geschoben hatte. Ich hätte diesen Unfall eigentlich nicht überleben können. Das wurde mir sehr deutlich, als ich die zertrümmerten Reste des Autos sah.

In diesem Moment wurde mir klar: Es gibt Gott, und zwar ganz anders, als ich ihn mir bisher vorgestellt hatte. Ich fand durch diesen Unfall neu oder überhaupt erst richtig zum Glauben. Wichtiger war mir jedoch, dass ich einen Sinn für mein Leben fand. Wenn Jesus dies alles in Bewegung gesetzt hatte, damit ich den Unfall überlebte, dann hatte er noch etwas mit mir vor. Es war das erste Mal, dass mir das bewusst wurde, auch wenn ich mir damals noch nicht vorstellen konnte, was genau das beinhalten sollte.

Unfälle spielen in meinem Leben eine große Rolle.

Mein neuer Glaube beeinflusste auch meine Beziehung zu Claudia. Uns war beiden deutlich geworden, wie schnell ein Leben zu Ende sein konnte, und wir wollten uns weder mit Nebensächlichkeiten noch mit irgendwelchen Randproblemen beschäftigen, sondern etwas für Gott bewegen. Ein Nebeneffekt dieser Erkenntnis war, dass wir uns damals etwas überlegten.

»Ich hab eine Idee. Wenn das Leben so schnell vorbei sein kann, dann sollten wir uns nie schlafen legen, wenn noch etwas zwischen uns steht.«

»Meinst du, wir sollen uns nicht mehr zoffen?«

»Das schaffen wir nicht.« Wir mussten beide lachen. »Aber wir können ja danach darüber reden …«

»Ich glaube, das ist sogar biblisch. Irgendwo steht doch ›Sündigt nicht, wenn ihr zornig seid, und lasst die Sonne nicht über eurem Zorn untergehen‹, oder?« – Genau: Das steht in Epheser 4,26.

Damals war es für uns eine spontane Überlegung, aber wir halten es bis heute so. Wir können uns streiten und tun das auch ab und zu, aber wir bleiben dabei nicht stehen.

Unfälle spielen in meinem Leben eine große Rolle. Ich wünsche niemandem diese Erfahrungen, aber mir haben sie ganz klar die Richtung gewiesen: zu einem Leben mit Gott und später zu einer neuen Wirksamkeit im Einsatz für ihn.

UNKONVENTIONELL IST GUT

»Herr Dewald, haben Sie eigentlich so etwas wie ein Lebensmotto?«

Der Radiomoderator des christlichen Senders lehnte sich in seinem Stuhl zurück und schaute mich erwartungsvoll an. Ich wusste, was er hören wollte: Ich sollte einen eindrücklichen Bibelvers zitieren, der mein Leben und Arbeiten prägte. Diesen Vers gibt es auch. Ich erzählte ihm trotzdem etwas anderes, weil es mir in diesem Zusammenhang wichtiger war.

»Wissen Sie, ich bin ein Macher. Das bedeutet für mich, dass ich mich in einer Notsituation nicht erst einmal an den Schreibtisch setze und ausführlich Risiken und Chancen, Kosten und Nutzen gegeneinander abwäge und daraufhin versuche, eine Entscheidung zu treffen. Natürlich denke ich nach, aber in erster Linie handle ich. Weil ich davon überzeugt bin, dass auch Jesus nicht lange überlegt hat, wenn er einen Menschen in Not sah. Er hätte keine Kosten und Anstrengungen gescheut, um anderen zu helfen. Bei Jesus kam noch etwas Besonderes hinzu: Wenn er zu anderen gehen wollte, dann lief er auch schon einmal übers Wasser dorthin. Aber ich möchte mich auch nicht von irgendwelchen scheinbaren Hindernissen aufhalten lassen, wenn ich weiß, dass Jesus an meiner Stelle losgehen würde.«

Wer viel fragt, bekommt viele Antworten.

Mein Gegenüber nickte auffordernd.

»Ich habe zwei Mottos, die eng zusammenhängen. Das erste lautet: Wer viel fragt, bekommt viele Antworten. Das steht natürlich dafür, dass ich lieber nicht frage, sondern handle, auf die Gefahr hin, dass es auch einmal falsch ist, was ich tue. Mein zweites Motto ist: Es ist viel leichter, um Entschuldigung zu bitten, als um Erlaubnis zu fragen. Es hängt eng mit dem ersten zusammen. Wieder geht es darum, einfach loszulegen und etwas zu tun. Wenn es tatsächlich falsch ist, dann fällt mir kein Zacken aus der Krone, mich dafür zu entschuldigen. Tatsächlich musste ich mich aber seltener entschuldigen, als viele meiner Freunde und Bekannten gedacht haben.«

»Setzen Sie sich damit nicht über Verbote oder Gesetze hinweg?«

Ich musste lachen. »Genau das ist doch der Sinn meiner Mottos …«

Der Moderator schaute erschrocken.

»Falls eine Reise gefährlich werden könnte, frage ich meine Vorgesetzten nicht dreimal, ob sie wirklich zustimmen. Sie müssten mir so eine Tour verbieten – und ich hätte ein schlechtes Gewissen, weil ich trotzdem fahren würde. Auch viele Regeln und Gesetze im Bereich der humanitären Hilfe sind unsinnig oder politisch motiviert. Sie sollen zum Beispiel unterstreichen, dass ein bankrotter Staat immer noch sehr gut für seine Bürger sorgen kann – auch wenn das längst nicht mehr der Fall ist. Da werden hungernde Menschen per Gesetz als satt erklärt. Soll ich hier am Zoll oder bei der Regierung nachfragen, ob meine Hilfe erwünscht ist? Nein, in solch einem Fall handle ich lieber und suche mir einen Weg.«

Praktisch wurde diese Art des Vorgehens, die ich damals im Radio erklärte, auch bei unserer Hilfe für Haiti. Sie fand nicht in der Anfangszeit von GAiN statt, wo ich allein hätte entscheiden können, aber das Ganze letztlich auch allein hätte umsetzen müssen. Längst gab es etliche GAiN-Arbeiten weltweit, und wir hatten uns für den Fall, dass eine Katastrophe geschehen würde, auf einen gemeinsamen Ablaufplan verständigt.

Schon die Bibel zeichnet ein eher kritisches Bild von Zöllnern. Wenn sie heute an der Grenze totalitärer Regimes stehen, brauche ich viel Weisheit.

Am 12. Januar 2010 gegen 16 Uhr Ortszeit ereignete sich südlich von Haitis Hauptstadt Port-au-Prince ein schweres Erdbeben. Die gemessene Stärke lag zwar »nur« bei einem Wert von 7,0 auf der Momenten-Magnituden-Skala, aber die Folgen waren katastrophal: Über 300 000 Menschen starben. Um die zwei Millionen Menschen wurden obdachlos, und jeder Haitianer war auf irgendeine Weise direkt betroffen, denn es gab weder Strom noch Wasser; Straßen, Häfen und Flughäfen waren zerstört; das Land versank im Chaos.

Diese Ausmaße waren uns noch nicht bewusst, aber es war bereits klar, dass das Erdbeben in Haiti eine Katastrophe war, mit der das Land nicht allein fertigwerden würde. Deshalb taten wir das, was wir bei GAiN International für so einen Fall vereinbart hatten: Wir verabredeten uns als Direktoren zu einer Telefonkonferenz, um abzusprechen, ob und wie wir gemeinsam auf diese Notlage reagieren wollten und konnten.

Wahrscheinlich ticken wir hier wie die meisten internationalen Werke und Organisationen: Die koordinierte Weltzeit UTC ist zwar die von London, doch sobald ein US-Amerikaner mit am Tisch sitzt, richtet sich das Ganze nach seinen Bürozeiten. Also saßen wir am 13. Januar vor unseren Telefonen – in Orlando/USA war es 15 Uhr Ortszeit, in Vancouver 12 Uhr, in Seoul 5 Uhr morgens und bei mir in Gießen 21 Uhr.

Wir waren uns einig: »Wir müssen etwas tun!«

Ein Tag war seit dem Erdbeben vergangen.

Der erste Teil war schnell geklärt. Wir waren uns einig: »Wir müssen etwas tun!«

Im zweiten Schritt wird festgelegt, welches Regionalbüro die Leitung übernimmt. Auch das konnte bald geklärt werden: In diesem Fall sollte GAiN Kanada die internationalen Hilfeleistungen koordinieren.

Der Startschuss war gefallen – wir gingen an die Arbeit. Hilfsgüter wurden zusammengestellt, Spender informiert und ein Team wurde ins Land geschickt, um vor Ort nach Partnern zur Zusammenarbeit zu schauen.

Parallel dazu machte ich mich an meine Arbeit. Ich wusste nämlich fast nichts von Haiti und den Menschen, die dort leben, also las ich und informierte mich. Das ging für mich bereits mit der Frage los, wo Haiti eigentlich genau war. Irgendwo auf dem Weg nach Amerika, das war mir klar, schließlich war Kolumbus dort auf seiner Fahrt in die neue Welt gelandet. Genaueres wusste ich allerdings nicht. Ich lernte, dass es sich zusammen mit der Dominikanischen Republik die Insel Hispaniola teilt und zwischen Kuba und Puerto Rico liegt.

Das Ausmaß der Schäden in Haiti war gewaltig, und praktisch jede Familie hatte Opfer zu beklagen.

Was ist die Geschichte Haitis? Welche Menschen leben dort? Wie ist ihre Mentalität? Gibt es dort eine einheitliche Bevölkerung oder Hunderte von ethnischen Gruppen? All diese Fragen stellte ich mir und suchte Antworten. Spannend wurde es bei der Einschätzung, was das Hauptproblem des Landes war: nicht Naturkatastrophen, sondern eine strukturelle Armut. Haiti ist der einzige Staat der westlichen Hemisphäre, der zur sogenannten »Vierten Welt« gezählt wird, zu den am wenigsten entwickelten Staaten der Erde.

Hier soll nicht die Geschichte Haitis erzählt werden, aber es ist mir wichtig zu zeigen, dass ich zwar ein Macher bin und gerne direkt mit dem Helfen loslege, aber genauso wichtig ist es mir, Land, Leute und Hintergründe zu verstehen, um wirklich helfen zu können. Dass ich Wege gefunden habe, Menschen in den ehemaligen Sowjetrepubliken zu helfen, bedeutet für mich nicht, dass diese auch für die Menschen in Haiti geeignet sind.

Bei all dem Sammeln von Informationen war ich sehr entspannt, denn ich wusste, dass die kanadischen Kollegen sich um den organisatorischen Rahmen kümmern würden. Unser Part war es, Hilfsgüter, einzelne Helfer und Finanzen zu liefern.

Meine Entspannungsphase endete mit einem Telefonanruf am dritten Tag nach dem Erdbeben.

»Guten Tag, ich arbeite bei Air Berlin und koordiniere die Rückholung von deutschen Touristen aus Haiti und der Dominikanischen Republik. Da zurzeit niemand in diese Region fliegen will, sind unsere Flugzeuge auf dem Hinweg leer. Können Sie uns Hilfsgüter anliefern? Dann würden wir sie kostenlos ins Land bringen.«

Dieses Angebot war so unglaublich gut, dass ich es nicht ablehnen konnte. Ich überlegte kurz. Direkt vor Weihnachten hatten wir die größte Einzelspende in der GAiN-Geschichte erhalten: siebenundzwanzig Lkw voller Babynahrung, also knapp neunhundert Paletten. Damals hatte ich keine Ahnung, wohin wir sie schicken würden. Nach dem Erdbeben hatte ich nicht gewusst, wie ich sie versenden sollte. Jetzt war beides geklärt.

»Ja«, antwortete ich deshalb. »Wir haben palettenweise Babynahrung. Wohin soll ich sie Ihnen liefern und bis wann?«

»Das ist der Haken bei der Sache«, meinte mein Anrufer. »Wir haben drei Flugzeuge eingeplant. Sie fliegen ab Düsseldorf und ab Zürich und der erste Flieger startet morgen.«

Ich schluckte. »Dann werden wir heute wohl etwas länger arbeiten.«

In dieser Nacht schliefen nicht viele von unserem GAiN-Team. Wir organisierten weitere Lkw und Fahrer. Ich selbst setzte mich auch ans Steuer. Und dann begannen wir, unser Lager in Gießen zu räumen, eine Palette nach der anderen zu verladen und die Babynahrung erst nach Düsseldorf, zwei Tage später nach Zürich und vier Tage später wieder nach Düsseldorf zu transportieren.

Es war völlig unmöglich, dass das gelingen konnte, aber wir schafften es.

Weil die Flugzeuge keine Frachtmaschinen waren, sondern Passagiere transportieren sollten, war auch das Verladen ein Kunststück, aber nach nur fünf Tagen waren alle Gläschen mit Babynahrung in der Karibik angekommen.

Es war völlig unmöglich, dass das gelingen konnte, aber wir schafften es.

Plötzlich waren wir in einem Maße involviert, das ich mir vorher nicht so vorgestellt hätte. Wir kamen auch anschließend kaum zum Durchatmen, denn nach der Aktion mit der Luftfracht überrollte uns die Spendenbereitschaft der Deutschen. So konnten wir etliche Container auf den Seeweg schicken.

An Entspannung war auch danach nicht zu denken. Raphael Funck, mein Mitgeschäftsführer, trommelte die leitenden Mitarbeiterinnen und Mitarbeiter in unserer Gießener Zentrale zusammen: »Es läuft nicht in Haiti. Die Kanadier sind damit überfordert, die Katastrophenhilfe zu koordinieren.«

»Woran liegt es denn?«

»Viele mögliche Ansprechpartner im Land sind ebenfalls ums Leben gekommen. Die Transportwege sind verschlossen. Alles gestaltet sich komplizierter als erwartet.«

»Dann müssen wir uns selbst einen Überblick verschaffen, wie wir unsere Kollegen unterstützen können«, meinte ich vor versammelter Mannschaft.

Alle waren einverstanden.

»Raphael sollte mitfliegen und natürlich Claudia – schon wegen guter Fotos – und ich …«

Wir konnten nicht Haiti aufbauen,
aber das Waisenhaus in Ça-Ira.

Alle um mich herum schüttelten die Köpfe.

Raphael versuchte es mir schonend beizubringen: »Klaus, wenn du mitfliegst, dann kommt es gar nicht dazu, dass das Ganze mit Abstand begutachtet wird und wir die Kanadier unterstützen. De facto haben wir dann in Deutschland ein neues Projekt.«

Ich wollte etwas erwidern, aber mir fiel nichts ein. Er hatte ja recht.

So war es wohl das erste Mal in der GAiN-Geschichte, dass meine Frau mit Raphael zusammen in ein Einsatzgebiet unterwegs war und ich zu Hause blieb. Tatsächlich dauerte es aber nur einen Tag, bis Raphael mich aus Haiti anrief und meinte: »Klaus, nimm bitte den nächsten Flieger und komm nach. Wir brauchen dich hier. Das Chaos ist noch viel größer, als wir erwartet hatten.«

»Und was ist mit euren Befürchtungen?«

»Ganz egal, du musst kommen.«

Am nächsten Morgen saß ich im Flugzeug nach Santo Domingo in der Dominikanischen Republik – Port-au-Prince konnte noch nicht wieder angeflogen werden. Ich fuhr hinüber nach Haiti, und es ging mir genauso wie Claudia und Raphael: Ich war geschockt von den Zuständen nach dem Erdbeben und genauso von den hilflosen Versuchen zu helfen. Mit ihren Befürchtungen behielten sie allerdings recht, denn mit meiner Ankunft hatte GAiN Deutschland tatsächlich ein neues Projektland.

Ich besprach die aktuellen Herausforderungen und die notwendigen nächsten Schritte mit meinen kanadischen Kollegen, und wir einigten uns darauf, dass GAiN Deutschland stärker in die Katastrophenhilfe für Haiti eingebunden werden sollte.

Einige Herausforderungen waren logistischer Art – etwas, das deutsche Spender in der Berichterstattung oft als Kritik mitbekamen, wenn es wochenlang hieß: »Immer noch wurde ein Großteil der gespendeten Gelder und Güter nicht weitergegeben.« Wie auch? Es gab keine Straßen mehr, über die Hilfsgüter verteilt werden konnten, keine Flughäfen, um sie direkt ins Land zu bringen, und selbst die Hafenanlagen mussten erst repariert werden. Die gesamte Infrastruktur war zerstört. Oft gab es noch nicht einmal eine Bank, die überwiesenes Geld in Empfang nehmen konnte.

In dieser Situation kam meine Kreativität zum Tragen und genauso mein Lebensmotto: Wer viel fragt, bekommt viele Antworten. Also handelten wir einfach, ohne groß um Erlaubnis zu fragen.

Zu Beginn war reine Katastrophenhilfe gefragt. Wie andere Hilfsorganisationen auch suchten und fanden wir Wege, um Lebensmittel, Hygieneprodukte und mehr in die überfüllten Auffanglager zu bringen, in denen obdachlos gewordene Menschen eine provisorische Bleibe gefunden hatten. Einige dieser Zeltstädte existierten noch sehr lange, doch unsere Hilfe verschob sich relativ bald.

Wenn mich jemand fragt, was typisch für GAiN und seine Hilfe ist, sage ich meist: »Wir kommen ein bisschen später, und wir bleiben etwas länger.«

In dieser Phase waren wir nun. Gab es ein Projekt im Land, das wir mit unseren Kräften und Möglichkeiten begleiten konnten? Wir fanden es vierzig Kilometer außerhalb von Port-au-Prince in Ça-Ira, nahe beim Städtchen Léogâne. Dort hatte es bis zum Erdbeben ein Waisenhaus gegeben, das von einer Kirche gegründet worden war. Innerhalb von einer Minute war alles zusammengebrochen, einige Mitarbeitende fanden den Tod, und fünfundsiebzig Kinder standen vor dem Nichts. Der Gemeindeverband konnte das Haus nicht wieder aufbauen.

Typisch für GAiN: »Wir kommen ein bisschen später, und wir bleiben etwas länger.«

Direkt nach der Katastrophe half GAiN mit Nahrungsmitteln und Zelten. Und schließlich entschieden wir uns dazu, hier langfristig in Menschen und die Verbesserung ihrer Lebensumstände zu investieren. Ähnlich wie die *Arche Noah* in Uganda wollten wir das Waisenhaus wieder aufbauen und es um einen Kindergarten und eine Schule ergänzen.

Zunächst aber benötigten wir eine Halle, um unsere Hilfsgüter lagern zu können – geschützt gegen Wettereinflüsse und Diebstahl, aber alle entsprechenden Gebäude in der Region waren zerstört. Also überlegte ich, was wir zur Verfügung hatten. Schnell dachte ich an die Container, in denen die Waren angeliefert wurden. Wenn wir die nicht nur als verschließbare Räume aufs Gelände stellen würden, sondern sie so aufbauen könnten, dass sie die Seitenwände eines größeren Lagers bildeten, bräuchten wir nur noch eine Dachkonstruktion darüber und die Lagerhalle wäre gebrauchsfertig. Das sollte schnell zu realisieren sein. Wir fragten nicht, ob so etwas schon einmal gemacht worden war oder ob wir eine Baugenehmigung dazu einholen müssten. Wir brauchten die Halle – und zwar sofort. Also bauten wir sie. Im Laufe der Jahre wurde sie vergrößert und verschönert, aber es ist immer noch die Halle, die aus meiner kleinen Skizze entstand: Links und rechts stehen jeweils zwei Container hintereinander mit weiteren zwei Containern als zweiter Etage darauf. Darüber befindet sich ein Dach. Das Ganze wird an der Rückseite verschlossen, die Lücken werden ausgemauert und die Front erhält ein Rolltor: Fertig ist die Lagerhalle.

Genauso gingen wir beim Bau der Brücke vor, die das Waisenhaus und seine Umgebung wieder für Lkw erreichbar machen sollte. Davon habe ich bereits erzählt. Auch sie ist ein Provisorium ohne Baugenehmigung, eine völlige Kompetenzüberschreitung meinerseits, denn ich darf ja nicht außerhalb meines eigenen Grundstücks eine Brücke bauen. Allerdings hat dieser versenkte Container, der uns als Behelfsbrücke über ein Flüsschen dient, unsere Hilfsarbeit erst ermöglicht und damit sogar Menschenleben gerettet. Seit zwölf Jahren fahren Autos und Lastwagen darüber.

Die kleine GAiN-Mannschaft kam damit an ihre Grenzen und wuchs über sich hinaus.

Als die Infrastruktur stand, konnten wir unsere Hilfsgüter wesentlich einfacher verteilen. Innerhalb kurzer Zeit schickten wir fünfzig Überseecontainer nach Haiti. Die kleine GAiN-Mannschaft kam damit an ihre Grenzen und wuchs über sich hinaus, denn die Hilfslieferungen an Familien in der Ukraine oder Lettland liefen einfach weiter. Gleichzeitig wussten wir, dass es richtig war, den Menschen in Haiti zu helfen.

Es war ein großer Moment, als das Waisenhaus fertiggestellt war und eingeweiht werden konnte.

Mein Wunsch hierbei war, dass wir relativ bald aus dem Katastrophenmodus herauskämen. Ich wollte so etwas wie Entwicklungszusammenarbeit, wollte Einheimische involvieren und das Kinderheim nachhaltig weiterentwickeln. Das stellte sich als große Herausforderung dar, denn es funktionierte einfach nichts in Haiti.

Es beginnt damit, dass man im Auto sitzt und von einem uniformierten Polizisten an den Straßenrand gewunken wird. Tut er nur seine Arbeit und weist einen auf einen Fehler hin oder eine gesperrte Straße voraus? Oder zieht er seine Pistole und raubt einen aus? All das war möglich – und es hat sich bis heute eher verschärft als gebessert.

Dazu kamen weitere Naturkatastrophen. Auch 2018 und 2021 bebte die Erde und es starben wieder zahlreiche Menschen oder wurden obdachlos – auch in direkter Umgebung unseres Kinderheims in Ça-Ira. Hier ist inzwischen ein kleines Schulzentrum entstanden. Im Waisenhaus leben über siebzig Kinder und Jugendliche, die über Patenschaften finanziert werden. Dazu kommen etliche Kinder aus der Umgebung, die mit ihnen zusammen den neu errichteten Kindergarten und die Schule besuchen. Wir sind hier auf einem guten Weg; noch lange nicht da, wo wir in Uganda sind, aber die Richtung stimmt.

Dass diese Entwicklung eine gewisse Nachhaltigkeit hat, zeigte sich gerade bei den weiteren Erdbeben. Sowohl das Containerlager als auch die neu gebauten Häuser überstanden diese ohne weitere Schäden. Mitarbeiter und Nachbarn hatten beim Hausbau mitgeholfen, auch beim Bau von Lehrerunterkünften. Einige hatten das Know-how mitgenommen und auch die eigenen Häuser erdbebenfest gemacht – das zahlte sich jetzt aus. Eine besondere Form der Nachhaltigkeit entstand dadurch, dass die Waisenkinder beziehungsweise Jugendlichen in die Hilfeleistungen danach eingebunden waren. Es war eine besondere Erfahrung für sie: Sie waren von Hilfeempfängern zu Helfern geworden. Nebenbei bewährte sich unsere geschaffene Infrastruktur. Sie funktionierte zwar haitianisch, aber sie funktionierte!

Der einheimische Träger des Waisenhauses ist ein Kirchenverband, dem ungefähr fünfhundert Kirchen und Gemeinden im Land angehören. Als wir die Partnerschaft mit ihnen begannen, sahen wir einige Probleme in der praktischen Arbeit und auch in der Organisation, aber wir hatten den Eindruck, dass die Verantwortlichen das Herz auf dem richtigen Fleck hatten. Zu Beginn der Zusammenarbeit traf ich mich mit dem Waisenhausleiter und dem Bischof des Kirchenbundes. Dabei fragte ich sie: »Was ist euer Traum für die Zukunft? Was sind die nächsten Schritte, die uns diesem Traum näherbringen?« Und ich hakte auch nach: »Woran ist die Umsetzung denn bisher gescheitert?«

Natürlich begegneten sich hier zwei Welten. Wir hatten völlig unterschiedliche Hintergründe und Erwartungen, aber ich wollte wissen, wie sie dachten – und ich wollte Menschen verändern. Zunächst einmal hatten die beiden das Waisenhaus und die Schule im Blick. Sie brauchten Möbel, Lehrkräfte, Schuluniformen. Mein Traum von einer veränderten Gesellschaft in Haiti war wesentlich größer, doch ich wollte sie nicht überfordern, also begann ich erst einmal mit sehr kleinen und konkreten Schritten. Ich meinte zu ihnen: »Danke, dass ihr mir ein Bild von eurem Traum gemalt habt. Ich sehe da allerdings etwas, das dieses Bild stört.«

Sie waren von Hilfeempfängern zu Helfern geworden.

Die beiden schauten mich fragend an.

»Das ganze Land sieht aus wie eine Mülldeponie. Der schöne Strand in der Nähe ist verdreckt, die Wege sind voller Abfall, und selbst das Kinderheim ist zugemüllt.« Dazu ist ein laut ausgesprochener Traum Gold wert, denn ein Traum beinhaltet nie Müll.

Der Waisenhausleiter zuckte die Achseln: »Das ist eben so in Haiti.«

Der Bischof ergänzte: »Du wirst diesen Müll überall finden.«

Sie fanden tausend Entschuldigungen, warum das so ist und auch so bleiben müsste, aber damit gab ich mich nicht zufrieden: »Wer einen Traum hat, der findet auch Mittel und Wege, ihn umzusetzen. Wer allerdings keinen Traum hat, der findet Gründe, warum das nicht passieren kann.«

»Was willst du damit sagen?«

»Damit will ich sagen, dass wir hier gemeinsam träumen – und wir können etwas dafür tun, dass dieser Traum Wirklichkeit wird. Ist es nicht ein erster Schritt in Richtung unseres gemeinsamen Traums, dass es hier sauber wird?«

Ich konnte sie tatsächlich bei ihrer Ehre packen, und es dauerte nicht lange, bis das Kinderheim müllfrei war. Der nächste Schritt war es dann, Mülleimer aufzustellen und mit Schülerinnen und Schülern genauso wie mit ihren Lehrerinnen und Lehrern einzuüben, dass dies auch so blieb.

Das war ein echter Erfolg, aber es gab immer wieder Bereiche, die nicht funktionierten. Manches beließen wir einfach so – man kann nicht alles auf einmal verändern –, aber manches mussten wir dringend ansprechen. Dabei lernte ich den Bischof auch von einer anderen Seite kennen.

»Klaus, kannst du mal in mein Büro kommen?« Unser Buchhalter bot mir einen Stuhl an. »Es gibt da ein Problem mit den Finanzberichten aus Haiti.«

Ich ahnte schon, worauf dieses Gespräch hinauslaufen würde. »Als wir uns das letzte Mal mit dem Bischof getroffen haben, haben wir eine Vereinbarung unterzeichnet, welche Mittel wir ihm fürs Waisenhaus zur Verfügung stellen, und dass er regelmäßig belegt, wie das Geld verwendet wurde.«

»Ich weiß«, lächelte der Buchhalter, »aber diese Vereinbarung ist das erste und einzige Papier in meinen Haiti-Unterlagen. Es ist noch kein einziger Bericht eingegangen.«

»Hast du schon einmal nachgehakt?«

Ich hätte mir die Frage sparen können. Natürlich hatte er das. Nicht nur einmal, doch der Bischof beziehungsweise sein Büro hatten nicht einmal geantwortet.

Ich hatte sowieso einen Besuch in Haiti geplant, also hatte ich damit einen weiteren Punkt auf meiner langen To-do-Liste. Wieder in Ça-Ira begegnete ich dem Bischof allerdings nicht. Die letzten Male war er selbst aktiv geworden und ins Waisenhaus gekommen, um mich zu treffen, diesmal nicht. Also vereinbarte ich einen Termin mit ihm und fuhr zu seinem Dienstsitz nach Port-au-Prince.

In dem Bürohaus neben der gewaltigen Hauptkirche traf ich am Empfang auf einen Sekretär, der mir nach einem kurzen Telefonat ausrichtete, dass der Bischof leider nicht im Hause sei.

Man musste kein Tiefenpsychologe sein, um zu erkennen, dass der Mann log. Außerdem stand das Auto des Bischofs im Hof.

Also ging ich einfach die Treppe hinauf und in Richtung des Bischofszimmers am Ende des Ganges. Der Sekretär lief aufgeregt neben mir her und versuchte, mir klarzumachen, dass ich hier nicht einfach eindringen dürfte, doch ich war so im Schwung, dass ich mich nicht aufhalten ließ. Ich riss die Bürotür auf und sah den angeblich nicht anwesenden Bischof in einer Besprechung mit einigen anderen kirchlichen Würdenträgern.

Wir können etwas dafür tun, dass dieser Traum Wirklichkeit wird.

»Das Meeting ist beendet. Sie können gehen«, erklärte ich den verdutzten Männern.

Das schlug ein wie eine Bombe. So hatte noch nie jemand mit dem Bischof gesprochen. Aber sie nahmen ihre Unterlagen und verließen den Raum.

»Das kannst du nicht machen«, beschwerte er sich anschließend bei mir.

»Du hast doch gesehen, dass ich es kann«, antwortete ich nur. »Wir haben seit zehn Minuten einen Termin – und dabei geht es um die Zukunft unserer Zusammenarbeit. Was nehme ich denn mit nach Deutschland? Dass du dich verleugnen lässt? Dass du mich belügst? Dass du nicht zu deinen Zusagen stehst?«

Natürlich wusste er, dass er einen großen Fehler gemacht hatte, aber ihm war auch klar, dass ich nicht lange in Haiti wäre. Also meinte er versöhnlich: »Du hast ja recht, aber das Fertigstellen der Berichte wird eine Weile dauern. Wir machen einen neuen Termin. Lass uns inzwischen …«

»Vergiss es«, wiegelte ich ab. »Ich bleibe hier, bis ich die Berichte in der Hand halte. Du hast doch zwanzig Mitarbeiter bei dir in der Zentrale. Setz sie alle direkt daran, dann ist die Arbeit schnell gemacht.«

Er schluckte.

»Halt deine Zusage ein. Wenn du dazu nicht bereit bist, dann brauchst du mir bei unseren Treffen auch nicht deinen Traum von Haiti zu erzählen.«

Ich hatte mich in Rage geredet, und wo ich gerade einmal dabei war, machte ich nach einem Blick aus dem Fenster einfach weiter. »Wie sieht es eigentlich um das Büro und die Kirche herum aus? Die Müllberge sind noch wesentlich schlimmer als im Kinderheim vor dem Aufräumen. Meinst du, das ist ein Zeugnis für die Menschen in der Nachbarschaft?«

Ich fragte nach: »Wie lang sind eure Gottesdienste? Fünf oder sechs Stunden?«

Er nickte bestätigend.

»Du erzählst immer davon, wie heilig dir der Sonntag und der Gottesdienst sind. Vielleicht glaubst du es mir nicht, aber mir ist er ebenfalls heilig – und zwar so, dass das für mich nicht zusammenpasst.« Mein Vorschlag lag auf der Hand: »Wie wäre es, ihr feiert nur drei Stunden Gottesdienst und räumt hinterher noch zwei Stunden auf? Das würde einen echten Unterschied ausmachen. Und bei euren viertausend Besuchern seid ihr sehr schnell fertig mit der Arbeit.«

Er schien ernsthaft zu überlegen, ob das eine Option wäre.

»Und wenn ihr ein richtiges Zeichen setzen wollt, dann räumt ihr auf der Straße auch noch auf.«

Hier musste er lachen. »Das lohnt sich nicht. Es dauert nur eine halbe Stunde und alles ist wieder voller Müll. Die Leute würden uns auslachen.«

»Ach, weil andere Leute sich darüber amüsieren würden, denkst du nicht einmal darüber nach?«

Er nickte zögernd.

»Haiti wird nie einen Schritt vorankommen, solange die Leute so denken wie du«, erklärte ich ihm.

Wir saßen noch eine Weile zusammen. Die Wogen glätteten sich langsam. Die Mitarbeiter des Bischofs hatten sich tatsächlich an die ausstehenden Berichte gesetzt und stellten sie noch am gleichen Tag fertig.

Als ich das nächste Mal beim Bischofssitz vorbeikam, musste ich staunen: Das Gelände war blitzblank sauber. »Na, geht doch«, sagte ich zu mir selbst.

Meine Schlussfolgerung ist: Die Umstände lassen sich verändern. Manchmal ist es nötig, sehr behutsam anzufangen, und manchmal muss man dazu rabiat vorgehen. Immer ist es allerdings nötig, Menschen zu beteiligen. Ich muss die Leute vor Ort mitnehmen, und ich muss sie bei ihrer Ehre packen. Es war Absicht, dass ich im Büro des Bischofs nicht von mir und meinen enttäuschten Erwartungen gesprochen habe – der Bischof hatte seine eigenen Zusagen nicht eingehalten.

> **Meine Schlussfolgerung ist: Die Umstände lassen sich verändern.**

Besonders freut es mich, dass diese angestoßenen Änderungen kein Strohfeuer waren. Das Gelände rund um den Bischofssitz ist immer noch sauber. Die Berichte aus seinem Büro sind bis heute nichts Besonderes, und unser Buchhalter in Deutschland schwitzt immer noch, wenn sie – meist mit leichter Verspätung – eintrudeln, aber sie kommen. Und sie sind ein kleines Zeichen dafür, dass Veränderung möglich ist.

Der Bischof und ich haben heute übrigens ein entspanntes und freundliches Verhältnis.

GAiN

Haiti könnte wunderschön sein … Das finden nicht nur Raphael Funck und ich.

Kulturelle Auseinandersetzungen gab es übrigens auch mit der Lehrerschaft der Schule. In Haiti werden ältere Menschen wertgeschätzt. Das ist erst einmal ein hervorragender Ansatz; auch die Bibel stellt fest: »Ehrt und respektiert ältere Menschen. Habt Ehrfurcht vor eurem Gott. Ich bin der HERR!« (3. Mose 19,32). Doch es ist eine Sache, Ältere zu ehren, und es ist eine völlig andere Sache, Lehrer nur aufgrund ihres Alters fähigeren Kollegen vorzuziehen.

Wie können wir die Alten ehren, wie es die Bibel vorgibt und die haitianische Kultur unterstreicht, und gleichzeitig dafür sorgen, dass in Ça-Ira keine Gerontokratie entsteht, keine Herrschaft der Alten?

Manchmal müssen Raphael Funck und ich aus irgendeinem Grund ein Machtwort sprechen. Dabei geht es nicht um Detailfragen, doch wenn eine ältere Lehrkraft sich dafür entschieden hat, noch mitzubestimmen, aber nicht mehr zur Arbeit zu gehen, sich zur Ruhe zu setzen, aber gerne noch ihr volles Gehalt dafür bekommen möchte, einfach weil sie älter ist und denkt, dass ihr das zustünde, dann ziehen wir manchmal die »Powerkarte«. Dann unterstreichen wir, dass wir für das Geld, das GAiN Deutschland überweist, auch Leistung erwarten, und kündigen an, dass wir das Gehalt für solch eine Person nicht unbedingt überweisen müssen.

Diese Maßnahme war ab und zu nötig, zum Glück nicht besonders häufig. Inzwischen wird die Arbeit in Ça-Ira nicht mehr von einem Leiter angeführt, der auch noch der älteste sein muss, sondern es gibt ein verhältnismäßig junges Leitungsteam. Das ist eine deutliche Bereicherung für die Arbeit, und spannenderweise sehen das auch die Haitianer so.

Wenn ich an Haiti denke, dann ist mein erster Gedanke: so ein wunderschönes Land. Danach geht mir durch den Kopf: Wie konnten die Menschen es nur so zerstören? Eigentlich könnte Haiti ein Paradies auf Erden sein, doch das Synonym dafür ist aus gutem

Grund Hawaii und nicht der Karibikstaat, obwohl er ähnliche Voraussetzungen hat.

Was für ein Fluch liegt auf diesem Land?

Wie könnte es nachhaltig Segen erfahren?

Die Vergangenheit Haitis liegt immer noch wie eine schwere, dunkle Decke auf dem ganzen Land. Haiti war einmal reich. Deshalb besetzten die Franzosen es während der Kolonialzeit und beuteten das Land aus, aber sie förderten es auch, denn sie wollten ja langfristig Gewinne erzielen. Neben einer kleinen herrschenden Klasse lebten damals fast nur aus Afrika importierte Sklaven im Land. Als erster Staat weltweit erklärten diese Sklaven nach einem Aufstand ihre Unabhängigkeit und das Ende der Sklaverei. Zähneknirschend akzeptierten die Franzosen diese Situation, aber sie entsandten Kriegsschiffe nach Haiti, die mit dessen Eroberung drohten, wenn es nicht bereit wäre, den Sklavenbesitzern und Plantagenbetreibern eine horrende Entschädigung zu zahlen. Über hundert Jahre lang beglich Haiti die französischen Reparationsforderungen, rund siebzig Prozent des Bruttosozialprodukts. Es ist ein einmaliger Akt in der Weltgeschichte, dass die Nachfahren von Sklaven den Nachfahren ihrer ehemaligen Herren Geld für die eigene Freiheit zahlen mussten.

Was für ein Fluch liegt auf diesem Land? Wie könnte es nachhaltig Segen erfahren?

Die ganze Zeit über schwebte die französische Drohung über dem Land: »Wir kommen zurück.« Die Zahlungen ließen das Land ausbluten und stürzten es in neue Schulden und Abhängigkeiten, die das Land bis in die 1950er-Jahre verfolgten und letztlich immer noch nicht loslassen. Was sich festigte, war ein Denken: »Wenn ich nichts habe, kann es mir auch niemand wegnehmen.« Der Fluch des Landes war also schon früher menschengemacht.

Die Gegenwart oder jüngere Vergangenheit Haitis wird zwar von Naturkatastrophen überschattet, aber auch hier dominiert menschliche Schuld. Die Diktatoren François »Papa Doc« Duvalier und Jean-Claude »Baby Doc« Duvalier verschärften die Lage des Landes über Jahrzehnte. Bis heute sind Korruption und Gewalt riesige Probleme. Gleichzeitig ist die lange abgeschaffte Sklaverei immer noch gegenwärtig. Ein Stichwort dazu sind die sogenannten »Restavek«. Der kreolische Begriff für *reste avec* – bei jemandem bleiben – wird für Kinder verwendet, die von ihren Familien als Haussklaven verkauft werden. Angeblich sollen sie bei ihren Gastfamilien leichte Arbeiten erledigen und die Schule besuchen dürfen, die Realität sieht allerdings anders aus: Ein Schulbesuch findet selten statt, stattdessen beherrschen Gewalt, harte Arbeit und oft genug sexueller Missbrauch das Leben dieser Kinder, von denen es wohl eine halbe Million gibt.

Die eigentlichen Schwierigkeiten von Haiti sind menschengemacht.

Fünf Prozent der Bevölkerung leben in Sklaverei – und die eigene Gesellschaft schaut weg. Die ganze Welt schaut weg. Voodoo stellt sich in Haiti als ein System dar, das Menschen in Angst und Abhängigkeit hält. Es hat nur wenig mit exotischem Flair und ein bisschen Halloween zu tun – und die Menschen schauen weg. Die Kirchen sind leider oftmals eher Teile des Problems als seiner Lösung, besonders wenn ihre Verantwortlichen hauptsächlich an den eigenen Machterhalt denken – und die Menschen schauen weg.

Die eigentlichen Schwierigkeiten von Haiti sind menschengemacht. Und sie bestehen fort, weil Menschen fortgesetzt wegschauen. Es liegt nicht am Land.

Mein Haiti trägt weder das Gesicht der Kolonialzeit noch das von »Baby Doc«, und es sieht nicht düster aus. Für mich trägt Haiti das Gesicht von Dieune.

Auch kleine Fußballer
brauchen große Hoffnung.

Mit fünf Jahren brachte sein Vater den stillen Jungen ins Kinderheim Ça-Ira. Das Erdbeben hatte dem Vater vollends den Boden unter den Füßen weggezogen. Bereits zwei Jahre vorher war seine Frau, Dieunes Mutter, gestorben, und nun wusste er nicht mehr weiter. Völlig überfordert mit seinen Kindern gab er den Jüngsten im Kinderheim ab: Wenigstens er sollte eine Chance haben.

Und Dieune scheint die Chance zu nutzen, die er eigentlich nie hatte. Er blühte regelrecht auf, wenn er Fußball spielte oder den Bauleuten beim Arbeiten zuschaute. »Wenn ich groß bin, will ich auch ein Bauarbeiter werden«, erzählte er jedem. »Jetzt schaue ich zu, wie die Männer arbeiten. Und später helfe ich mit! Wenn die neue Schule gebaut wird, kann ich bestimmt mithelfen. Dann kann ich anderen Kindern auch so ein schönes Zimmer bauen, wie ich es hier habe. Und alle Kinder können dann duschen und zur Toilette gehen.«

Inzwischen hat Dieune, der kleine Baumeister, seine Schulzeit beendet. Ob er jetzt tatsächlich einen Bauberuf lernt oder nicht, ist dabei gar nicht so wichtig. Entscheidend ist, dass er einer derjenigen in Haiti sein wird, die nicht mehr wegschauen, sondern etwas ändern. Weil wir und andere nicht mehr weggeschaut, sondern etwas geändert haben.

WIR WAREN VORBEREITET

»Er wird es nicht wagen …« – »Immerhin gibt es Absprachen und internationale Verträge …« – »Das würde Russland völlig isolieren …« – »Diese Manöver sollen nur Angst erzeugen …«

So oder ähnlich klangen viele Gespräche im Februar 2022. Soldaten aus Russland und Belarus führten gerade ein groß angelegtes Manöver im Grenzbereich zur Ukraine durch, und überall spekulierten die Menschen: Wie weit würde Wladimir Putin gehen? Würde es Krieg geben?

Trotz Unruhe und Angst herrschte in den meisten Medien so etwas wie ein verhaltener Optimismus.

Mir wurde während dieser Wochen wieder einmal deutlich, dass die Arbeit in einem Hilfswerk etwas Schizophrenes hat: Wir bereiten uns auf die Notfälle vor, von denen wir hoffen, dass sie nie eintreten werden. Aber natürlich sind wir realistisch genug, um zu wissen, dass irgendwann wieder etwas vorfallen wird, wo unsere Hilfe nötig ist, ob in der Ukraine oder sonst irgendwo auf der Welt. Deshalb fragen wir uns heute, was morgen sinnvoll sein könnte. Wir wissen es nicht vorher, aber manchmal passt im Nachhinein alles zusammen.

Die Arbeit in einem Hilfswerk hat etwas Schizophrenes.

Ein wichtiges Standbein der Arbeit von GAiN ist unser Lager in Gießen. Durch Privat- und Firmenspenden liegen hier permanent einige Lkw-Ladungen an Hilfsgütern bereit. Dass wir auch über eigene Vierzigtonner verfügen, macht uns zusätzlich flexibel.

Als Russland in der Nacht vom 24. auf den 25. Februar den Krieg gegen die Ukraine begann, war uns sofort klar: Hier müssen wir helfen. Weil hier Menschen in Not sind, weil wir Partner in der Ukraine haben und weil wir es können. Also fiel die Entscheidung, uns zu engagieren, noch am 25. Februar, einem Freitag. Ich lief direkt anschließend ins Lager und trommelte das Logistikteam zusammen.

»Jungs, ich habe schlechte Nachrichten für euch: Heute gibt es keinen Feierabend.«

Der Lagerleiter lächelte bloß: »Meinst du, wir hören keine Nachrichten? Wir haben schon angefangen, dic Babynahrung an die Rampe zu fahren.«

Und sein Kollege ergänzte: »Und die Pizza fürs Abendessen haben wir auch schon bestellt.«

Als wir Hilfsgüter in
die Ukraine brachten, wollte ich unbedingt selbst fahren.

So ist unsere Lagermannschaft! Im Endeffekt verbrachte das Logistikteam in Gießen den größeren Teil des Wochenendes bei der Arbeit. Wir luden die ersten Lkw, und ich fuhr selbst mit einem davon an die polnisch-ukrainische Grenze. Dort kam ich am Sonntagabend an und konnte den ersten Truck mit Hilfsgütern für die gerade eintreffenden Geflüchteten abladen.

Unser Lagerbestand an Babynahrung und Hygieneartikeln war schnell aufgebraucht, doch der Krieg am Rande Europas machte die Menschen hierzulande besonders betroffen. So klingelten unsere Telefone fast ohne Unterbrechung – wir mussten eine regelrechte Hotline einrichten.

Ein treuer Spender meldete sich und meinte nur: »Am nächsten Sonntag sammeln wir im Gottesdienst für euch.«

Wir waren zwar vorbereitet, aber dass wir in diesem Umfang helfen konnten, war ein echtes Wunder.

Etliche Vertreter von Firmen, mit denen wir zusammenarbeiteten, fragten kurz nach: »Helft ihr in der Ukraine? Ja? Wir schicken sofort Waren nach Gießen. Wie viel könnt ihr gebrauchen?«

Eine Frau erklärte uns: »Ich wollte nur sagen, dass ich für euch bete.«

Alle zusammen trugen dazu bei, dass wir im Laufe der nächsten Wochen täglich mehr als zwei Lkw auf die Reise in den Osten schicken konnten. Wir waren zwar vorbereitet, aber dass wir in diesem Umfang helfen konnten, war ein echtes Wunder.

Dazu kam noch ein weiteres Wunder. Schon länger wollten wir zusätzlich zu unserem Hauptlager in Gießen ein Verteilzentrum in Polen kaufen oder mieten. Es sollte Gießen entlasten und Hilfsgüter näher an die osteuropäischen Länder heranbringen, in denen GAiN arbeitet. Deshalb waren wir seit Monaten im Gespräch mit einer

Firma in Legnica (dem ehemaligen Liegnitz), die dort eine geeignete Lagerhalle anbot. Der Kauf war fast perfekt, als die Anbieter plötzlich zurückruderten. Was war geschehen?

Der Bürgermeister in Legnica war uns wohlgesonnen, also rief ich ihn an. »Kannst du mir sagen, ob die Lagerhallen inzwischen verkauft sind?«

»Allerdings. Ein Pharmaunternehmen hat sie gekauft. Die konnten natürlich viel mehr bieten als ihr.«

»Schade – es hätte so gut gcpasst.«

»Das stimmt. Aber noch ist hier nichts passiert. Die Hallen stehen leer. Das Unternehmen will alles umbauen, und das muss natürlich erst genehmigt werden. Ich schätze, dass sich das noch über Monate hinziehen wird.«

Diese Information war Gold wert. Ich suchte also die Telefonnummer des Pharmaunternehmens heraus, rief dort an und ließ mich mit dem Verantwortlichen für die Lagerhallen verbinden. Ich erklärte kurz, wer ich war und was ich tat. Und dann beschrieb ich, dass sie als Firma mit ihrem Lager einen signifikanten Beitrag zur Hilfe für die Menschen in der Ukraine leisten könnten.

»Stopp«, meinte mein Gesprächspartner. »Sie müssen gar nicht weiterreden. Sie haben völlig recht. Ich werde das Ganze mit der Geschäftsleitung besprechen, aber Sie können davon ausgehen, dass Sie das Lager für die nächsten Monate kostenlos nutzen können.«

Genauso geschah es.

Ja, wir waren vorbereitet. Und gleichzeitig staunte ich darüber, wie gut all das, was wir geplant hatten, mit dem zusammenpasste, womit wir nie gerechnet hätten. Für mich ist dies ein deutliches Zeichen dafür, dass Gott hier seine Finger im Spiel hatte und uns half zu helfen.

Immer sind es die Alten und die ganz Jungen, die am meisten leiden. (Foto: Nils Pettkus)

Der Einsatz in der Ukraine und auch für ukrainische Flüchtlinge unterschied sich deutlich von den meisten Aktionen der letzten Jahre. Seit vielen Jahren engagiert sich GAiN für Geflüchtete aus Syrien oder Äthiopien, die über die Türkei nach Lesbos kommen. Eine Weile war das berüchtigte Camp Moria regelmäßig in den Nachrichten: Es war völlig überfüllt. Es war beherrscht von Gewalt und Mord. Und es war Ausdruck einer europäischen Politik, die die Probleme der Geflüchteten an die Außengrenzen der EU verbannen wollte. Längst wurde dieses Lager aufgelöst und vom Flüchtlingscamp Kara Tepe auf Lesbos abgelöst. Von diesem Lager und den Zuständen darin berichten unsere Medien nicht mehr, GAiN ist dort allerdings immer noch aktiv.

Es macht einen Unterschied, ob Menschen auf der Flucht Frauen mit Kindern sind, die genauso aussehen wie andere Westeuropäer, oder ob es junge Männer mit Bärten sind, einer dunkleren Hautfarbe und einer anderen Religion.

Für unseren Hilfseinsatz bei GAiN spielen diese Faktoren keine Rolle. Für unseren Hilfseinsatz bei GAiN würde es auch keine Rolle spielen, wenn plötzlich Russen auf der Flucht wären.

Wenn ich im Laufe von dreißig Jahren humanitärer Hilfe etwas gelernt habe, dann das: Es gibt nie *den* Schuldigen und *das* Opfer. Je genauer man hinschaut, desto schwieriger werden solche einfachen Schwarz-Weiß-Ansichten.

Wie sieht es eigentlich in der Ukraine aus?

Im Westen des Landes liegt Lwiw, das alte Lemberg. Polen, Russen, Deutsche, Armenier und Ukrainer leben hier miteinander. So bunt wie seine Einwohner ist auch die Altstadt, die inzwischen wegen der Verschmelzung verschiedener Baustile UNESCO Weltkulturerbe ist. Die Hafenstadt Odessa im Süden ist protzig und pragmatisch, erstaunlich europäisch und doch magisch. Und selbst das Gelände des ehemaligen Atomkraftwerks Tschernobyl und die benachbarte Stadt Prypjat ziehen Touristen und Abenteurer an.

Es gibt nie *den* Schuldigen und *das* Opfer.

Doch die Schönheit der Ukraine hat seit Langem ihre Schattenseiten. Seit der Unabhängigkeit 1991 kommt das Land wirtschaftlich nicht mehr auf die Beine und verliert Einwohner. Das liegt sicher auch daran, dass die Ukraine zu den korruptesten Ländern der Welt zählt. Die Regierung Selenskyj hat der Korruption den Kampf angesagt, doch alte Seilschaften sind stabil und bestechliche Richter genießen quasi Immunität vor Strafverfolgung. Es gibt sogar Ukrainer, die behaupten, Korruption wäre eine typische Volkseigenschaft, doch glücklicherweise gibt es genug Leute, die hier widersprechen und dagegen ankämpfen, dass Milliardenbeträge ins Ausland verschoben werden und im Land deswegen das Recht gebeugt wird.

De facto herrscht im Osten des Landes, in den Regionen Donezk und Luhansk, bereits seit 2014 Krieg mit pro-russischen Milizen. Armut war auch davor schon weit verbreitet. Mit einem Stundenlohn von durchschnittlich 2,20 Euro bildet Kiew das Schlusslicht europäischer Hauptstädte – deshalb engagiert sich GAiN bereits seit über 20 Jahren humanitär in der Ukraine.

Klingt das nach Urlaub oder hört es sich nach Entwicklungszusammenarbeit an? Beide Seiten der Ukraine sind uns großenteils unbekannt. Sie gehören zu diesem faszinierenden Land, das in keine Schublade passt. Ich setze mich mit diesen Fragen auseinander, doch das hält mich nie davon ab, Menschen in Not zu helfen – welchen Pass sie auch immer besitzen oder welchen Gott sie anbeten.

Aber wie sieht eine Hilfsfahrt in die Ukraine eigentlich konkret aus?

Wie so oft in den Wochen nach Kriegsbeginn luden wir die nächsten Lkw, die Hilfsgüter ins Land bringen sollten – das Besondere diesmal war, dass die Waren nicht an der Grenze von ukrainischen Transportern abgeholt werden sollten. Wir wollten sie selbst ins Land bringen. Beim Zwischenstopp in unserem Lager in Legnica begrüßte mich Norbert, der Leiter unserer polnischen Partnerorganisation, und meinte: »Bis vor Kurzen hatten wir noch Mühe, einen Termin zu finden, an dem wir uns treffen konnten, und jetzt kommst du jede Woche vorbei. So schnell ändern sich die Zeiten.« Er grinste.

Norbert kümmerte sich um das Lager. Jetzt freute er sich, dass wir mit zwei Lkw voller Babynahrung, Knäckebrot, Haferflocken, Matratzen, Hygienepaketen und Verbandsmaterial in den Hof fuhren. Zwei weitere Lkw standen gerade an den Rampen des Lagers.

Es war 19 Uhr, bereits dunkel und längst Zeit für Feierabend, aber im Lager herrschte noch Hochbetrieb. »Das ist zurzeit jeden Tag so«, wusste Norbert. »Früher haben wir acht Lkw-Ladungen mit Hilfsgütern pro Jahr erhalten – jetzt kommen acht pro Tag.« Seit Kurzem hatte er deshalb neben vielen polnischen Ehrenamtlichen einen zweiten Mann an seiner Seite: einen Amerikaner, der seit vielen Jahren in Osteuropa lebt und zahllose GAiN-Projekte begleitet hat. Am nächsten Morgen sollte unsere Tour mit zwei Lkw, einem VW-Bus und zusammen sechs Personen weiter in die Ukraine gehen.

Bei einem Feierabendbier fasste Norbert sein momentanes Leben zusammen: »Ich weiß, dass ich das Richtige tue, aber ich bin so müde.« Er hatte Familie, vier Kinder, und wenn er um acht Uhr ins Lager kam, hatte er bereits etliche unbeantwortete Nachrichten auf seinem Handy. Trotzdem nahm er sich zunächst Zeit für die Ehrenamtlichen, damit sie wussten, was für sie zu tun war. Danach war für ihn Bürozeit. Was sich zunächst normal anhört, war immer wieder herausfordernd, denn vieles war einfach dringend. »Da ruft nicht eine Frau aus dem Grenzbereich an und bittet um Unterstützung – das könnte warten –, stattdessen ist es eine Mutter mit fünf Kindern, die sofort Hilfe braucht, weil eines schwer krank ist und zum Arzt muss. Da muss ich schnell etwas organisieren. Und während ich telefoniere, warten bereits vier andere Anrufer in der Leitung.«

Ich setze mich mit diesen Fragen auseinander, doch das hält mich nie davon ab, Menschen in Not zu helfen – welchen Pass sie auch immer besitzen oder welchen Gott sie anbeten.

Norbert erklärte mir: »Ich bin nicht stolz auf das, was wir hier tun, denn es ist selbstverständlich. Kann ich mich gemütlich mit einem Bier aufs Sofa setzen, während ein paar Kilometer entfernt

Zehntausende an der Grenze stehen und Hilfe brauchen? Wir müssen reagieren, helfen; dafür bin ich stolz auf Polen und viele Privatpersonen, die ihre Häuser öffnen. Bis jetzt mussten wir kein einziges Flüchtlingslager eröffnen – das lief alles unter Gastfreundschaft. Andererseits sind wir alle extrem müde, weil wir so viel arbeiten.«

Mit Transportern und Pick-ups werden die Hilfsgüter in der Ukraine auf die Dörfer verteilt. (Foto: Nils Pettkus)

Ich schaute ihn mir an. Auf den ersten Blick war nichts Besonderes an Norbert, aber er ist einer der Helden, die die Arbeit von GAiN überhaupt ermöglichen.

Am nächsten Morgen machten wir uns früh auf den Weg und fuhren die restlichen sechshundert Kilometer bis an die ukrainische Grenze. Przemyśl (sprich: Pschemischle) ist der polnische Grenzbahnhof. Eigentlich hat die Stadt 60 000 Einwohner, aber täglich kamen Zehntausende Geflüchtete dazu. Wieder übernachteten wir, um am nächsten Tag bei Tageslicht in Riwne, unserem Ziel in der Ukraine, anzukommen.

Das stellte sich als echte Herausforderung dar, denn die Schlange der Lkw an der ukrainischen Grenze war lang. Endlich hörten wir das erlösende: »Passieren!«

Von der versprochenen vereinfachten Abfertigung für Hilfstransporte konnte keine Rede sein. Wir standen acht Stunden an der polnischen und noch einmal zwei an der ukrainischen Grenze. Gerade die Polen schienen absichtlich langsam zu arbeiten. Vorbei an Panzersperren und vielen Kontrollpunkten fuhren wir dreihundert Kilometer ins Land hinein, knapp die Hälfte der Strecke bis Kiew. Die Dörfer an unserer Straße hatten sich bereits auf den Ernstfall vorbereitet: Es gab keine Ortsschilder mehr. Überall lagen Sandsäcke und standen Betonblockaden. Sogar einzelne Höfe hatten sich abgeschottet und auf einen eventuellen Einmarsch der Russen vorbereitet. Ein ukrainischer Soldat sagte mir: »Die russische Armee wird das Land vielleicht militärisch einnehmen, aber sie werden das Volk nie wirklich besiegen.«

Bis Lwiw sahen wir noch genau einen weiteren Hilfstransport, danach wurde die Straße leer. Wir näherten uns dem Kriegsgebiet, aber bis zum nächsten Tag sollte Waffenstillstand herrschen, sodass wir relativ sicher waren. Außerdem wurden wir regelmäßig von einer Kontaktperson beim polnischen Geheimdienst über die aktuelle Situation informiert.

Nachdem wir uns einen ganzen Tag wie in Zeitlupe bewegt hatten, ging an unserem Zielort alles sehr schnell. In Riwne angekommen fuhren wir zur Kirche. Dort standen bereits vierzig Helfer bereit.

»Dawai, dawai!«, hörte ich immer wieder. Tatsächlich entluden die Männer unsere beiden Lkw in unfassbaren dreißig Minuten.

Einiges verstauten sie in den Lagerräumen der Kirche, bei der wir uns befanden. Diese Gemeinde ist unser Partner in der Ukraine. Von hier aus wurden und werden viele Menschen in der Umgebung unterstützt. Die meisten Hilfsgüter wurden deshalb direkt in Transporter umgeladen.

Sofort nach Kriegsbeginn fuhren die ersten Minibusse und Transporter aus den Kampfgebieten in die Westukraine. Auf eigene Kosten kauften die Fahrer Lebensmittel, um ihre Nachbarn zu versorgen. Längst erhielten sie auch Hilfsgüter, unter anderem von GAiN. Dies waren die wahren Helden des Krieges. Sie kamen aus Städten unter Beschuss, luden ihre Transporter voll und kehrten wieder nach Hause zurück, um ihre Nachbarn mit dem Nötigsten zu versorgen. Der Lagerleiter in Riwne lächelte mich an: »Abends ist hier alles voll, aber morgen wird hier nichts mehr sein. Wir verteilen die Waren über unser Kirchennetzwerk in die ganze Ukraine – dahin, wo sie gebraucht werden.«

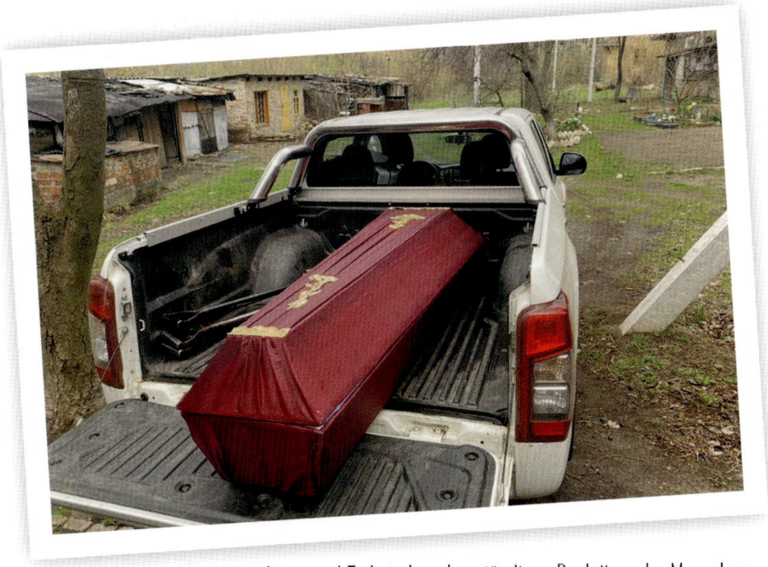

Angst und Tod sind zu den ständigen Begleitern der Menschen geworden. (Foto: Nils Pettkus)

MAN
TGX18.500
GAiN

Wenn es möglich ist, bin ich gern mit meiner Frau Claudia unterwegs.

In Riwne traf ich auch Sascha, einen Bischof aus Kiew. »Ich wollte nie fliehen«, stellte er klar. »Mein Ziel war es, zu bleiben und den Menschen in unserer Gemeinde und darum herum Hoffnung zu geben. Aber dann erfuhr ich, dass ich als Person des öffentlichen Lebens auf einer Todesliste stand. Zehn Soldaten drangen auf mein Grundstück ein. Ich dachte schon, dass mein letztes Stündchen geschlagen hätte, da wurden sie von Angehörigen der ukrainischen Armee beschossen. Die befahlen mir schließlich zu gehen. Mein Koffer war längst gepackt – wie bei allen. Ich nahm ihn, setzte mich ins Auto und fuhr los.«

Ich hörte in Riwne viele Fluchtgeschichten. Sie unterschieden sich alle voneinander. Gleichzeitig zeigten sie alle, wie sehr diese Menschen Hilfe und Hoffnung brauchten.

Aleksandra kam vor Kurzem zu Fuß an und fand in der Kirche Zuflucht. Sie wusste noch nicht, ob sie bleiben oder weiter in den Westen fliehen wollte. Sie erzählte mir: »Meine Familie ist noch in Kiew. Jeden Tag haben wir telefoniert, und ich habe mich erkundigt, wie es ihnen geht. Seit gestern kann ich sie nicht mehr erreichen. Jetzt habe ich furchtbare Angst, dass ihnen etwas passiert sein könnte.«

Ähnliches erlebte Artem. »Wir haben Hostomel vor zwei Tagen verlassen, weil wir bombardiert wurden. Erst wurden wir nach Kiew evakuiert und dann mit dem Bus hierhergebracht.« Der Student konnte mit seinen Großeltern zusammen fliehen, bei denen er wohnte, doch der Rest seiner Familie war in Cherson eingeschlossen. »Dort ist der Krieg besonders schlimm«, klagte Artem. »Wir telefonieren miteinander oder schicken uns Nachrichten. Sie fühlen sich jetzt besser, weil wir fliehen konnten. Und wir beten, dass es ihnen gut geht.« Dabei hatte er diesen Ausdruck im Gesicht, den ich schon bei vielen Gesprächen gesehen hatte: einen Blick zwischen Trauer und Hoffnung. »Aber jetzt können wir nicht an morgen denken, wir müssen einfach nur schlafen und etwas essen. Denn morgen ist ein neuer Tag.«

Unsere Rückfahrt nach Legnica verlief ruhig und ereignislos.

Nach insgesamt vier Tagen war ich wieder in Deutschland.

Und die Gesichter und Geschichten der Menschen, denen ich begegnet war, begleiteten mich.

GIESSEN, JERUSALEM, ROM

»Das sollten Sie am besten Ihrer Heiligkeit selbst präsentieren.«

Der Gesandte des Vatikans schaute zwischen Andre Gasiorowski und mir hin und her. Wir hatten ihn in Israel am Rande eines Events mit Holocaustüberlebenden getroffen. Dabei kamen wir darüber ins Gespräch, dass es im Vatikan beziehungsweise im Vatikanischen Museum noch keinerlei Informationen zum Holocaust gab.

Die Gesichter und Geschichten der Menschen, denen ich begegnet war, begleiteten mich.

»Eigentlich ist das eine Schande«, meinte Andre.

Der päpstliche Gesandte nickte.

»Aber wir könnten das ändern.«

Der päpstliche Gesandte blickte auf.

»Wir könnten ein paar Exponate zum Vatikanischen Museum beitragen, die den Holocaust künstlerisch darstellen und ihn damit thematisieren.«

Seine Antwort überraschte uns. »Gute Idee. Wir überlegen bereits die Gestaltung eines neuen Bereichs zum Gedenken an den Holocaust. Bitte schicken Sie mir dazu konkrete Vorschläge. Ich werde sie an Ihre Heiligkeit weiterleiten und eine Audienz vereinbaren.«

So begann es.

Und es endete damit, dass ich als Eintracht-Frankfurt-Fan das Finale in der *Europa League* in Sevilla gegen die Glasgow Rangers verpasste, weil ich gerade beim Papst und danach noch bei diversen Botschaftern war. Zum Glück hat Frankfurt auch ohne meine Unterstützung gewonnen.

Irgendwann nach unserem Gespräch mit dem päpstlichen Nuntius bekam ich eine WhatsApp von Andre.

»Es wird ernst.«

»Was wird ernst?«

Mit Andre Gasiorowski arbeite ich bereits seit vielen Jahren in Israel zusammen.

»Die Sache mit dem Papst.«

»Hat er sich gemeldet?«

»Er selbst natürlich nicht, aber sein Büro: Am 18. Mai haben wir eine Audienz bei ihm, können ihm unsere Arbeit mit Holocaustüberlebenden vorstellen und Exponate mitbringen, die im Vatikanischen Museum ihren Platz finden sollen.«

Ich freute mich für Andre und die israelische Delegation, aber ich wollte nicht mitfahren. War das nicht eher ihre Sache? Andre war da völlig anderer Meinung: »Du bist der Mitbegründer der Arbeit – du musst dabei sein.« Die beteiligten Knesset-Abgeordneten gaben ihm recht. Es wäre eine besondere Note, wenn ein Deutscher Teil der israelischen Delegation sein würde. Also kam ich mit.

Es ist schon eine besondere Ehre, vom Papst empfangen zu werden.

Einerseits mache ich mir gar nichts aus Ämtern und Titeln, andererseits ist es schon eine besondere Ehre, vom Papst empfangen zu werden, also ging ich in der folgenden Woche einkaufen, besorgte mir einen Anzug – so etwas trage ich nur sehr selten – und war gespannt auf die Audienz bei Papst Franziskus.

Als das Ganze konkret wurde und ich die detaillierten schriftlichen Anweisungen zum Besuch des Heiligen Vaters in Händen hielt, fragte ich mich kurz, ob die Audienz eine gute Idee gewesen war. Alles war genau geregelt. Jede Sicherheitsfrage, aber auch jedes mögliche Verhalten. Gerade weil alles so genau beschrieben war, wollte ich es noch genauer wissen und googelte »dem Papst begegnen«. Ich wollte bei der Audienz nicht unangenehm auffallen, aber das Googeln hätte ich mir sparen sollen. Im Internet wurde auf Hunderten von Seiten alles Mögliche erklärt: wie man dem Papst einen Brief schrieb, nämlich an Seine Heiligkeit Papst Franziskus/Palazzo Apostolico/00 120 Città del Vaticano/Rom. Genauso die

Anrede des Papstes, wenn man ihm gegenüberstand: »Your Holyness« – Ihre Heiligkeit – und viele andere Detailfragen.

Inzwischen war ich in Rom. Meine zig Informationen, die ich gesammelt hatte, hatten mir keinerlei Sicherheit vermittelt, sondern mich nur noch unsicherer gemacht. In der Nacht vor dem Empfang beim Papst schlief ich unruhig und wachte mehrmals auf. Morgens beim Frühstück trafen wir uns als gesamte israelische Delegation, die zur Papstaudienz geladen war, doch die bestellten Taxis kamen nicht. Also mussten wir neue ordern. Als sie schließlich vor Ort waren, fanden sie nicht den richtigen Weg. Wir wollten schließlich nicht zu den Touristen, sondern zu denjenigen, die wie wir zu einer Audienz geladen waren. Dazu musste man erst einmal die richtige Einfahrt finden – unsere Fahrer taten sich damit schwer.

Endlich standen wir schweißgebadet auf dem Petersplatz.

Dort hatten wir auf einmal wieder viel Zeit, denn der Audienztag begann mit einer Andacht, einem kurzen Gebet und dem Segen des Papstes. Das Prozedere dauerte zwar nicht besonders lang, aber da die einzelnen Elemente nacheinander in mehrere Sprachen übersetzt wurden, zog sich das Programm sehr in die Länge. Franziskus nutzte jedoch die Gelegenheit, »meine Gäste aus Israel« schon öffentlich zu begrüßen.

Danach hieß es Schlange stehen.

Wir wurden gruppenweise zusammengefasst und warteten auf den Zeitpunkt, wann man uns zum Papst rufen würde. Als es so weit war, traten wir unter den großen Baldachin im Audienzbereich auf dem Petersplatz, Andre stellte uns als Gruppe kurz vor und jeder von uns nannte seinen Namen. Papst Franziskus begrüßte uns herzlich.

Es war heiß. Wie alle anderen Männer trug ich einen Anzug und schwitzte vor mich hin. Die Konversation um uns herum verlief auf Italienisch und Latein – beides sprach ich ungefähr gleich schlecht. Der Papst saß auf seiner besonderen Sitzgelegenheit, und einer nach dem anderen ging zu ihm hin, um ihm sein Anliegen zu unterbreiten.

Erst im Nachhinein erfuhr ich, dass bei einer Privataudienz nur fünf Personen zugelassen waren. Wir waren deutlich mehr. Deshalb wurden wir in die Gruppenaudienz integriert, in der viele Gruppen und Personen zusammen jeweils eine Stunde zur Verfügung hatten, um dem Papst zu begegnen.

Während die Mitglieder unserer kleinen Besuchergruppe einzeln zu ihm vorgelassen wurden, beobachtete ich die anderen Gäste. Unser Anliegen war klar: Wir wollten Jorge Mario Bergoglio einige Exponate für den zukünftigen Holocaustbereich der Vatikanischen Museen überreichen und dabei möglichst einen bleibenden Eindruck hinterlassen.

Aber wie sollte das geschehen? Einer nach dem anderen ging zum Papst, erklärte ihm etwas, überreichte ihm ein Schreiben oder ein Kunstwerk und erwartete dabei dessen volle Aufmerksamkeit.

Der Papst war hoch professionell.

Er war freundlich und zugewandt.

Und während der Präsentationen zog er sich erkennbar hinter sein freundliches Lächeln zurück – offensichtlich war all dies für ihn *business as usual*.

Als wir an der Reihe waren, wurde mir klar, was für eine inhomogene Gruppe wir waren: Andre Gasiorowski von der *Helping Hand Coalition*, ein Rabbiner und ein Scheich aus Dubai, zwei Holocaustüberlebende und ich als deutscher Teil der israelischen Delegation. Andre hatte versucht, möglichst viele Denk- und Glaubensrichtungen zu involvieren, das Problem war jedoch, dass jeder bei der Audienz seine eigene Agenda hatte.

Andre selbst übergab dem Papst ein Buch zum Holocaust, in dem sechs Millionen Mal das Wort »Jude« stand – stellvertretend für alle getöteten Juden im Dritten Reich. Als er ihm danach ein Booklet überreichte, in dem vier Holocaustüberlebende ihre Geschichten erzählten, war der Papst plötzlich voll da. Das interessierte ihn offensichtlich. Gita – eine der Überlebenden – stand mit ihren neunzig Jahren schließlich vor ihm.

Danach berichteten der Oberrabbiner von Dubai und der Scheich aus derselben Region etwas über interreligiösen Dialog im Allgemeinen und Besonderen. Der Papst schaute zwar noch hin, war aber nicht mehr besonders interessiert.

Als er ihm danach ein Booklet überreichte, in dem vier Holocaustüberlebende ihre Geschichten erzählten, war der Papst plötzlich voll da.

Schließlich kam ich an die Reihe. Papst Franziskus hatte bereits mehrfach auf die Plastik geschaut, die ich in Händen hielt: Es war eine Bronzeskulptur mit einer Menora, an deren Fuß Gegenstände von Holocaustüberlebenden arrangiert waren und ein Schriftzug prangte: »Never again« – nie wieder. Diese zehn Kilogramm schwere Skulptur überreichte ich dem Papst. Ich musste beim Tragen bereits kämpfen, weil sie schwer wurde, und ich fragte mich, wie ich das Kunstwerk wohl übergeben könnte, doch die Sicherheitsbeauftragten hatten die Situation im Blick. In dem Moment, wo ich dem Papst die Holocaust-Skulptur in die Hand drückte, kam direkt ein Mitarbeiter und übernahm sie für ihn.

Im Vorfeld war schon viel zu viel geredet worden, also fasste ich mich kurz und meinte nur: »Ihre Heiligkeit, ich habe hier eine Skulptur, die unterstreicht, dass der Holocaust, so wie er stattgefunden hat, nie wieder geschehen darf.«

VATICAN
MEDIA

Bei der Audienz konnte ich dem Papst die Holocaust-Skulptur überreichen. (Foto: Vatican Media)

Der Papst nickte zustimmend, dann ließ er sich kurz die einzelnen Elemente der Skulptur erklären. Wir kamen nicht ins Gespräch – wie auch? –, aber ich hatte den Eindruck, dass der Pontifex von den einzelnen Kunstwerken rund um den Holocaust angetan war. Würden sie tatsächlich ihren Platz in der dauernden Ausstellung des Vatikanischen Museums finden?

Nach ein paar freundlichen Worten des Papstes und seiner Mitarbeiter waren wir schließlich entlassen. Die Audienz war beendet.

»Die müssen noch einmal kommen – und zwar mit dem Deutschen.«

Wir konnten noch einige Räumlichkeiten des Palastes besichtigen, die man als Tourist sonst nicht zu sehen bekommt, dann verließen wir den Vatikan und begaben uns zum nächsten Termin zur israelischen Botschaft. Bis dahin war mir noch nicht bewusst, dass Israel eine diplomatische Vertretung im Vatikan hatte, aber jetzt waren wir dort geladen. Der Kontakt zum Botschafter war sehr positiv.

Noch positiver war ein Gespräch, das sich am Rande des Abendessens entwickelte. Inzwischen hatten wir die Botschaft gewechselt und saßen mit dem israelischen Botschafter für Italien zusammen. Der Sicherheitschef des Vatikans war ebenfalls anwesend – wir hatten uns vormittags bereits gesehen. Er war Jude. Auch sein Vater war ein Holocaustüberlebender. Während wir uns unterhielten, meinte er im Rückblick auf unseren Empfang im Vatikan: »Ihr habt den Papst tief beeindruckt.«

Aus der Zeit nach der Audienz hatte er zwei Informationen für mich: Die Skulpturen, die wir mitgebracht hatten, sollten sofort ins Vatikanische Museum gebracht werden. Seine »schlechte Nachricht« war, dass der Papst gemeint hätte: »Die müssen noch einmal kommen – und zwar mit dem Deutschen.«

Inzwischen war das Pokal-Endspiel von Eintracht Frankfurt gegen die Glasgow Rangers längst gelaufen, auch wenn es durch Verlängerung und Elfmeterschießen Überlänge hatte. Ich hatte zwischendrin ein paarmal nach dem Spielstand geschaut. Erst im Elfmeterschießen konnte die Eintracht das Spiel für sich entscheiden: Mit 5:4 gewann sie das *Europa-League*-Finale.

Der 18. Mai 2022 war ein besonderer Tag für mich: morgens den Papst treffen und abends den Pokal gewinnen.

VIELES BLEIBT, VIELES ÄNDERT SICH

»Herr Dewald, mit Ihrer Expertise könnte ich Ihnen in unserem Unternehmen eine Stelle anbieten, bei der Sie ein Vielfaches von dem verdienen, was Sie jetzt erhalten.« Mein Gegenüber lächelte mich erwartungsvoll an.

»Das glaube ich kaum«, entgegnete ich ihm.

Er war irritiert. »Verdienen Sie bei Ihrem Hilfswerk so viel?«

Ich fragte zurück: »Können Sie mir den Segen anbieten, den ich erfahre, und eine Tätigkeit, die so nachhaltig und sinnstiftend ist wie meine? Danke. Ich werde auch in Zukunft bei GAiN arbeiten.«

Wenn ich auf meine Anfänge in der humanitären Hilfe vor über dreißig Jahren zurückschaue, dann war ich damals jung und abenteuerlustig, aber als mir russische Großmütter in Leningrad ihre Vergebung zusprachen, änderte sich etliches in meinem Leben.

Vieles ist in dieser Zeit geschehen. Ich habe Wunder erlebt und in Abgründe hineingeschaut. Ich bin innerlich gewachsen und habe trotzdem immer wieder Menschen verletzt und enttäuscht. Manche Freunde aus der ersten Zeit sind noch immer an meiner Seite – Viktor sitzt immer noch ab und zu neben mir im Lkw und fragt: »Buttirbrot?« Andere sind im Laufe der Zeit neu dazugekommen. Wieder andere folgen jetzt einer anderen Berufung oder wir haben uns einfach auseinandergelebt.

Nach wie vor bin ich gern nah an den Menschen dran. Wenn ich nicht mehr reisen dürfte, um ihnen direkt zu begegnen, dann könnte ich meine Arbeit nicht länger tun. Ich brauche es, in Lettland mit Familien zusammen ihr Haus zu renovieren und in Uganda »unsere« Kinder aufwachsen zu sehen. Ich muss spüren, dass es gut ist, was wir tun. Ich muss erleben, wie sich im Leben der Menschen, denen wir helfen, etwas verändert – und genauso im Leben der Helfer und Helferinnen, die mit uns unterwegs sind. Das ist wie das Tuning eines Motors. Zu sehen, dass man etwas verändern kann, ist mein Treibstoff. Und das wird mich auch in zehn Jahren noch motivieren.

In manchen Bereichen konnte ich wesentlich mehr bewegen, als ich je gedacht hätte. Wenn ich zum Beispiel an die *Arche Noah* in Uganda denke, dann geht mir das Herz auf. Anderes habe ich mir leichter vorgestellt. Als ich mit humanitärer Hilfe begann, realisierte ich, wie tief bei vielen Christen der Graben zwischen Wort und Tat war. Ich war überzeugt: Diese Haltung wird sich sehr bald ändern. Leider ist das nur in Einzelfällen geschehen. Immer noch kommt es regelmäßig vor, dass mir ein freundlicher Gemeindeleiter die Hand auf die Schulter legt und meint: »Eigentlich schade, dass du nur den zweitbesten Weg gewählt hast. Der eigentliche Segen Gottes liegt nun einmal auf der Predigt – und diese Welt werden wir nicht verbessern können.«

Eigentlich schade, denke ich dann ebenfalls. Es gibt so viele klare Aufträge zu Barmherzigkeit und praktischer Hilfe im Alten und im Neuen Testament, aber viele Christen wählen den zweitbesten Weg und merken nicht, dass Wort und Tat untrennbar zusammengehören.

Wenn es darum geht, Menschen zu helfen, setze ich mich immer noch gern selbst hinters Steuer.

TGX 18.500
Tel. 0641-975 18-50
GAiN-Germany.org

Kann ich etwas verändern?

Können wir etwas verändern?

Ja, wenn wir dranbleiben. Langfristige Hilfe liegt nicht im Trend. In unserer schnelllebigen Zeit formuliert man fix ein Ziel und schon bald muss es erreicht sein. Ich erinnere mich noch gut, wie wir vor fünfzehn Jahren in Uganda vor dem Fundament des Kinderdorfes standen. Heute sehe ich, was daraus gewachsen ist: veränderte Menschen, junge Erwachsene, die ihr Leben meistern. Es ist toll zu sehen, was da passiert ist. Das will ich auch in Zukunft erleben. Und damit höre ich erst auf, wenn Gott mir wieder ein Fax – oder heute eher eine WhatsApp-Nachricht – vom Himmel schickt, wo er mir unmissverständlich klarmacht, dass ich aufhören soll.

David und Ulrike Byle
mit Anna Lutz
ZWEI
FÜR
EINEN
Ein Missionarsehepaar
zwischen Islam,
Gefängnis und Großfamilie
SCM
Hänssler